कालिदास के

शकुन्तला

की

छंद मीमांसा

प्रो. रत्नाकर नराले

Pustak Bharati, Toronto, Canada

Author :
Dr. Ratnakar Narale
Ph.D(IIT), Ph.D(Kalidas Sanskrit Univ.);
Prof. Hindi, Ryerson University, Toronto, Canada
web : www.pustak-bharati-canada.com
email : pustak.bharati.canada@gmail.com

Book Title : कालिदास के शकुन्तला की छंद मीमांसा
संस्कृत महाकवि कालिदास के शकुन्तला महाकाव्य की छंद मीमांसा.

Published by :
PUSTAK BHARATI (Books India)
Toronto, Ontario, Canada, M2R 3E4
email : pustak.bharati.canada@gmail.com

Copyright ©2022
ISBN 978-1-989416-61-7

ISBN 978-1-989416-61-7

9 781989 416617

कालिदास के शकुन्तला की विषय सूची

कालिदास के शकुन्तला की छंद तालिका

1. अनुष्टुभ् 1.5, 1.6, 1.11, 1.12, 1.25, 2.13, 2.16, 2.17, 3.1, 3.17, 3.20, 4.4, 4.7, 5.14, 5.24, 5.26, 5.29, 6.14, 6.22, 6.23, 6.28, 6.32, 7.9, 7.13, 7.14, 7.15, 7.23, 7.28, 7.29 = 29
2. अपरवक्त्र (न न र ल ग – न ज ज र) : 4.10, 5.1 = 2
3. आर्या उद्गाथा (मात्रा 12-18, 12-18) 1.4, 2.18, 3.13 = 3
4. आर्या गाथा (मात्रा 12-18, 12-15) : 1.2, 1.3, 1.13, 1.16, 1.17, 1.21, 1.24, 1.27, 1.28, 1.33, 2.1, 2.8, 3.2, 3.4, 3.5, 3.9, 3.12, 3.14, 3.15, 3.19, 4.12, 4.16, 4.21, 5.11, 5.13, 5.16, 5.18, 5.21, 5.28, 5.31, 6.1, 6.2, 6.3, 6.7, 6.15, 6.19, 6.21, 6.31, 7.22. = 39
5. इंद्रवज्रा (त त ज ग ग) : 5.4 = 1
6. **उपेंद्रवज्रा** (ज त ज ग ग) : 2.4
7. उपजाति : 2.7, 5.5, 5.20, 5.25, 6.10, 6.24, 6.26, 7.2, 7.5, 7.19, 7.31 = 11
8. त्रिष्टुप (मात्रा 11-11) : 4.8, 4.22 = 2
9. दृतविलंबित (न भ भ र) : 2.11, 3.16, 5.27, 6.8, 7.3 = 5
10. पुष्पिताग्रा (न न र य – न ज ज र ग) : 1.31, 2.3, 6.11 = 3
11. प्रहर्षिणी (म न ज र ग) : 6.27, 6.30 = 2
12. मंदाक्रांता (म भ न त त ग ग) : 1.15, 1.32, 2.14, 2.15 = 4
13. मालभारिणी (स स ज ग ग – स भ र य) : 3.21, 3.22, 7.20, 7.21 = 4
14. मालिनी (न न म य य) : 1.10, 1.19, 1.20, 2.4, 3.3, 5.7, 5.8, 5.19, 7.7, 7.34 = 10
15. रथेद्धता (र न र ल ग) : 7.18 = 1

16. रुचिरा (ज भ स ज ग) : 7.35 = 1

17. वंशस्थ (ज त ज र) : 1.18, 1.22, 3.11, 4.1, 5.12, 5.15, 5.17, 6.13, 6.18, 6.29, 7.10, 7.16, 7.30 = 13

18. वसंततिलका (त भ ज ज ग ग) : 1.8, 1.26, 1.30, 2.9, 2.12, 3.8, 3.18, 3.24, 4.2, 4.3, 4.11, 4.13, 4.14, 4.15, 4.20, 5.2, 5.3, 5.6, 5.22, 5.23, 6.12, 6.16, 6.20, 6.25, 7.4, 7.6, 7.17, 7.25, 7.26, 7.32 = 30

19. शार्दूलविक्रीडित (म स ज स त त ग) : 1.14, 1.29, 2.2, 2.5, 2.6, 3.7, 3.23, 4.5, 4.6, 4.9, 4.17, 4.18, 5.9, 6.4, 6.5, 6.6, 6.17, 7.8, 7.11, 7.12, 7.27 = 21

20. शालिनी (म त त ग ग) 5.30 = 1

21. शिखरिणी (य म न स भ ल ग) : 1.9, 1.23, 2.10, 3.6, 5.10, 6.9, 7.33 = 7

22. स्रग्धरा (म र भ न य य य) 1.1, 1.7 = 2

23. सुंदरी (स स ज भ त ज र) : 7.1 = 1

24. हरिणी (न स म र स ल ग) : 3.10, 4.19, 7.24 = 3

शकुन्तला पात्र परिचय

1. **अदिति :** दाक्षायणी. मारीच ऋषि की धर्मपत्नी
2. **अनसूया :** शकुन्तला की दूसरी सखी
3. **कण्व ऋषि :** मेधातिथि के पुत्र, कश्यप ऋषि. इन्हों ने शकुन्तला को पाला था
4. **कण्वाश्रम :** हस्तिनापुर की ईशान्य दिशा में स्थित मालिनी नदी के तट पर कण्व मुनि का आश्रम स्थान
5. **करभक :** राजमाता का संदेश राजा दुष्यंत को पहुँचाने वाल संदेशवाहक
6. **कश्यप ऋषि :** हस्तिनापुर के राजगुरु
7. **केसर :** मौलश्री. एक वृक्ष
8. **गालव :** मारीच ऋषि का शिष्य
9. **गौतमी नदी :** विश्वामित्र मुनि जिस के तट पर तपस्या कर रहे थे
10. **गौतमी माँ :** काण्व ऋषि के आश्रम की वृद्ध तापसी
11. **चतुरिका :** राजा दुष्यंत की सेविका
12. **चूड़ामणि :** महाकवि कालिदास
13. **जयंत :** इंद्र देव का पुत्र
14. **जानुक :** हस्तिनापुर का एक सिपाही
15. **तपोवन :** कण्व ऋषि का आश्रम क्षेत्र
16. **दुर्वासा :** एक महा क्रोधी ऋषि
17. **दुष्यन्त :** चंद्रवंशीय राजा. हस्तिनापुर के सम्राट. इस नाटक के नायक
18. **धीवर :** एक मछुआ
19. **प्रियंवदा :** शकुन्तला की एक सखी
20. **प्रतिहारी :** राजा दुष्यंत का एक सेवक द्वारपाल
21. **भरत :** राजा दुष्तन्त और शकुन्तला के सम्राट पुत्र
22. **मातलि :** इंद्र देव का सारथी और योद्धा

23. **माधव्य :** राजा दुष्यन्त के मित्र. विदूषक
24. **मारीच :** कश्यप ऋषि
25. **मालिनी :** जिस नदी पर कण्व ऋषि का आश्रम स्थित था
26. **मेनका :** विश्वामित्र महामुनि की पत्नी. एक अप्सरा
27. **यवनी :** राजा दुष्यंत की एक सेविका
28. **योगिनी माँ :** तपोवन की एक तपस्विनी
29. **रैवतक :** राजा दुष्यंत का एक दरबान
30. **वनज्योत्स्ना :** आम का पेड़, सहकार का पेड़
31. **वसुमती :** राजा दुष्यन्त की पत्नी
32. **वातायन :** राजा दुष्यंत का कंचुकी
33. **विश्वामित्र :** कौशिक महामुनि
34. **वेत्रवती :** राजा दुष्यंत की एक द्वारपालिका. प्रतिहारी
35. **वैखानस :** कण्वाश्रम के तपोवन के एक महातपस्वी
36. **शकुन्तला :** विश्वामित्र महामुनि और अप्सरा मेनका की कन्या. इस नाटक की नायिका
37. **शारद्वत :** कण्व ऋषि के एक शिष्य
38. **शाङ्र्गरव :** कण्व ऋषि के एक शिष्य
39. **श्याल :** राजा दुष्यंत का साला
40. **सर्वदमन :** राजा भरत
41. **सूचक :** हस्तिनापुर का एक सिपाही
42. **सूत :** राजा दुष्यंत का सारथी
43. **सोमतीर्थ :** कण्व ऋषि जिस तीर्थस्थान गए थे
44. **सोमरात :** राजा दुष्यंत के पुरोहित

छंद:शास्त्र परिचय

आरंभ करने से पहले यह दस बिंदु जान लिजिए

1. **मात्रा** को **मत्त, मत्ता, कल** अथवा **कला** भी कहा जाता हैं. लघु मात्रा का चिह्न " । " और गुरु मात्रा का चिह्न " ऽ " होता है.

2. दो कल का **द्विकल** (।।, ऽ जैसे: रघु, श्री) होता है, तीन कल का **त्रिकल** (।।।, ।ऽ, ऽ। जैसे: भरत, उमा, राम), और चार कल का **चौकल** अथवा **चतुर्मात्रा** (।।।।, ।।ऽ, ।ऽ।, ऽ।।, ऽ ऽ जैसे: दशरथ, गिरिजा, गणेश, लक्ष्मण, सीता.

3. जो स्वर **अधो-रेखांकित** लिखा गया है वह कोमल स्वर होता है (जैसे, कोमल ग = ग), जो स्वर **उर्ध्व-रेखांकित** लिखा है वह तीव्र स्वर होता है (जैसे, तिव्र म = मं), जिस स्वर के **नीचे बिंदु** है वह मन्द्र सप्तक का स्वर है (जैसे मन्द ग = ग़), और जिस स्वर के **ऊपर बिंदु** लगाया है वह तीव्र सप्तक का स्वर है (जैसे, तीव्र ग = गं).

4. छन्द रचना की पद्य पंक्ति में जहाँ वैकल्पिक विश्राम समय होता है उसे **यति** (*cadence*) कहते हैं. राग में यति लेना या नहीं लेना यह **लय के अनुसार** निर्भर होता है. जहाँ यति निर्देशित नहीं होता है वहाँ विश्राम स्थान चरण के अंत में होता है, और राग के लय के अनुसार यति के व्यतिरिक्त पंक्ति के बीच में भी विराम आयोजित हो सकता है. चरण की अंतिम लघु मात्रा भी गुरु मानी गयी है.

5. जो रचना छंद बद्ध हो वह **पद्य** होती है, जो छंद के विना है वह **गद्य** है. जहाँ गद्य पद्य दोनों हैं वह **चंपू** कहलाती है. जिस पद्य के चरणों में मात्रा, गति, यति, अंत समता का विचार किया जाता है वह **छंद** होता है और जहाँ लय को प्राधान्य होता है वह **राग** होता है.

6. स्वर विरहित व्यंजन **अर्ध-अक्षर अथवा शून्य मात्रा** का होता है (जैसे, क्), लघु स्वर वाला व्यंजन **लघु अथवा एक मात्रा** का है (जैसे, क, कि, कु, कृ), दीर्घ स्वर वाला व्यंजन **दीर्घ अथवा दो मात्रा** का है (जैसे, का, की, कू, के, कै, को, कौ, कः), और आघात युक्त संयुक्ताक्षर के पूर्व वाला अक्षर दीर्घ अथवा दो मात्रा का माना जाता है (जैसे, कश्मल का क), परंतु आघात विरहित संयुक्ताक्षर के पूर्व वाला लघु अक्षर लघु अथवा एक मात्रा का ही माना जाता है (जैसे, कन्हैया का क)

7. विसर्ग (:) वाले वर्ण दीर्घ होते है (जैसे, कः), अनुस्वार वाले अक्षर दीर्घ होते हैं (जैसे, अंबर का अं), मगर चन्द्रबिंदु अनुस्वार वाले लघु वर्ण लघु ही रहते हैं (जैरो – अँसुअन का अँ).

8. तीन वर्ण के समूह को **गण** कहते हैं, हमने बायनरी ऑक्टल के वैज्ञानिक आधार पर **शून्य को प्रथम अंक मान कर** : 0 = 000 = ।।। (सर्वलघु) = **न गण**, 1 = 001 = ।। ऽ (अंतगुरु) = **स गण**; 2 = 002 = । ऽ। (मध्यगुरु) = **ज गण**, 3 = 011 = । ऽ ऽ (आदिलघु) = **य गण**; 4 = 100 = ऽ।। (आदिगुरु) = **भ गण**; 5 = 101 = ऽ। ऽ (मध्यलघु) = **र गण**; 6 = 110 = ऽ ऽ। (अंतलघु) = **त गण**; और 7 = 111 = ऽ ऽ ऽ (सर्वगुरु) = **म गण** आदि आठ गण हैं । लघु मात्रा = । = **ल**, और गुरु मात्रा = ऽ = **ग** आदि दशाक्षर माने हैं.

9. छंद के मुख्य दो प्रकार हैं : 1. **मात्रिक छंद**, जो पद्य लघु-गुरु मात्रा गिन कर रचे जाते हैं, और 2. **वार्णिक वृत्त**, जो अक्षर गिन कर रचे जाते हैं. जिस छंद के सभी चरण समान मात्रा या वर्ण के होते वे **सम छंद** होते हैं, जिस छंद के केवल सम चरण आपस में समान मात्रा या वर्ण के होते हैं और विषम चरण आपस में समान मात्रा अथवा वर्ण के होते है वे **अर्ध-सम छंद** होते हैं. जिस छंद के सभी चरण असमान मात्रा या वर्ण के होते वे **विषम छंद** होते हैं. जिस छंद के चरण में 32

से अधिक मात्रा अथवा 26 से अधिक वर्ण होते हैं उसको **दंडक** कहते हैं.

10. **मात्रिक छंदों के** मात्रा संख्या के अनुसार जो 32 वर्ग माने गए हैं वे, इस प्रकार हैं :

एक मात्रा का चान्द्र छंद वर्ग, दो मात्रा का पाक्षिक वर्ग, 3 मात्रा का राम, 4 का वैदिक, 5 का याज्ञिक, 6 का रागी, 7 का लौकिक, 8 का वासव, 9 का आंक, 10 का दैशिक, 11 का रौद्र, 12 का आदित्य, 13 का भागवत, 14 का मानव, 15 का तैथिक, 16 का संस्कारी, 17 का महासंस्कारी, 18 का पैराणिक, 19 का महापैराणिक, 20 का महादैशिक, 21 का त्रैलोक, 22 का महारौद्र, 23 का रौद्रर्क, 24 का अवतारी, 25 का महाअवतारी, 26 का महाभागवत, 27 का नाक्षत्रिक, 28 का यौगिक, 29 का महायौगिक, 30 का महातैथिक, 31 का अश्वावतारी और 32 मात्रा का लाक्षणिक छंद वर्ग होता है.

उसी तरह से **वार्णिक वृत्तों के** अक्षर संख्या के अनुसार जो 26 प्रकार हैं, वे इस प्रकार हैं :

केवल 1 वर्ण का उक्था वृत्त वर्ग, 2 वर्ण का अत्युक्था वर्ग, 3 का मध्या, 4 का प्रतिष्ठा, 5 का सुप्रतिष्ठा, 6 का गायत्री, 7 का उष्णिक, 8 का अनुष्टुभ्, 9 का बृहती, 10 का पंक्ति, 11 का त्रिष्टुप्, 12 का जगती, 13 का अतिजगती, 14 का शर्करी, 15 का अतिशर्करी, 16 का अष्टि, 17 का अत्यष्टि, 18 का धृति, 19 का अतिधृति, 20 का कृति, 21 का प्रकृति, 22 का आकृति, 23 का विकृति, 24 का संस्कृति, 25 का अतिकृति और 26 वर्ण का उत्कृति वृत्त वर्ग होता है. 8-वर्णीय अनुष्टुप् छंद वर्ग से 26-वर्णीय उत्कृति तक छंद-वर्गों के लक्षण और सूत्र अगले पाठ में दिए गए हैं.

छंद:सूत्र

पिंगलाचार्य के छंद:सूत्र ग्रंथ को छंड:शास्त्र अथवा छंदोविचिती कहा जाता है. छंद:शास्त्र के आर्ष-काव्य के इतिहास में सबसे प्रारंभिक छंद अवतार था वाल्मीकि मुनि प्रणीत अष्टवर्ण का अनुष्टुप् छंद, जिसमें छठा वर्ण गुरु और पाँचवाँ वर्ण लघु होना अनिवार्य होता है. आगे चल कर :

1. अष्टाक्षरावृत्ति के अनुष्टुप् छंद वर्ग में विद्युन्माला छंद (म म ग ग), लक्ष्मी (र र ग ल), प्रमाणिका (ज र ल ग), विपुला छंद (भ र ल ल), गजगती छंद (न भ ल ग), तंग (न न ग ग), आदि 256-छंद समूह की उत्पत्ति हुई. विद्युन्माला छंद के उदाहरण के लिए हमारे संगीत श्रीकृष्णायन का मोती 91 देखिए :

विद्युन्माला छंद

म म ग ग

ऽ ऽ ऽ ऽ ऽ ऽ ऽ ऽ

कंसारिपूजनम्

कंसध्वंसं दुष्टारिं तं, गोपीनाथं कृष्णं वन्दे ।
ऋत्वा पुष्पं तोयं धूपं, गन्धं क्षौद्रं नारीकेलम् ।। 1[1]
वन्दे सर्वज्ञं धातारं, देवेशं योगेशं श्रीशम् ।
गोपालं गोविन्दं विष्णुं, राधानन्दं गोपीनाथम् ।। 2
वन्दे सानन्दं श्रीकृष्णं, लक्ष्मीकान्तं भक्ताधीनम् ।
सर्वाधारं सर्वात्मानं, राधाप्राणं सर्वानन्दम् ।। 3
ऊरू जानू पादौ बाहू, कोष्ठं स्कन्धौ ग्रीवां कण्ठम् ।
वक्त्रं कर्णौ नेत्रे शीर्षं, जिह्वां चित्तं मे रक्षेत्सः ।। 4

2. नवाक्षरावृत्ति के बृहती छंद वर्ग में हलमुखी (र न स), महालक्ष्मी (र

---

[1] **क्षौद्रं** = मधु, शहद । **नारीकेलम्** = नारियल ।

र र), शुभोदर (भ भ भ) आदि 512–छंद समूह निर्माण हुआ. हलमुखी छंद के उदाहरण के लिए संगीत श्रीकृष्णायन मोती 328 देखिए :

हलमुखी छंद

र न स

ऽ । ऽ । । । । । ऽ

श्रीराम का गुरुकुल समापन

बैठके गुरुचरण में, ध्याइके सब स्मरण में ।
राम ज्ञान समझ लिया, क्षात्र-धर्म ग्रहण किया ।। 1
आज राम गुरुकुल से, आगये अवध पुर में ।
देख राम, दशरथ जी, मातु तीन मुदित भयी ।। 2

3. दशाक्षरवृत्ति के पंक्ति छंद वर्ग में मत्ता छंद (म भ स ग), मयूरी (र ज र ग), कामदा (र य ज ग), बाला (र र र ग), कीर्ति (स स स ग), चंपकमाला (भ म स ग), सारवती (भ भ भ ग), बिंदु (भ भ म ग), आदि 1024–छंद समूह निर्माण हुआ. मत्ता छंद के उदाहरण के लिए संगीत श्रीकृष्णायन मोती 32 देखिए :

मत्ता छंद

म भ स ग

ऽ ऽ ऽ ऽ । । । । ऽ ऽ

(लक्ष्मीनारायण स्तवन)

लक्ष्मीनाथा! परम पियारे! ।
दाता धाता जगत नियारे! ।। 1
तारो मोहे भवजल पारे ।
आया हूँ मैं चरण तिहारे ।। 2

4. एकादशाक्षरावृत्ति के त्रिष्टुप् छंद वर्ग में उपेंद्रवज्रा (ज त ज ग ग), शालिनी (म त त ग ग), वातोर्मि (म भ त ग ग), रथोद्धता (र न र ल ग), स्वागता (र न भ ग ग), द्रुता (र ज स ल ग), विध्यंकमाला

(त त त ग ग), इंद्रवज्रा (त त ज ग ग), आदि 2048-छंद समूह निर्माण हुआ. उपेंद्रवज्रा छंद का सुंदर संस्कृत उदाहरण है पांडवगीता श्लोक 28 है :

उपेंद्रवज्रा छंद

ज त ज ग ग

। ऽ । ऽ ऽ । । ऽ । ऽ ऽ

त्वमेव माता च पिता त्वमेव ।
त्वमेव बंधुश्च सखा त्वमेव ।
त्वमेव विद्या द्रविह्मां त्वमेव ।
त्वमेव सर्वं मम देवदेव ।।
सुखस्य दु:खस्य न कोऽपि दाता ।
परो ददातीति कुबुद्धिरेषा ।
अहं करोमीति वृथाभिमान: ।
स्वकर्मसूत्रे गैत्तितो हि लोक: ।।

शालिनी छंद के हिंदी उदाहरण के लिए संगीत श्रीकृष्णायन का मोती 77 देखिए :

शालिनी छंद

म त त ग ग

ऽ ऽ ऽ ऽ ऽ । ऽ ऽ । ऽ ऽ

पनघट पर राधा गापी

कैसे लाए नीर ग्वालीन गोरी ।
कान्हा रोड़ी मार कामोर फोरी ।। 1
भीगी राधा की चुनैया गुलाबी ।
राधा गालों पे सजायी गुलाली ।। 2

5. द्वादशाक्षरावृत्ति के जगती छंद वर्ग में भुजंगप्रयात (य य य य), स्त्रग्विणी

12
शकुन्तला छंद मीमांसा

(र र र र), तोटक (स स स स), सारंग (त त त त), इंद्रवंशा (त त ज र), मणिमाला (त य त य), जलोद्धगति (ज स ज स), तामरस (न ज ज य), कुमुदविचित्रा (न य न य), तरलनयन (न न न न), आदि 4096-छंद समूह निर्माण हुआ.

भुजंगप्रयात छंद के उदाहरण के लिए संगीत श्रीकृष्णायन का मोती 141 देखिए :

भुजंगप्रयात छंद

य य य य

। ऽ ऽ । ऽ ऽ । ऽ ऽ । ऽ ऽ

सा रे-ग- म प-म-ग रे-म- ग रे- सा-

हिंदी

आत्मा

न जन्मा, न आरंभ, तेरा कहीं से ।
सदा साथ होते न, जाना किसी ने ॥ 1
न आया कहीं से, न जाता कहीं है ।
निराधार आत्मा, जहाँ था वहीं है ॥ 2
कटे ना, जले ना, गले ना, झुरे ना ।
वही आतमा है निराकार जाना ॥ 3
सभी के दिलों में बसा एक देही ।
अनेकों घटों का कहा एक गेही ॥ 4

संस्कृत

निष्काम

सारे- ग-मप- म-ग रे-म- ग रे-सा-

बिना-वासनां यस्य सर्वं हि कार्यम् ।
अनिन्दा च निन्दा च सर्वं समं यम् ।
न बध्नाति तं कर्म कृत्वाऽपि सर्वम् ।
स जानाति त्यागं च निष्कामयोगम् ॥

13

6. त्रयोदशाक्षरावृत्ति के अतिजगती छंद वर्ग में प्रहर्षिणी (म न ज र ग), कन्दुक (य य य य ग), कन्द (य य य य ल), तारक (स स स स ग), आदि 8192-छंद समूह निर्माण हुआ.
प्रहर्षिणी छंद के उदाहरण के लिए संगीत श्रीरामायण का मोती 378 देखिए :

प्रहर्षिणी छंद

म न ज र ग

ऽ ऽ ऽ । । । । ऽ । ऽ । ऽ ऽ

दशरथ प्रयाण

सीता को रघुपति ने कहा, विदेही! ।
देहों के सम मरता कभी न देही ।। 1
चोला है दशरथ ने तजा पुराना ।
लेने को अपर शरीर में ठिकाना ।।

7. चतुर्दशाक्षरावृत्ति के शर्करी छंद वर्ग में वसंततिलका (त भ ज ज ग ग), असंबाधा (म त न स ग ग), कुटिल (स भ य ग ग), आदि 16384-छंद समूह निर्माण हुआ.
वसंततिलका छंद के सुंदर उदाहरण के लिए संगीत श्रीकृष्णायन का मोती 129 देखिए :

वसंततिलका छंद

त भ ज ज ग ग

ऽ ऽ । ऽ । । । ऽ । । ऽ । ऽ ऽ

सा-नि़-सा रे- रेसा रेग-, मग रे-ग रे-सा-

(अर्जुन का विषाद)

कौन्तेय ने जब लखे, प्रिय बंधु आगे ।
खोये हवास उसके, अरु होश भागे ।।

बोला, विषाद-युत वो, "शर ना धरूँगा ।

चाहे, जनार्दन! यहाँ, रण में मरूँगा" ।।

अनुप्रास उदाहरण

ऽ ऽ । ऽ । । । ऽ । । ऽ । ऽ ऽ

सा-नि़-सा रे-रेसारे ग-, मग रे-ग रे-सा-

दैवी संपदा

सद्धर्म से सजित जो, शुचि सत्य श्रद्धा ।

सद्भाव सुकृत सही, सहसाधना से ।।

स्वाध्याय के सहित जो, सब सर्वदा ही ।

दैवी कही सकल वो, सत्-संपदा है ।।

संस्कृत उदाहरण

ऽ ऽ । ऽ । । । ऽ । । ऽ । ऽ ऽ

सा-नि़- सारे-रे सारेग- म गरे-ग रे-सा-

जटायुविलाप:

रामं जटायुविहग: स उवाच दु:खी ।

यानेन भो: अपहृता दनुजेन देवी ।।

खड्गेन राम समितौ मम पक्ष्म छित्वा ।

मार्गेण दक्षिणदिशा च पलायित: स: ।।

8. पंचदशाक्षरावृत्ति के अतिशर्करी छंद वर्ग में चामर (र ज र ज र), चंद्रकांता (र र म स य), नलिनी (स स स स स), मालिनी (न न म य य), शशिकला (न न न न स), आदि 32798-छंद समूह निर्माण हुआ.

चामर छंद के उदाहरण के लिए संगीत श्रीकृष्णायन का मोती 190 देखिए:

चामर छंद

र ज र ज र

ऽ । ऽ । ऽ । ऽ । ऽ । ऽ । ऽ । ऽ

द्वंद्व-भाव

राग क्रोध दु:ख मोद, लाभ-हानि द्वंद्व हैं ।

श्वेत कृष्ण शीत उष्ण, द्वंद्व राग रम्य है ।। 1
जन्म-मृत्यु पाप पुण्य, शत्रु मित्र अन्य हैं ।
जो न द्वंद्व-भाव मुग्ध, सो महान धन्य है ।। 2

9. षोडषाक्षरावृत्ति के अष्टि छंद वर्ग में पंचचामर (ज र ज र ज ग), नील (भ भ भ भ भ ग), अचलधृति (न न न न न ल), आदि 65536-छंद समूह निर्माण हुआ.
पंचचामर छंद के उदाहरण के लिए संगीत श्रीरामायण का मोती 445 देखिए:

पंचचामर छंद
ज र ज र ज ग
। ऽ । ऽ । ऽ । ऽ । ऽ । ऽ । ऽ । ऽ
सेतु बंधन
लिखे चलो, लिखे चलो, पवित्र नाम राम का ।
अटूट यत्न से बने समुद्र सेतु अश्म का ।। 1
बढ़े चलो, बढ़े चलो, बड़ा महान काम है ।
सिया अशोक बाग में जपे अखंड नाम है ।। 2

10. सप्तदशक्षरावृत्ति के अत्यष्टि छंद वर्ग में पृथ्वी (ज स ज स य ल ग), शिखरिणी (य म न स भ), मंदाक्रांता (म भ न त त ग ग), हरिणी (न स म र स ल ग), आदि 131072-छंद समूह निर्माण हुआ.
पृथ्वी छंद के उदाहरण के लिए संगीत श्रीकृष्णायन का मोती 25 देखिए:

पृथ्वी छंद
ज स ज स य ल ग
। ऽ । । । ऽ । ऽ । । । ऽ । ऽ ऽ । ऽ
मप- धपमग- गम-पमगरे- सारे- मगरे सा-
व्यासवन्दनम्

महाकविवरो रविर्मतिमयो मुने व्यास त्वम् ।
त्वया विरचितं गुरो सुललितं बृहद्वाङ्मयम् ।। 1
तथा च लिखितं सनातनकृतं महाभारतम् ।
करोमि नमनं प्रभुं परमव्यासद्वैपायनम् ।। 2

हिंदी पद्य

कैकई का हर्ष

चले विपिन में, सिया लखन को, लिये राम जी ।
दुखी जनन हैं, सभी अवध के, हँसे कैकई ।। 1
कहे, भरत को, करूँ नृपति मैं, जभी आयगा ।
बिना हरि-सिया, सुखी अवध ये, मुझे भायगा ।। 2

शिखरिणी छंद

। ऽ ऽ ऽ ऽ ऽ । । । । । ऽ ऽ । । । ऽ

साग–नि़–सा– रेगरे– सारेगपमगरे ग–रेगरे सा–

संस्कृत

सीता उपलब्धि

कपिर्ब्रूते रामं नलिनिनयनं मङ्गलवचः ।
प्रभो! श्रीवैदेही दशमुखवने शोकव्यथिता ।। 1
तदा श्रीरामस्तं मधुरवचनैराह प्लवगम् ।
कपे! त्वं मे भ्राता प्रियतरसखा दासपरमः ।। 2

हिंदी

सीता मिल गयी

साग– नि़–सा–रेग रे–, सारेगपम गरे ग–रेग रेसा–

कहा वज्रांगी ने, अवधपति को वन्दन किये ।
रघो! श्री सीता हैं, असुर-वन में व्यग्र दुखिता ।। 1
सिया-भर्ता बोले, पवन-सुत को आशिष दिये ।
सखा तू है मेरा, प्रिय अनुज भी लक्ष्मण यथा ।। 2

11. अष्टादशक्षरावृत्ति के धृति छंद वर्ग में हरिणीलुप्ता (म स ज ज भ

र), चित्रलेखा (म भ न य य य), शार्दूल (म स ज स र म), आदि 262144-छंद समूह निर्माण हुआ.

हरिणीलुप्ता छंद का छंद प्रभाकर पृ. 185 का उदाहरण देखिए:

हरिणीलुप्ता छंद

म स ज ज भ र

ऽ ऽ ऽ । । ऽ । ऽ । । ऽ । ऽ । । ऽ । ऽ

मैं साजो जु भरो घड़ा, तट में लख्यो हरिण-लुप्ता ।
क्रीड़ावन्त हरो भरो, विलसै तहाँ, हरिणो युता ।।
कस्तूरी त्यहि नाभि जो, तिहि सों सजैं, निज आननै ।
हे आली तिहि क्यों बधैं, हठ धारिकै, नृप काननै ।।

12. ऊनविंशत्यक्षरावृत्ति के अतिधृति छंद वर्ग में शादूलविक्रीड़ित (म स ज स त त ग), मेधविस्फूर्जिता (य म न स र र ग), छाया (य म न स त त ग), मकरंदिका (य म न स ज ज ग), आदि 524288-छंद समूह निर्माण हुआ.

शादूलविक्रीड़ित छंद के उदाहरण के लिए संगीत श्रीरामायण का मोती 302 देखिए :

शादूलविक्रीड़ित छंद

म स ज स त त ग

ऽ ऽ ऽ । । ऽ । ऽ । । । ऽ ऽ ऽ । ऽ ऽ । ऽ

सा- रे-ग-मग रे-, गम-पम गरे- ग- प- मग- म-ग रे-

वाल्मीकि रामायण

जो रत्नाकर[2] को, महाकवि किया, वो है कृपा नाम की ।
श्रीवाल्मीक रची अनुष्टुप् कथा, वो है दया राम की ।। 1
श्रीरामायण में सती बड़ कही, वो है सिया, राम की ।

---

[2] रत्नाकर = रत्नाकर डाकू ।

18
शकुन्तला छंद मीमांसा

जो सर्वोत्तम है प्रभा, भँवर में, वो है हनूमान की ।। 2

13. विंशत्यक्षरावृत्ति के कृति छंद वर्ग में सुवदना (म र भ न य भ ल ग), गीतिका (स ज ज भ र स ल ग), मत्तेभविक्रीड़ित (स भ र न म य ल ग), आदि 10448576-छंद समूह निर्माण हुआ.

सुवदना छंद के उदाहरण के लिए संगीत श्रीरामायण का मोती 343 देखिए:

सुवदना छंद

म र भ न य भ ल ग

ऽ ऽ ऽ ऽ । ऽ ऽ । । । । । । ऽ ऽ ऽ । । । ऽ

राम का राजतिलक

बोले मंत्रीसभा में दशरथ, युवराजा आज चुनिये ।
बूढ़ा मैं हो चुका हूँ, अब जनमत में देरी न करिये ।। 1
कौशल्या मातु बोली, सद् गुण सब हैं मेरे तनय में ।
कैकेयी ने कहा, अग्रज हरिहर है, वो ही कुँवर है ।। 2
बोली रानी सुमित्रा, हरि मुनिमन है राजा वह बने ।
मंत्री बोले, हमारा तन-मन प्रिय जो है राम, चुनिये ।। 3
बोला सौमित्र, मेरा हरि सुख बल सोता प्राण तरु है ।
स्वामी आदेश से, चंदन तिलक लगाया राजगुरु ने ।। 4

14. एकविंशत्यक्षरावृत्ति के प्रकृति छंद वर्ग में स्रग्धरा (म र भ न य य य), सरसी (न ज भ ज ज ज र), आदि 2097152-छंद समूह निर्माण हुआ.

स्रग्धरा छंद के उदाहरण के लिए संगीत श्रीरामायण का मोती 406 और श्रीकृष्णातन का मोती 173 देखिए:

स्रग्धरा छंद

म र भ न य य य

ऽ ऽ ऽ ऽ । ऽ ऽ । । । । । । ऽ ऽ । ऽ ऽ । ऽ ऽ

राम विलाप

सीते सीते! पुकारे, उस घन वन में, राम आँसू बहायो ।
वैदेही! तू कहीं है, छुप कर चुप या, दैत्य तोहे भगायो ।। 1
पंछी! पेड़ों! बताओ, गगन पवन भो:! दार मेरी कहाँ है ।
बोला पक्षी जटायू, असुर जित उड़ा, नार तोरी वहाँ है ।। 2

गीता के छह योग

स्रग्धरा छंद

म र भ न य य य

ऽ ऽ ऽ ऽ । ऽ ऽ । । । । । । ऽ ऽ । ऽ ऽ । ऽ ऽ

कीन्हा जो कार्य इच्छा तज कर फल की, कर्म का योग जाना ।
कर्ता दूजा नहीं है अतुल गुण सिवा, ज्ञान का योग माना ।। 1
आत्मा का ज्ञान देही अजर अमर का, सांख्य है योग जाना ।
मित्रारी[3] द्वंद्व में जो नित सम मति वो, बुद्धि का योग माना ।। 2
आस्था से कार्य सारा अविचल करना, भक्ति का योग जाना ।
ध्येयोक्ता कार्य माला अविरत करना, योग अभ्यास माना ।। 3

15. द्वाविंशत्यक्षरावृत्ति के आकृति छंद वर्ग में मंदारमाला (त त त त त त त ग), महास्रग्धरा (स ज त न स र र ग), मदिरा सवैया (भ भ भ भ भ भ भ ऽ), आदि 4194304-छंद समूह निर्माण हुआ. 22 से 26 वर्ण वाले छंद प्रकार को सवैया कहा जाता है.

मंदारमाला छंद के उदाहरण के लिए हमारे संगीत श्रीरामायण का मोती 8 देखिए:

मंदारमाला छंद

त त त त त त त ग

ऽ ऽ । ऽ ऽ । ऽ ऽ । ऽ ऽ । ऽ ऽ । ऽ ऽ । ऽ ऽ । ऽ

---

[3] **मित्रारी** = न० मित्र + पु० अरि = द्वंद्व समास द्वितीया द्विवचन = मित्रारी ।

सा-रे- <u>ग</u>रे- प-म<u>ग</u>-रे-म-<u>ग</u>- ध-पम-प- म<u>ग</u>- म-<u>ग</u>रे- <u>ग</u>-रेसा-

मंगलाचरणम्

वन्दे शिवं पार्वतीवल्लभं नीलकण्ठं हरं मङ्गलं शङ्करम् ।। 1

लम्बोदरं पीतपीताम्बरं चण्डिकानन्दनं श्रीगणेशं शुभम् ।। 2

कादम्बरीं ज्ञानदेवीं भजे भारतीं वैखरीं शारदामातरम् ।। 3

राधावरं कृष्णगोवर्धनं माधवं केशवं श्यामलं सुन्दरम् ।। 4

सीतापतिं रामभद्रं हरिं रामचन्द्रं रघुं जानकीवल्लभम् ।। 5

वातात्मजं मारुतिं व्यङ्कटं रुद्ररूपं कपिं रामदूतं वरम् ।। 6

16. <u>त्रयोविंशत्यक्षरावृत्ति</u> के विकृति छंद वर्ग में मत्तगयंद अथवा मालति सवैया (भ भ भ भ भ भ भ ऽ ऽ), चकोर सवैया (भ भ भ भ भ भ भ ऽ ।), सुमुखी सवैया (ज ज ज ज ज ज ज । ऽ), आदि 8388608-छंद समूह निर्माण होता है. मत्तगयंद के दो लोकप्रिय उदाहण देखिए :

मत्तगयंद सवैया छंद

ऽ । । ऽ । । ऽ । । ऽ । । ऽ । ऽ । । ऽ । । ऽ ऽ

हे शिव शंकर सर्प रहे सिर, अंग हिमालय आलय तेरा ।
शीष झुकाकर बंदन चंदन, है चरणों पर मस्तक मेरा ।।
चाहत है अब गंग धुले सब, पाप करें मन में खग डेरा ।
पावन है शिव धाम सुनें जग, राहत का हल दें वह घेरा ।।

भारत में अब सैनिक चाहत, देश सदा पथ निर्मल छाँव ।
कंटक काट करें अब रक्षण, चाल चले मत दुर्बल पाँव ।
देव भजे जग जाग रखें हम, पावन गंग सदा जल नाँव ।
सुंदर हो परिवेश जहाँ तट, शान करें हम पा हल दाँव ।।

17. <u>चतुर्विंशत्यक्षरावृत्ति</u> के संस्कृति छंद वर्ग में दुर्मिल सवैया छंद (स स

स स स स स स स), किरीट सवैया (भ भ भ भ भ भ भ भ), अरसात सवैया (भ भ भ भ भ भ भ ऽ । ऽ), लवंगलता (ज ज ज ज ज ज ज ज ।), आदि 16777216-छंद समूह निर्माण होता है. दुर्मिल और किरीट सवैया छंद के लोकप्रिय उदाहण देखिए :

दुर्मिल सवैया छंद

। । ऽ । । ऽ । । ऽ । । ऽ । । ऽ । । ऽ । । ऽ । । ऽ

निरखें नभ से सुख से सुर हैं, प्रभु राम चले गृह से वन को।
पद चिन्ह गहे सुकुमारि चले, अरु भ्रात निहारत पावन को।
मुसुकाति चले वनवास सिया, परखे मन मोहक सावन को।
पगलाय रहे वन के बसिया, अब देख वहाँ मन भावन को ।।

किरीट सवैया

ऽ । । ऽ । । ऽ । । ऽ । । ऽ । । ऽ । । ऽ । । ऽ । ।

दो प्रभु दान दया मुझको अब, सेवक मांगत शीष नवाकर।
चाहत है बस दान दया निधि , पास रहे नित मंगल आकर ।।
है विनती मम एक सुनो अब, दास कहे दर नाथ सुनाकर।
दो वरदान सदा रह सेवक , सेव करूँ बस माथ झुकाकर ।।

18. पंचविंशत्यक्षरावृत्ति के अतिकृति छंद वर्ग में सुंदरी सवैया (स स स स स स स स ऽ), आदि 33554432-छंद समूह निर्माण होता है. सुंदरी सवैया छंद का लोकप्रिय उदाहण देखिए :

सुंदरी सवैया

। । ऽ । । ऽ । । ऽ । । ऽ । । ऽ । । ऽ । । ऽ । । ऽ ऽ

पद कोमल स्यामल गौर कलेवर राजन कोटि मनोज लजाए।
कर वान सरासन सीस जटासरसीरुह लोचन सोन सहाए।
जिन देखे रखी सतभायहु तै, तुलसी तिन तो मह फेरि न पाए।

यहि मारग आज किसोर वधू, वैसी समेत सुभाई सिधाए ।।

19. षड्विंशत्यक्षरावृत्ति के उत्कृति छंद वर्ग में कुन्दलता सवैया (स स स स स स स स । ।), महामंजीर सवैया (स स स स स स स स । ऽ), आदि 67108864-छंद समूह निर्माण होता है. कुन्दलता सवैया छंद का लोकप्रिय उदाहण देखिए :

कुन्दलता सवैया

। । ऽ । । ऽ । । ऽ । । ऽ । । ऽ । । ऽ । । ऽ । । ऽ । ।

जब साजन ने सजनी निरखी, परखी कहता रस सी लगती कुछ ।

नथनी नग भी चमके झलके, झुमकी झलकी हिलती कहती कुछ ।।

पग पायल घायल है करती, सुर ताल सरासर भी मिलती कुछ ।

परखे निरखे मम प्रीतम ही, सजनी तब ही रजनी सजती कुछ ।।

20. षड्विंशत्याधिकाक्षरावृत्ति (26 से अधिक अक्षरों) वाले छंद को <u>दण्डक</u> वार्णिक छंद कहा जाता है.

शकुन्तला के २४ छंद

1. अनुष्टुभ् श्लोक छंद :

श्लोक छन्द को साधारणतया अनुष्टुप्-छन्द कहा जाता है, मगर **"श्लोक" या "श्लोक-छंद"** अनुष्टुभ्-वर्ग का केवल एक प्रकार है. श्लोक 32 अक्षरों का वार्णिक छन्द है. श्लोक में आठ वर्णों के चार चरण होते हैं. इसके दूसरे और चौथे (सम) चरणों के बीच वर्णों का प्रमाण समान होता है और पहले और तीसरे (विषम) चरणों के वर्णों का प्रमाण भी समान होता है, अतः इसको अर्धसम **छन्द** कहा जाता है. श्लोक छंद के आदि रचेता श्री वाल्मीकि महामुनि थे.

यह अवश्य याद रहे कि, सभी अनुष्टुभ् पद्य श्लोक नहीं होते हैं ।

केवल जिसका लक्षण सूत्र 4 + । ऽ ऽ + 1 – 4 + । + ऽ + । + 1 है वही पद्य **श्लोक** होता है.

श्लोक छन्द की विशेष बातें : श्लोक के

(1) चारों चरण में पाँचवा वर्ण लघु (ह्रस्व) और

(2) छठा वर्ण गुरु (दीर्घ) होता है.

(3) सम चरणों का सातवाँ वर्ण लघु और

(4) विषम चरणों का सातवाँ वर्ण गुरु होता है. शेष (1, 2, 3, 8) वर्णों के लिए लघु गुरु की स्वतंत्रता होती है.

(5) आघात वाले संयुक्ताक्षर के पूर्व का लघु वर्ण दीर्घ माना जाता है.

(6) प्रत्येक चरण (आठ अक्षर) के अन्त में यति (साँस लेने का अवधि) होता है.

(7) प्रत्येक चरण की प्रथम चार मात्रा की गण-विभिन्नता को गिन कर अनुष्टुप् श्लोक छन्द के वितानम्, सुसन्द्रप्रभा, केतुमाला, मृत्यञ्जय, विभा, नाराचिका, श्यामा, चित्तविलासित, ललितगति, रतिमाला, कुसुम, गजगती, सुमालति, गुणलयनी, कमल, माणवक, नदी, चित्रपदा, नागरक, हंसरुत, विद्युन्माला, क्षमा, सुचन्द्रभा, मालिनी, समानी, अनुष्टुभ्-हंसिनी, पद्ममाला, गाथ, विमलजला, मोद, सुविलासा, मही, अचल आदि 35 प्रकार माने है.

श्लोक छंद में लिखी कविताओं के पदों में इन 35 गण-विविधता के कारण इस छन्द की विस्तृततम रचना भी उकतावनी नहीं होती है, अपितु मधुरतम ही होती जाती है. (8) अत: किसी भी केवल एक ही प्रकार के अनुष्टुप् छन्द में संपूर्ण काव्य नहीं लिखा जाता है. इस छन्द को ब्रह्मा का चौथा मुख माना जाता है.

श्लोक-व्याख्या

संस्कृतश्लोक:

'श्लोके' षष्ठो गुरुर्वर्णो लघुश्च पञ्चमः सदा ।

गुरुर्विषमयोर्ह्रस्वः सप्तमः समपादयोः ।।
चतुष्पादस्य श्रीयुक्तो वाल्मीकिकविना कृतः ।
द्वात्रिंशद्वर्णयुक्तो हि छन्दोऽनुष्टुप्स कथ्यते ।।

श्लोक व्याख्या

हिन्दी श्लोक

श्लोक में पाँचवाँ ह्रस्व छठा दीर्घ सदा रहे ।
द्वितीय चौथ में दीर्घ सातवाँ अन्य में लघु ।।
पवित्र चार पादों का वाल्मीकि ने रचा जिसे ।
बत्तीस वर्ण का छन्द अनुष्टुप् कहा इसे ।।

शकुन्तला के श्लोकेतर ३७ अनुष्टुभ् छंद

गीता के शास्त्रोक्त उदाहरण सहित

क्रम	छंद गण	छंद सूत्र	छंद नाम	गीता में उदाहरण चरण	गीता संदर्भ
1.	ससलग	।।ऽ, ।।ऽ, ।ऽ	कलिला	शृणुयादपि यो नरः ।	18.71.2
2.	ससगग	।।ऽ, ।।ऽ, ऽऽ	पंचशिखा	क्रियते तदिह प्रोक्तं	17.18.3
3.	सरलल	।।ऽ, ऽ।ऽ, ।।	शलुकलुप्त	न च मां योऽभ्यसूयति ।।	18.67.4
4.	सरलग	।।ऽ, ऽ।ऽ, ।ऽ	शलुकलुप्ता	प्रतिजाने प्रियोऽसि मे ।।	18.65.4
5.	सरगल	।।ऽ, ऽ।ऽ, ऽ।	वलीकेंदु	न च तस्मान्मनुष्येषु	18.69.1
6.	सरगग	।।ऽ, ऽ।ऽ, ऽऽ	परिधारा	इति ते ज्ञानमाख्यातं	18.63.1
7.	जसलग	।ऽ।, ।।ऽ, ।ऽ	भांर्गी	न योत्स्य इति मन्यसे ।	18.59.2
8.	जसगग	।ऽ।, ।।ऽ, ऽऽ	भांर्गी	स्थितोऽस्मि गतसन्देहः	18.73.3
9.	जरलग	।ऽ।, ऽ।ऽ, ।ऽ	प्रमाणिका	दिव्यगन्धानुलेपनम् ।	11.11.2
10.	जरगल	।ऽ।, ऽ।ऽ, ऽ।	अनामिका	स्वभावजेन कौन्तेय	18.60.1
11.	जरगग	।ऽ।, ऽ।ऽ, ऽऽ	यशस्करी	विमुच्य निर्ममः शान्तो	18.53.3
12.	जमगग	।ऽ।, ऽऽऽ, ऽऽ		विविक्तसेवी लघ्वाशी	18.52.1
13.	यसलल	।ऽऽ, ।।ऽ, ।।	पथ्यावक्त्र	करिष्ये वचनं तव ।।	18.73.4

14.	यसलग	ISS, IIS, IS	पथ्यावक्त्र	गुह्याद्गुह्यतरं मया ।	18.63.2
15.	यसगग	ISS, IIS, SS	मनोला	प्रसङ्गेन फलाकाङ्क्षी	18.34.3
16.	यरलल	ISS, SIS, II	भाषा	ध्रुवा नीतिर्मतिर्मम ।।	18.78.4
17.	यरलग	ISS, SIS, IS	भाषा	त्वयैकाग्रेण चेतसा ।	18.72.2
18.	यरगल	ISS, SIS, SI	सुचंद्राभा	इदं ते नातपस्काय	18.67.1
19.	यरगग	ISS, SIS, SS	कुलाधारी	न चाशुश्रूषवे वाच्यं	18.67.3
20.	रसलल	SIS, IIS, II	पथ्यावक्त्र	क्षान्तिरार्जवमेव च ।	18.42.2
21.	रसलग	SIS, IIS, IS	पथ्यावक्त्र	शाश्वतं पदमव्ययम् ।।	18.56.4
22.	रसगग	SIS, IIS, SS	गाथ	तत्र श्रीर्विजयो भूतिः	18.78.3
23.	ररलल	SIS, SIS, II	हेमरूप	त्वत्प्रसादान्मयाच्युत ।	18.73.2
24.	ररलग	SIS, SIS, IS	हेमरूप	यत्र पार्थो धनुर्धरः ।	18.78.2
25.	ररगग	SIS, SIS, SS	पद्ममाला	यत्र योगेश्वरः कृष्णो	18.78.1
26.	तसलग	SSI, IIS, IS	पथ्यावक्त्र	हृष्यामि च पुनः पुनः ।।	18.77.4
27.	तसगग	SSI, IIS, SS	श्यामा	संवादमिममश्रौषम्	18.74.3
28.	तरगग	SSI, SIS, SS	विभा	बुद्ध्या विशुद्धया युक्तो	18.51.1
29.	ततलग	SSI, SSI, IS	गर्भ	व्यासप्रसादाच्छ्रुतवान्	18.75.1
30.	मसलल	SSS, IIS, II	पथ्यावक्त्र	मद्भक्तेष्वभिधास्यति ।	18.68.
31.	मसलग	SSS, IIS, IS	पथ्यावक्त्र	एतद्गुह्यमहं परम् ।	18.75.2
32.	मसगल	SSS, IIS, SI	वक्त्र	श्रद्धावाननसूयश्च	18.71.1
33.	मसगग	SSS, IIS, SS	वक्त्र	मामेवैष्यसि सत्यं ते	18.65.3
34.	मभलग	SSS, SII, IS	अतिजनी	स्वे स्वे कर्मण्यभिरतः	18.45.1
35.	मरलग	SSS, SIS, IS	क्षमा	धर्म्यं संवादमावयोः ।	18.70.2
36.	मरगग	SSS, SIS, SS	वक्त्र	योगं योगेश्वरात्कृष्णात्	18.75.3
37.	मतलग	SSS, SSI, IS	पथ्यावक्त्र	गन्धर्वाणां चित्ररथः	10.26.3

कालिदास के शकुन्तला में अनुष्टुभ् छंद 1.5, 1.6, 1.11, 1.12, 1.25, 2.13, 2.16, 2.17, 3.1, 3.17, 3.20, 4.4, 4.7, 5.14, 5.24, 5.26, 5.29, 6.14, 6.22, 6.23, 6.28, 6.32, 7.9, 7.13, 7.14, 7.15, 7.23, 7.28, 7.29 = 29 पद्यों में पाया जाता है.

अनुष्टुभ् पथ्यावक्त्र और वक्त्र छंद (4+य गण, 4+ज गण)
जिस अष्टाक्षर अनुष्टुप् वर्ण–समवृत्त में प्रथम वर्ण के आगे न गण तथा स गण नहीं हो और चौथे अक्षर के बाद य गण आता हो उसे **वक्त्र** छंद कहते हैं. और अष्टाक्षर अनुष्टुप् वक्त्र छंद के चरण में चौथे वर्ण के बाद ज गण आता हो उसे **पथ्यावक्त्र** छंद कहते हैं.

कालिदास के शकुन्तला में पथ्यावक्त्र छंद 3.17, 3.20, 6.14, 6.21, 6.22, 7.9 पद्यों में पाया जाता है.

2. अपरवक्त्र छंद (न न र ल ग – न ज ज र) :
इस अर्धसम वर्णवृत्त के विषम चरणों में न न र गण व लघु गुरु वर्ण के 11 वर्ण और सम चरणों में न ज ज र गण के 12 वर्ण आते हैं. इसका लक्षण सूत्र (सम) ।।।, ।।।, ऽ। ऽ, । ऽ और (सम) ।।।, । ऽ।, । ऽ।, ऽ। ऽ इस प्रकार होता है. इसके 23 अक्षरोंमे 30 मात्रा होती हैं. पदान्त विराम है.

दोहा॰

न न र ल ग विषम में रहे, सम में न ज ज र वृंद ।
ग्यारह–बारह वर्ण का, "अपरवक्त्र" है छंद ।।

हमारे कृष्णायन से एक उदाहरण 1394/4839
कृष्ण चिंतन
।।।, ।।।, ऽ। ऽ, । ऽ
।।।, । ऽ।, । ऽ।, ऽ। ऽ
मनन मगन ध्यान में लगे ।
अविरत चिंतन कृष्ण का करे ।। 1

तन मन हरि में सदा धरे ।
भगत सुधी भव पार वो तरे ।। 2

कालिदास के शकुन्तला में यह छंद 4.10 और 5.1 = 2 पद्यों में पाया जाता है.

3. आर्या उद्गाथा छंद (मात्रा 12-18, 12-18):

आर्या छंद वर्ग का प्रयोग अधिकतर संस्कृत तथा मराठी काव्यों में पाया जाया है, हिंदी में बहुत ही कम. उद्गाथा आर्या छंद के में विषम (1, 3) चरणों में 12 मात्रा एवं सम (2, 4) चरणों में 18 मात्रा होती हैं, अत: यह एक अर्धसम मात्रिक छंद है. इस छंद को गीति आर्या छंद भी कहा गया है.

कालिदास के शकुन्तला में यह छंद 1.4 और 3.13 = 2 पद्यों में पाया जाता है.

4. आर्या गाथा छंद (मात्रा 12-18, 12-15):

गाथा आर्या छंद के में विषम (1, 3) चरणों में 12 मात्रा एवं सम (2, 4) चरणों में 15 मात्रा होती हैं, अत: यह एक अर्धसम मात्रिक छंद है.

कालिदास के शकुन्तला में यह छंद 1.2, 1.3, 1.13, 1.16, 1.17, 1.21, 1.24, 1.27, 1.28, 1.33, 2.1, 2.8, 3.2, 3.4, 3.5, 3.9, 3.12, 3.14, 3.15, 3.19, 4.12, 4.16, 4.21, 5.11, 5.13, 5.16, 5.18, 5.21, 5.28, 5.31, 6.1, 6.2, 6.3, 6.7, 6.15, 6.19, 6.21, 6.31, 7.22 = 39 पद्यों में पाया जाता है.

5. इन्द्रवज्रा (त त ज ग ग):

इस ग्यारह वर्ण, 17 मात्रा वाले छन्द के चरण में ज त ज गण और दो गुरु वर्ण आते हैं. इसका लक्षण सूत्र ऽ ऽ ।, ऽ ऽ ।, । ऽ ।, ऽ ऽ इस प्रकार होता है. इसके पदान्त में विराम होता है.

दोहा

मत्त अठारह से सजा, ग्यारह अक्षर वृंद ।

नाम "इंद्रवज्रा" जिसे, वही त त ज ग ग छंद ।।

कृष्णायन से इंद्रवज्रा छंद का एक हिंदी और एक संस्कृत उदाहरण देखिए

देही

ऽ ऽ।, ऽ ऽ।, । ऽ।, ऽ ऽ

(हिन्दी)

ज्यों लोग त्यागे कपड़े पुराने ।

डाले नये जो हि क्षयिष्णु जाने ।। 1

त्यों देह देही तजके घिसे जो ।

"देहांत वाले," पहने नये वो ।। 2

(संस्कृत)

जीर्णानि वस्त्राणि विहाय लोकाः ।

अन्यानि गृह्णन्ति यथा सदा ते ।। 1

तथा हि जीर्णान्स विहाय देही ।

अन्याञ्च गृह्णाति नवान्नु गेही ।। 2

इंद्रवज्रा छंद का शास्त्रोक्त उदाहरण है गीता 8.28

वेदेषु यज्ञेषु तपःसु चैव
दानेषु यत्पुण्यफलं प्रदिष्टम् ।
अत्येति तत्सर्वमिदं विदित्वा
योगी परं स्थानमुपैति चाद्यम् ।।

कालिदास के शकुन्तला में यह छंद 4.22, 5.5 = 2 पद्यों में पाया जाता है.

6. उपेंद्रवज्रा (ज त ज ग ग) :

इस **छन्द** के चरणों में ग्यारह वर्ण, 17 मात्रा होती हैं । इसमें ज त ज गण और दो गुरु वर्ण आते हैं. इसका लक्षण सूत्र । ऽ।, ऽ ऽ।, । ऽ।, ऽ ऽ इस प्रकार होता है. **इन्द्रवज्रा** छन्द का पहला वर्ण लघु करके यह

छन्द सिद्ध होता है.

दोहा

मात्रा सत्रह का बना, आदि ज त ज, ग ग अंत ।
अक्षर ग्यारह से सजा, “उपेन्द्रवज्रा” छंद ।।

हमारे कृष्णायन से उपेंद्रवज्रा छंद का एक उदाहरण देखिए

सर्वभूत समानता

। ऽ।, ऽ ऽ।, । ऽ।, ऽ ऽ

सगा पराया जिसका न कोई ।
घृणा न ईर्ष्या जिसको किसी से ।। 1
रहे बना जो जग से नियारा ।
लगे सदा वो मुझको पियारा ।। 2

उपेंद्रवज्रा छंद का शास्त्रोक्त उदाहरण है गीता 11.28

यथा नदीनां बहवोऽम्बुवेगाः
समुद्रमेवाभिमुखा द्रवन्ति ।
तथा तवामी नरलोकवीरा
विशन्ति वक्त्राण्यभिविज्वलन्ति ।।

कालिदास के शकुन्तला में यह छंद 5.4 = 1 पद्य में पाया जाता है.

7. उपजाति छंद :

उपरोक्त इंद्रवज्रा और उपेंद्रवज्रा छंद के समागम को उपजाति छंद कहा जाता है. इन चार चरणों का पहला एक-एक अक्षर, लघु (।) हो या गुरु (ऽ) हो, बायनरी आक्टल के हिसाब से सजा कर जो चार अक्षरों वाला लघु-गुरु क्रम बनता है वह ऊपजाति छंद का सूत्र होता है. चार अक्षरों की लघु-गुरु संभावना से 2^4 = 2X2X2X2 = 16 तरह के क्रम बनते हैं. उसमें से प्रथम क्रम (।।।।) उपेंद्रवज्रा छंद होता है और 16वाँ (ऽऽऽऽ) क्रम इन्द्रवज्रा छंद होता है. अन्य 14 क्रम निम्नांकित 14 उपजाति छंद कहे जाते हैं.

30

(1) 0001 (लघु-लघु-लघु-गुरु)= उपेंद्रवज्रा, उपेंद्रवज्रा, उपेंद्रवज्रा, इंद्रवज्रा का **जाया** छंद

(2) 0010 (लघु-लघु-गुरु-लघु)= उपेंद्रवज्रा, उपेंद्रवज्रा, इंद्रवज्रा, उपेंद्रवज्रा का **प्रेमा** छंद

(3) 0011 (लघु-लघु-गुरु-गुरु) = उपेंद्रवज्रा, उपेंद्रवज्रा, इंद्रवज्रा, इंद्रवज्रा का **माला** छंद

(4) 0100 (लघु-गुरु-लघु-लघु)= उपेंद्रवज्रा, इंद्रवज्रा, उपेंद्रवज्रा, उपेंद्रवज्रा का **ऋद्धि** छंद

(5) 0101 (लघु-गुरु-लघु-गुरु) = उपेंद्रवज्रा, इंद्रवज्रा, उपेंद्रवज्रा, इंद्रवज्रा का **हंसी** छंद

(6) 0110 (लघु-गुरु-गुरु-लघु) = उपेंद्रवज्रा, इंद्रवज्रा, इंद्रवज्रा, उपेंद्रवज्रा का **आर्द्रा** छंद

(7) 0111 (लघु-गुरु-गुरु-गुरु) = उपेंद्रवज्रा, इंद्रवज्रा, इंद्रवज्रा, इंद्रवज्रा का **कीर्ति** छंद

(8) 1000 (गुरु-लघु-लघु-लघु)= इंद्रवज्रा, उपेंद्रवज्रा, उपेंद्रवज्रा, उपेंद्रवज्रा का **सिद्धि** छंद

(9) 1001 (गुरु-लघु-लघु-गुरु) = इंद्रवज्रा, उपेंद्रवज्रा, उपेंद्रवज्रा, इंद्रवज्रा का **माया** छंद

(10) 1010 (गुरु-लघु-गुरु-लघु) = इंद्रवज्रा, उपेंद्रवज्रा, इंद्रवज्रा, उपेंद्रवज्रा का **भद्रा** छंद

(11) 1011 (गुरु-लघु-गुरु-गुरु) = इंद्रवज्रा, उपेंद्रवज्रा, इंद्रवज्रा, इंद्रवज्रा का **वाणी** छंद

(12) 1100 (गुरु-गुरु-लघु-लघु) = इंद्रवज्रा, इंद्रवज्रा, उपेंद्रवज्रा, उपेंद्रवज्रा का **रामा** छंद

(13) 1101 (गुरु-गुरु-लघु-गुरु) = इंद्रवज्रा, इंद्रवज्रा, उपेंद्रवज्रा, इंद्रवज्रा का **शाला** छंद

(14) 1110 (गुरु-गुरु-गुरु-लघु) = इंद्रवज्रा, इंद्रवज्रा, इंद्रवज्रा, उपेंद्रवज्रा का **बाला** छंद

कालिदास के शकुन्तला में निम्नांकित आठ उपजाति छंद विद्यमान हैं:

(1). इंद्रवज्रा-इंद्रवज्रा-इंद्रवज्रा-उपेंद्रवज्रा अर्थात् **बाला** छंद 6.24

बाला छंद का शास्त्रोक्त उदाहरण है गीता 11.15

दंष्ट्राकरालानि च ते मुखानि

दृष्ट्वैव कालानलसन्निभानि ।

दिशो न जाने न लभे च शर्म

प्रसीद देवेश जगन्निवास ॥

(2). इंद्रवज्रा-इंद्रवज्रा-उपेंद्रवज्रा-इंद्रवज्रा अर्थात् **शाला** छंद 5.25

शाला छंद का शास्त्रोक्त उदाहरण है गीता 11.34

द्रोणं च भीष्मं च जयद्रथं च

कर्णं तथाऽन्यानपि योधवीरान् ।

मया हतांस्त्वं जहि मा व्यथिष्ठा

युद्ध्यस्व जेतासि रणे सपत्नान् ॥

(3). इंद्रवज्रा-इंद्रवज्रा-उपेंद्रवज्रा-उपेंद्रवज्रा अर्थात् **रामा** छंद 6.10, 7.5

शाला छंद का शास्त्रोक्त उदाहरण है गीता 11.25

दंष्ट्राकरालानि च ते मुखानि

दृष्ट्वैव कालानलसन्निभानि ।

दिशो न जाने न लभे च शर्म
प्रसीद देवेश जगन्निवास ।।

(4). इंद्रवज्रा-उपेंद्रवज्रा-इंद्रवज्रा-इंद्रवज्रा अर्थात् **वाणी** छंद 7.2
वाणी छंद का शास्त्रोक्त उदाहरण है गीता 11.36

स्थाने हृषीकेश तव प्रकीर्त्या
जगत्प्रहृष्यत्यनुरज्यते च ।
रक्षांसि भीतानि दिशो द्रवन्ति
सर्वे नमस्यन्ति च सिद्धसङ्घाः ।।

(5). उपेंद्रवज्रा-इंद्रवज्रा-इंद्रवज्रा-इंद्रवज्रा अर्थात् **कीर्ति** छंद 7.19
कीर्ति छंद का शास्त्रोक्त उदाहरण है गीता 11.47

मया प्रसन्नेन तवार्जुनेदं
रूपं परं दर्शितमात्मयोगात् ।
तेजोमयं विश्वमनन्तमाद्यं
यन्मे त्वदन्येन न दृष्टपूर्वम् ।।

(6). उपेंद्रवज्रा-इंद्रवज्रा-इंद्रवज्रा-उपेंद्रवज्रा अर्थात् **आर्द्रा** छंद 2.7
आर्द्रा छंद का शास्त्रोक्त उदाहरण है विवेकचूडामणि 41

तथा वदन्तं शरणागतं स्वं
संसारदावानलतापतप्यम् ।
निरीक्ष्य कारुण्यरसार्द्रदृष्ट्या
दद्यादभीतिं सहसा महात्मा ।।

(7). उपेंद्रवज्रा-इंद्रवज्रा-उपेंद्रवज्रा-उपेंद्रवज्रा अर्थात् **ऋद्धि** छंद 6.26, 7.31
ऋद्धि छंद का शास्त्रोक्त उदाहरण है ऋषभ्गीता 27

मनोचवोदृक्करणे हितस्य
साक्षात्कृतं मे परिबर्हणं हि ।
विना पुमान्येन महाविमोहात्
कृतान्तपाशान्न विमोक्तुमीशेत् ।।

(8). उपेंद्रवज्रा-उपेंद्रवज्रा-इंद्रवज्रा-इंद्रवज्रा अर्थात् **माला** छंद 5.5, 520

ऋद्धि छंद का शास्त्रोक्त उदाहरण है भिक्षुगीता 48

मनोवशेऽन्ये ह्यभवंस्म देवा

मनश्च नान्यस्य वशं समेति ।

भीष्मो हि देवः सहसः सहीयान्

युञ्ज्याद्वशे तं स हि देवदेवः ।।

कालिदास के शकुन्तला में उपजाति छंद 2.7, 5.5, 5.20, 5.25, 6.10, 6.24, 6.26, 7.2, 7.5, 7.19, 7.31 = 11 पद्यों में पाया जाता है.

8. त्रिष्टुप वैदिक छंद (मात्रा 11-11) :

ग्यारह मात्रा का यह छंद वेदों में पाया जाता है. 11 अक्षरों के एक चरण के पद्य को एकपदा त्रिष्टुप् कहते हैं, 11-11 अक्षरों के दो चरण के पद्य को द्विपदा त्रिष्टुप् कहते हैं, 11-11 11-11 अक्षरों के चार चरण के पद्य को चतुष्पदी त्रिष्टुप् कहते हैं.

ऋग्वेद ५.१.२

अबोधि होता यजथाय देवानुर्ध्वो अग्निः सुमनाः प्रातरस्थात्

समिद्धस्य रुशददर्शि पाजो महान् देवस्तमसो निरमोचि ।।

कालिदास के शकुन्तला में त्रिष्टुप् छंद 4.8, 4.22 = 2 पद्यों में पाया जाता है.

9. दृतविलंबित छंद (न भ भ र) :

इस बारह वर्ण और 16 मात्रा वाले छन्द में चरण में न भ भ र गण आते हैं. इसका लक्षण सूत्र ।।।, ऽ।।, ऽ।।, ऽ। ऽ इस प्रकार होता है. इसके पदान्त में विराम होता है.

दोहा

सोलह मात्रा चरण में, न भ भ र गण का वृंद ।

नाम "द्रुतविलंबित" जिसे, बारह अक्षर छंद ।।

हमारे कृष्णायन से दृतविलंबित छंद का एक उदाहरण देखिए

स्वकर्म

|||, S||, S||, S|S

न तजिये निज कर्म सदोष भी ।

न परकर्म विना-कछु-नुक्स है ।।

कलित भी परधर्म न पालिए ।

स्व-करनी करते मरना भला ।।

कालिदास के शकुन्तला में दृतविलंबित छंद 2.11, 3.16, 5.27, 6.8, 7.3 = 5 पद्यों में पाया जाता है.

10. पुष्पिताग्रा छंद (न न र य – न ज ज र ग) :

इस अर्धसम वृत्त के विषम चरणों में न न र य गण के 12 वर्ण और सम चरणों में न ज ज र गण और एक गुरु के 13 वर्ण वर्ण आते हैं. इसका लक्षण सूत्र (विषम) |||, |||, S|S, |SS और (सम) |||, |S|, |S|, S|S, S इस प्रकार होता है. इसमें पदान्त में विराम होता है. इसके 25 वर्ण में 34 मात्रा होती हैं.

दोहा

न न र य पद हों विषम में, सम न ज ज र गुरु वृंद ।

कहा अर्धसम वृत्त वो, "पुष्पिताग्रा" छंद ।।

हमारे कृष्णायन से पुष्पिताग्रा छंद का एक उदाहरण देखिए

श्री राम स्तुति

|||, |||, S|S, |SS

|||, |S|, |S|, S|S, S

रघुवर! तुम दीन के दयाला ।

जग कहता तुम तीन लोक पाला ।। 1

सियपति! तुम सर्व भोग दाता ।

परम सखा! तुम सर्व दु:ख त्राता ।। 2

कालिदास के शकुन्तला में पुष्पिताग्रा छंद 1.31, 2.3, 6.111.31, 2.3, 6.11 = 3पद्यों में पाया जाता है.

11. प्रहर्षिणी छंद (म न ज र ग) :

इस छन्द के चरणों में तेरह वर्ण, 20 मात्रा होती हैं. इसमें म न ज र गण और एक गुरु वर्ण आता है. इसका लक्षण सूत्र ऽ ऽ ऽ, । । ।, । ऽ ।, ऽ । ऽ, ऽ इस प्रकार होता है. विराम 3 और 10 वे वर्ण पर विकल्प से आता है.

दोहा

बीस मत्त का पद्य जो, गुरु मात्रा से अंत ।
म न ज र गण जब आदि में प्रहर्षिणी है छंद ।।

हमारे काव्य रामायण से प्रहर्षिणी छंद का एक उदाहरण देखिए

दशरथ प्रयाण

ऽ ऽ, । । ।, । ऽ ।, ऽ । ऽ, ऽ

सीता को रघुपति ने कहा, विदेही! ।
देहों के सम मरता कभी न देही ।। 1
चोला है दशरथ ने तजा पुराना ।
लेने को अपर शरीर में ठिकाना ।। 2

कालिदास के शकुन्तला में प्रहर्षिणी छंद 6.27, 6.30 = 2 पद्यों में पाया जाता है.

12. मंदाक्रांता छंद (म भ न त त ग ग) :

इस अत्यष्टि छन्द के चरण में 17 वर्ण, 27 मात्रा होती हैं. इसमें म भ न त त गण आते हैं और अन्त में दो गुरु अक्षर. इसका लक्षण सूत्र ऽ ऽ ऽ, ऽ।।, ।।।, ऽ ऽ।, ऽ ऽ।, ऽ ऽ इस प्रकार होता है. इसके 4, 6, 7 वे वर्ण पर यति विकल्प से आता है.

दोहा

जहाँ म भ न त त आदि में, दो गुरु मात्रा अंत ।
सम वार्णिक यह वृत्त है, "मन्दाक्रान्ता" छन्द ।।

हमारे कृष्णायन से मंदाक्रांता छंद का एक उदाहरण देखिए

श्रीकृष्णवन्दनम्

ऽ ऽ ऽ, ऽ।।, ।।।, ऽ ऽ।, ऽ ऽ।, ऽ ऽ

गोपीनाथं कमलनयनं नन्दनन्दं मुकुन्दम् ।
लक्ष्मीकान्तं परमशरणं माधवं चक्रपाणिम् ।। 1
श्रीयोगेशं गरुडवहनं केशवं पद्मनाभम् ।
वन्दे कृष्णं कलुषदहनं विघ्नसंहारकारम् ।। 2

कालिदास के शकुन्तला में मंदाक्रांता छंद 1.15, 1.32, 2.14, 2.15 = 4 पद्यों में पाया जाता है.

13. मालभारिणी छंद (स स ज ग ग – स भ र य) :

इस छन्द के विषम चरणों में स स ज ग ग गणों के (। । ऽ, । । ऽ, । ऽ ।, ऽ ऽ) ग्यारह वर्ण और विषम चरणों में स भ र य गणों के (। । ऽ, ऽ । ।, ऽ । ऽ, । ऽ ऽ) बारह अक्षर आते हैं. 11 वे वर्ण पर यति आता है.

कालिदास के शकुन्तला में मालभारिणी छंद 3.21, 3.22, 7.20, 7.21 = 4 पद्यों में पाया जाता है.

दोहा

वर्ण तेईस से सजा, चौंतीस कल का वृंद ।
गण ससजगग सभरय का, "मालभारिणी" छंद ।।

14. मालिनी छंद (न न म य य) :

इस छन्द के चरण में 15 वर्ण 22 मात्रा होती हैं । इसमें न न म य य गण आते हैं. इसका लक्षण सूत्र । । ।, । । ।, ऽ ऽ ऽ, । ऽ ऽ, । ऽ ऽ इस प्रकार होता है. इसके 8–7 वर्ण पर यति आता है ।

दोहा

मत्त बाईस हों जहाँ, सजा न न म य य वृंद ।
आठ वर्ण पर यति जहाँ, कहा मालिनी छंद ।।

हमारे काव्यरामायण से मालिनी छंद का एक उदाहरण देखिए

गणेशवन्दना

। । ।, । । ।, ऽ ऽ ऽ, । ऽ ऽ, । ऽ ऽ

गणपतिगणनाथं लम्बकर्णं गणेशम् ।
शिवसुतगणराजं वक्रतुण्डं वरेण्यम् ।।
सकलभुवननाथं निर्गुणं विश्वमूर्तिम् ।
गजमुखलघुनेत्रं शम्भुपुत्रं भजेऽहम् ।।

कालिदास के शकुन्तला में मालिनी छंद 1.10, 1.19, 1.20, 2.4, 3.3, 5.7, 5.8, 5.19, 7.7, 7.34 = 10 पद्यों में पाया जाता है.

15. रथोद्धता छंद (र न र ल ग) :

इस छन्द के चरणों में ग्यारह वर्ण, 16 मात्रा होती हैं. इसमें र न र गण और अन्त में लघु–गुरु वर्ण आते हैं. इसके पद के अन्त में विराम होता है. इसका लक्षण सूत्र ऽ। ऽ, ।।।, ऽ। ऽ, । ऽ इस प्रकार होता है.

दोहा

सोलह कल से जो सजा, आदि र न र, ल ग अंत ।
ग्यारह अक्षर की कला, "रथोद्धता" है छंद ।।

हमारे कृष्णायन से रथोद्धता छंद का एक उदाहरण देखिए

कृष्ण के नाम

ऽ। ऽ, ।।।, ऽ। ऽ, । ऽ

लाभ–हानि सब द्वंद्व जानिये ।
मोद दुःख न चिरायु मानिये ।।
एक काम चिर काल कीजिए ।

नाम कृष्ण हर वक्त लीजिये ।।

कालिदास के शकुन्तला में रथोद्धता छंद 7.18 = 1 पद्य में पाया जाता है.

16. रुचिरा छंद (ज भ स ज ग) :

इस 30 मात्रा वाले महायौगिक छन्द के अन्त में एक गुरु मात्रा आती है. इसका लक्षण सूत्र 14, 14 + ऽ इस प्रकार होता है.

दोहा

तीस मत्त का जो हुआ, गुरु मात्रा से अंत ।
कल चौदह पर यति जहाँ, वह है "रुचिरा" छंद ।।

हमारे कृष्णायन से रुचिरा छंद का एक उदाहरण देखिए

श्रीकृष्ण विभूति

14, 14 + ऽ

शासक की राजनीति मैं, डंडा शासनाधिकारी का ।
गोपनीय का रहस्य मैं, ज्ञान ज्ञानी सदाचारी का ।। 1
पार्थ! आदि मूल बीज मैं, सर्व चराचर तनधारी का ।।
मेरे बिन कुछ नहीं कहीं, तीन लोक में नामवरी का ।। 2

कालिदास के रुचिरा में ककका छंद 7.35= 1 पद्य में पाया जाता है.

17. वंशस्थ छंद (ज त ज र) :

इस छन्द के चरणों में बारह वर्ण की 18 मात्रा होती हैं. इसमें ज त ज र गण आते हैं. इसका लक्षण सूत्र ।ऽ।, ऽऽ।, ।ऽ।, ऽ।ऽ इस प्रकार है. पदान्त में विराम होता है.

दोहा

मत्त अठारह से सजा, ज त ज र गण का वृंद ।
वर्ण बारह का बना, कहा "वंशस्थ" छंद ।।

हमारे कृष्णायन से वंशस्थ छंद का एक उदाहरण देखिए

ज्ञानदीप

। ऽ।, ऽ ऽ।, । ऽ।, ऽ। ऽ

भजो महा पावन नाम श्याम का ।
सदा रटो रे! शुभ जाप राम का ।। 1
जभी जले अंदर दीप ज्ञान का ।
तभी खुले फाटक स्वर्ग धाम का ।। 2

कालिदास के शकुन्तला में वंशस्थ छंद 1.18, 1.22, 3.11, 4.1, 5.12, 5.15, 5.17, 6.13, 6.18, 6.29, 7.10, 7.16, 7.30 = 13 पद्यों में पाया जाता है.

18. वसंततिलका छंद (त भ ज ज ग ग) :
इसके चरणों में चौदह वर्ण, 21 मात्रा होती हैं, यति 8 वे वर्ण पर विकल्प से आता है. इसमें त भ ज ज गण और दो गुरु वर्ण आते हैं. इसका लक्षण सूत्र ऽ ऽ।, ऽ।।, । ऽ।, । ऽ।, ऽ ऽ इस प्रकार होता है. वसंततिलका पद्य सा–नि़– सारे–रे सारे ग–, मगरे– गरेसा– इस प्रकार से गाया बजाया जा सकता है.

दोहा

त भ ज ज ग ग गण की कला, देती मन आनंद ।
बारह कल पर यति जहाँ, "वसंततिलका" छंद ।।

हमारे कृष्णायन से वसंततिलका छंद का एक उदाहरण देखिए

अर्जुन का विषाद

ऽ ऽ।, ऽ।।, । ऽ।, । ऽ।, ऽ ऽ

कौन्तेय ने जब लखे, प्रिय बंधु आगे ।
खोये हवास उसके, अरु होश भागे ।।
बोला, विषाद–युत वो, "शर ना धरूँगा ।

चाहे, जनार्दन! यहाँ, रण में मरूँगा" ।।

कालिदास के शकुन्तला में **वसंततिलका छंद** 1.8, 1.26, 1.30, 2.9, 2.12, 3.8, 3.18, 3.24, 4.2, 4.3, 4.11, 4.13, 4.14, 4.15, 4.20, 5.2, 5.3, 5.6, 5.22, 5.23, 6.12, 6.16, 6.20, 6.25, 7.4, 7.6, 7.17, 7.25, 7.26, 7.32 = 30 पद्यों में पाया जाता है.

19. शार्दूलविक्रीडित छंद (म स ज स त त ग) :
इस छन्द के चरणों में 19 वर्ण, 30 मात्रा होती हैं. इसमें म स ज स त त गण और एक गुरु वर्ण आता है. यति 12–19 वर्ण पर आता है. इसका लक्षण सूत्र ऽ ऽ ऽ, ।। ऽ, । ऽ।, ।। ऽ, ऽ ऽ।, ऽ ऽ।, ऽ इस प्रकार होता है.

दोहा

म स ज स त त गण से सजा, मुझको जिससे प्रीत ।
अंतिम गुरु का छंद है, "शार्दूलविक्रीडीत" ।।

हमारे कृष्णायन से शार्दूलविक्रीडित छंद का एक उदाहरण देखिए

श्रीकृष्णवन्दना

ऽ ऽ ऽ, ।। ऽ, । ऽ।, ।। ऽ, ऽ ऽ।, ऽ ऽ।, ऽ

वन्दे चक्रधरं हरिं गुरुवरं श्रीकृष्णदामोदरम् ।
योगेशो मम मार्गदर्शकवरो रक्षाकरो ज्ञानदः ।। 1
कृष्णान्नास्ति कृपाकरः प्रियतरः कृष्णैव मे पालकः ।
तस्माद्विघ्नहराय नम्रमनसा कृष्णाय तस्मै नमः ।। 2

कालिदास के शकुन्तला में शार्दूलविक्रीडित छंद 1.14, 1.29, 2.2, 2.5, 2.6, 3.7, 3.23, 4.5, 4.6, 4.9, 4.17, 4.18, 5.9, 6.4, 6.5, 6.6, 6.17, 7.8, 7.11, 7.12, 7.27 = 21 पद्यों में पाया जाता है.

20. शालिनी छंद (म त त ग ग) :
इस छंद के चरणों में 4, 7 के ग्यारह वर्ण, 20 मात्रा होती हैं. इस में म त त गण और दो गुरु वर्ण आते हैं. इसका लक्षण सूत्र ऽ ऽ ऽ, ऽ ऽ।, ऽ ऽ।, ऽ ऽ इस प्रकार होता है.

दोहा

बनता मात्रा बीस से, दो गुरु मत्ता अंत ।
जहाँ म त त गण हों सजे, वहाँ "शालिनी" छंद ।।

हमारे कृष्णायन से शालिनी छंद का एक उदाहरण देखिए

मटकी फोड़ कान्हा

ऽ ऽ ऽ, ऽ ऽ।, ऽ ऽ।, ऽ ऽ

कैसे लाए नीर ग्वालीन गोरी ।
कान्हा रोड़ी मार कामोर फोरी ।। 1
भीगी राधा की चुनैया गुलाबी ।
राधा गालों पे सजायी गुलाली ।। 2

कालिदास के शकुन्तला में शालिनी छंद 5.30 = 1 पद्य में पाया जाता है.

21. शिखरिणी छंद (य म न स भ ल ग) :
इस छन्द के चरण में 17 वर्ण और 25 मात्राएँ होती हैं. इसमें य म न स भ गण और एक-एक लघु गुरु आते हैं. इसका लक्षण सूत्र । ऽ ऽ, ऽ ऽ ऽ, ।।।, ।। ऽ, ऽ।।, । ऽ इस प्रकार होता है. इसके 6-11 पर यति विकल्प से आता है.

दोहा

मत्त पच्चीस में सजा, य म न स भ ग का वृंद ।
छठी मत्त पर यति जहाँ, चारु "शिखरिणी" छंद ।।

हमारे कृष्णायन से शिखरिणी छंद का एक उदाहरण देखिए

प्रभु की माया

। S S , S S S , ।।। , ।। S , S।। , । S

सारे– सानिसा– रेगरे–, रेरेरे गपमग रेग रेगरे सा–

प्रभो! तेरी माया, ग्रहण करने में गहन है ।

मगर सच्चे मन से, स्मरण करके वो सुगम है ।।

सदा चरण में, रहो शरण तो हरि साथ है ।

सभी जगत का, अनाथ जन का, वही नाथ है ।।

कालिदास के शकुन्तला में शिखरिणी छंद 1.9, 1.23, 2.10, 3.6, 5.10, 6.9, 7.33 = 7 पद्यों में पाया जाता है.

22. स्रग्धरा छंद (म र भ न य य य)

इस 21 वर्ण, 33 मात्रा वाले छन्द में म र भ न य य य गण आते हैं । इसका लक्षण सूत्र S S S, S। S, S।।, ।।।, । S S, । S S, । S S इस प्रकार है । यति 7-7-7 पर विकल्प से आता है ।

दोहा

म र भ न य य य समूह का, मत्त तैंतीस वृंद ।

यति, प्रति सप्तम मत्त में, सजे "स्रग्धरा" छंद ।।

हमारे कृष्णायन से स्रग्धरा छंद का एक उदाहरण देखिए

गीता के छह योग

S S S, S। S, S।।, ।।।, । S S, । S S, । S S

कीन्हा जो कार्य इच्छा तज कर फल की, कर्म का योग जाना ।

कर्ता दूजा नहीं है अतुल गुण सिवा, ज्ञान का योग माना ।। 1

आत्मा का ज्ञान देही अजर अमर का, सांख्य है योग जाना ।

मित्रारी[4] द्वंद्व में जो नित सम मति वो, बुद्धि का योग माना ।। 2

---

[4] **मित्रारी** = न॰ मित्र + पु॰ अरि = द्वंद्व समास द्वितीया द्विवचन = मित्रारी ।

आस्था से कार्य सारा अविचल करना, भक्ति का योग जाना ।
ध्येयोक्ता कार्य माला अविरत करना, योग अभ्यास माना ।। 3

कालिदास के शकुन्तला में स्रग्धरा छंद 1.1, 1.7 = 2 पद्यों में पाया जाता है.

23. सुंदरी छंद (स स ज भ त ज र) :

इस छन्द के चरणों में 21 वर्ण और 25 मात्रा होती हैं. इसमें स स ज भ त ज र गण आते हैं. इस छंद का लक्षण सूत्र ।।ऽ ।। ऽ, । ऽ ।, ऽ । ।, ऽ ऽ ।, । ऽ ।, ऽ । ऽ इस प्रकार होता है.

दोहा

मात्रा इक्कीस से सजा, सात गणों का वृंद ।
स स भ त ज र गण का बना, वही "सुंदरी" छंद ।।

कालिदास के शकुन्तला में सुंदरी छंद 7.1 = 1 पद्य में पाया जाता है.

24. हरिणी छंद (न स म र स ल ग) :

इस छन्द के चरणों में सत्रह वर्ण 25 मात्रा होती हैं, विराम 10-7 पर आता है. इसमें न स म र स गण और लघु-गुरु वर्ण आते हैं. इस छंद का लक्षण सूत्र ।।।, ।। ऽ, ऽ ऽ ऽ, ऽ। ऽ, ।। ऽ, । ऽ इस प्रकार होता है.

दोहा

मत्त पच्चीस से बना, लघु गुरु मात्रा अंत ।
आदि न स म र स गण रहें, वह "हरिणी" है छंद ।।

हमारे कृष्णायन से हरिणी छंद का एक उदाहरण देखिए

त्रिगुण

।।।, ।। ऽ, ऽ ऽ ऽ, ऽ। ऽ, ।। ऽ, । ऽ

सद् गुण सुखों में जोड़े है, रजो गुण कर्म में ।
तमस् गुण निद्रा सुस्ती में, सदा मन जोड़ता ।। 1

त्रयगुणमयी माया काली, ढके मन ज्ञान है ।
अविचलित है माया से जो, उसे वर स्थान है ।। 2

कालिदास के शकुन्तला में हरिणी छंद छंद 3.10, 4.19, 7.24 = 3 पद्यों में पाया जाता है.

॥ अथ अभिज्ञानशाकुंतलम् ॥

भूमिका

दोहा०

सात अंक की नाटिका, देती है पहिचान ।
शकुन्तला के चरित की, उपयुक्त अभिज्ञान ।। 1

आदि पर्व में जो कही, दुष्यंत भूप की बात ।
कालिदास ने है उसे, कहा रंग में सात ।। 2

अत: कहा अनुपम इसे, नाट्य कोटि का श्रेष्ठ ।
सर्वोत्तम है विश्व में, कही कला जो ज्येष्ठ ।। 3

काव्यों में नाटक कहा, श्रेष्ठ कला नि:शंक ।
नाटकों में शकुन्तला, विशेष चौथा अंक ।। 4

शकुन्तला जब तज रही, कण्वाश्रम का धाम ।
हृदयंगम उस दृश्य ने, किया अमर यह काम ।। 5

45

शकुन्तला प्रथम अंक

शकुन्तला प्रथम अंक

आश्रम प्रवेश

दुष्यंत-शकुन्तला आलाप

अथ अभिज्ञानशाकुंतलम् ।

प्रथमोऽङ्कः ।

अथ प्ररोचना अंकः

शकुन्तला-प्रस्तावना

अथ प्रस्तावना

1.1 या सृष्टिः स्रष्टुराद्या वहति विधिहुतं या हविर्या च होत्री ।
ये द्वे कालं विधत्तः श्रुतिविषयगुणा या स्थिता व्याप्य विश्वम् ।
यां आहुः सर्वबीजप्रकृतिरिति यया प्राणिनः प्राणवन्तः ।
प्रत्यक्षाभिः प्रपन्नस्तनुभिरवतु वस्ताभिरष्टाभिरीशः ॥

(स्त्रग्धरा म र भ न य य य छंद) (वैदर्भी शैली, भारती वृत्ति समारंभ)

स्त्रग्धरा छंद : म र भ न य य य गण, 33 मात्रा, 21 वर्ण, यति 7, 7, 7						
यासृष्टिः	स्त्रष्टुरा	द्यावह	तिविधि	हुतंया	हविर्या	चहोत्री
ऽ ऽ ऽ म	ऽ । ऽ र	ऽ । । भ	। । । न	। ऽ ऽ य	। ऽ ऽ य	। ऽ ऽ य
येद्वेका	लंविध	त्तःश्रुति	विषय	गुणाया	स्थिताव्या	प्यविश्वम्
ऽ ऽ ऽ	ऽ । ऽ	ऽ । ।	। । ।	। ऽ ऽ	। ऽ ऽ	। ऽ ऽ
यांआहुः	सर्वबी	जप्रकृ	तिरिति	ययाप्रा	णिनःप्रा	णवन्तः
ऽ ऽ ऽ	ऽ । ऽ	ऽ । ।	। । ।	। ऽ ऽ	। ऽ ऽ	। ऽ ऽ
प्रत्यक्षा	भिःप्रप	न्नस्तनु	भिरव	तुवस्ता	भिरष्टा	भिरीशः
ऽ ऽ ऽ	ऽ । ऽ	ऽ । ।	। । ।	। ऽ ऽ	। ऽ ऽ	। ऽ ऽ

दोहा॰ सृष्टिकर्ता विरंचि की, रचना मूर्ति-प्रयुक्त ।

पंच-भूत गुण-तीन की, इष्टमूर्ति से युक्त ।।

प्रथम मूर्ति जल रूप है, द्वितीय अग्नि स्वरूप ।
सूर्य-चंद्र दो मूर्तियाँ, दिवस-रात्रि कीं भूप ।।

भूमि जीव का बीज है, वायु प्राण के प्राण ।
शब्द रूप आकाश है, विषयभूत हैं कान ।।

अष्टमूर्ति शिव शंभु हैं, जिनकी कृपा अगाध ।
शिव सबकी रक्षा करें, पूर्ण करें सब साध ।।

1.2 आपरितोषाद्विदुषांन साधु मन्ये प्रयोगविज्ञानम् ।
बलवदपि शिक्षितानामात्मन्यप्रत्ययं चेतः ॥

(आर्या गाथा 12-18, 12-15 छंद)

आपरि	तोषाद्वि	दुषाम्		
ऽ । ।	ऽ ऽ ।	। ऽ		12
नसाधु	मन्येप्र	योगवि	ज्ञानम्	
। ऽ ।	ऽ ऽ ।	ऽ । ऽ	ऽ ऽ	18
बलव	दपिशि	क्षितानाम्		
। । ।	। । ऽ	। ऽ ऽ		12
आत्मन्य	प्रत्ययं	चेतः		
ऽ ऽ ऽ	ऽ । ऽ	ऽ ऽ		15

दोहा॰ कलाकार यदपि हो पटु, उसे न मिलता तोष ।
जब तक प्रेक्षक नाट्य के, ना पाते संतोष ।।

प्रस्तावना समापन

1.3 सुभगसलिलावगाहाः पाटलसंसर्गसुरभिवनवाताः ।
प्रच्छायसुलभनिद्रा दिवसाः परिणामरमणीयाः ॥

(आर्या गाथा 12-18, 12-15 छंद)

सुभग	सलिला	वगाहाः			

। । ।	। । ऽ	। ऽ ऽ			12
पाटल	संसर्ग	सुरभि	वनवा	ताः	
ऽ । ।	ऽ ऽ ।	। । ।	। । ऽ	ऽ	18
प्रच्छाय	सुलभ	निद्रा			
ऽ ऽ ।	। । ।	ऽ ऽ			12
दिवसाः	परिणा	मरम	णीयाः		
। । ऽ	। । ऽ	। । ।	ऽ ऽ		15

दोहा॰ ग्रीष्म काल में शुभ लगे, शीतल जल से स्नान ।
सुगंध-छाया-चारुता, करते खुशी प्रदान ।।

शुभ जिसका आरंभ हो, पावन जिसका अंत ।
रम्य सुखद परिणाम वो, देता हर्ष अनंत ।।

इति प्ररोचना अंकः

1.4 ईषदीषच्चुम्बितानि भ्रमरैः सुकुमारकेसरशिखानि ।
अवतंसयन्ति दममानाः प्रमदाः शिरीषकुसुमानि ॥

(मूल पद्य)
ईसीसिचुम्बिआइं भमरेहिं सुउमारकेसरसिहाइं ।
आदंसअन्ति दअमाणा पमदाओ सिरीसकुसुमाइं ।।

उद्गाथा आर्या छंद, (12-18, 12-18) 30-30 मात्रा

ईसीसि	चुम्बिआ	इंभ - म	रेहिंसु	उमार	केसर	सिहाइं
ऽ ऽ ।	ऽ । ऽ	। । – ।	ऽ । ।	। ऽ ।	ऽ । ।	। ऽ । *
आदंस	अन्तिद	अमा - णा	पमदा	ओसिरी	सकुसु	माइं
ऽ ऽ ।	ऽ । ।	। ऽ – ऽ	। । ऽ	ऽ । ऽ	। । ।	ऽ । *

* अन्तिम 21-वीं लघु मात्रा गुरु गिनी गई है.

दोहा॰ कलारसिक नव युवतियाँ, पा कर प्रेम प्रभाव ।
चंचरीक चूमें हुए, उन्हें चमन की चाव ।।

49

कोमल केसर कुसुम के, कानन-कुण्डल काम ।
शिरीष सुमन सुगंध के, शीर्ष शिखा के नाम ।।

1.5 तवास्मि गीतरागेण हारिणा प्रसभं हृतः ।
एष राजेव दुष्यन्तः सारङ्गेणातिरंहसा ॥

(अनुष्टुभ् श्लोक छंद)

तवास्मिगी	तरागे	ण	हारिणाप्र	सभंहृ	तः
। ऽ । ऽ	। ऽ ऽ	।	ऽ । ऽ ।	। ऽ ।	ऽ
एषराजे	वदुष्य	न्तः	सारङ्गेणा	तिरंह	सा
। ऽ ऽ	। ऽ ऽ	।	ऽ ऽ ऽ ऽ	। ऽ ।	ऽ

पाद टिप्पणियाँ :

1. इस अनुष्टुभ् छंद के विषम चरण 1 और 3 में पहले चार अक्षरों के बाद य गण (। ऽ ऽ) आने से और सम चरण 2 और 4 में प्रथम चार अक्षरों के पश्चात् ज (। ऽ ।) गण आने से इन चार चरणों के पद्य में श्लोक छंद सिद्ध हुआ है.
2. यथा निम्न तालिका में दर्शित है : प्रथम चरण में ज र ग ल गण होने से अनामिका छंद प्रयुक्त है; द्वितीय चरण में प्रथम मात्रा के बाद न गण अथवा स गण न होने से और चौथे वर्ण के बाद ज गण आने से यहाँ पथ्यावक्त्रा छंद प्रयुक्त है; तृतीय चरण में र र ग ग गण होने से यहाँ पद्ममाला छंद घटित होता है; और चतुर्थ चरण में म र ल ग गण होने से क्षमा छंद युक्त होता है.

1	तवास्मि	गीतरा	गेण		
	। ऽ ।	ऽ । ऽ	ऽ ।	ज र ग ल	अनामिका छंद
2	हारिणा	प्रसभं	हृतः		
	ऽ । ऽ	। । ऽ	। ऽ	र स ल ग	पथ्यावक्त्रा छंद
3	एषरा	जेवदु	ष्यन्तः		

	ऽ । ऽ	ऽ । ऽ	ऽ ऽ	र र ग ग	पद्ममाला छंद
4	सारङ्गे	णातिरं	हसा		
	ऽ ऽ ऽ	ऽ । ऽ	। ऽ	म र ल ग	क्षमा छंद

(राजा दुष्यंत)

दोहा॰ शीघ्र वेग से भागता, सुंदर हरिण निहार ।
सोचा नृप दुष्यंत ने, कितना यह मनहार ।।

इति प्रस्तावना

अथ शकुन्तला-कथावस्तु

(तपोवन)

दोहा॰ हिमगिरिवर के चरण में, गंगा का पट थाम ।
विपिन तराई गहन में, बसा तपोवन धाम ।।

दक्षिण में मंदाकिनी, अमृत की जल धार ।
करे सदा स्वागत जहाँ, गंगा माँ का द्वार ।।

लहरें चंचल नीर की, करती अविरत नृत्य ।
कलकल रव संगीत का, नाद मनोरम स्तुत्य ।।

निबिड़ तपोवन की धरा, वृक्षाच्छादित रम्य ।
जिसकी अनहद शून्यता, योग-ध्यान से गम्य ।।

वृक्ष-लताएँ हैं सजी, फल-फूलों से खूब ।
बहते हैं झरने जहाँ, उगे किनारे दूब ।।

तरु-बेलाएँ पुष्पमय, भूमि हरित कालीन ।
मधुकर रव हर पुष्प पर, रस पीने में लीन ।।

(मंगल प्रभात)

दोहा॰ ऋषि-मुनि जन करते यहाँ, जप तप योग अनन्य ।
मंत्र नाद शुभ से हुई, तपोभूमि यह धन्य ।।

रवि की पहली रश्मि जब, करती धरती स्पर्श ।
सुप्त चराचर जाग कर, मुकुलित होता हर्ष ।।

गूँज उठे परिसर यहाँ, प्रभात से हर शाम ।
ओऽम् नमः शिवाय का, चित्पावन सत्नाम ।।

(प्रचंड प्रमोद)

दोहा॰ वेद ऋचाएँ यज्ञ की, गायत्री का छंद ।
पावन वाणी से भरे, कण-कण में आनंद ।।

देव झाँकते स्वर्ग से, धरती का यह खंड ।
बढ़ कर ही है स्वर्ग से, यहाँ प्रमोद प्रचंड ।।

1.6 कृष्णसारे ददश्चक्षुस्त्वयि चाधिज्यकार्मुके ।
मृगानुसारिणं साक्षात्पश्यामीव पिनाकिनम् ॥

(अनुष्टुभ् श्लोक छंद)

कृष्णसारे	ददश्च	क्षु	स्त्वयिचाधि	ज्यकार्मु	के
ऽ । ऽ ऽ	। ऽ ऽ	ऽ	। । ऽ ऽ	। ऽ ।	ऽ
मृगानुसा	रिणंसा	क्षा	त्पश्यामीव	पिनाकि	नम्
। ऽ । ऽ	। ऽ ऽ	ऽ	ऽ ऽ ऽ ।	। ऽ ।	ऽ

पाद टिप्पणियाँ :

1. इस अनुष्टुभ् छंद के विषम चरण 1 और 3 में पहले चार अक्षरों के बाद य (।ऽऽ) गण आने से और सम चरण 2 और 4 में प्रथम चार अक्षरों के पश्चात् ज (।ऽ।) गण आने से इन चार चरणों के पद्य में श्लोक छंद सिद्ध हुआ है.
2. निम्न तालिका में स्पष्ट है कि : प्रथम चरण में र र ग ग गण होने से पद्ममाला छंद प्रयुक्त है; द्वितीय चरण में स र ल ग गण प्रयुक्त होने से शकुकलुप्त छंद होता है; तृतीय चरण में ज र ग ग गण होने से यशस्करी छंद घटित है; और चतुर्थ चरण के म स ल ग गण में प्रथम मात्रा के बाद न गण अथवा स गण न होने से और चौथे वर्ण के बाद ज गण आने से यहाँ पथ्यावक्त्र छंद हुआ है.

1	कृष्णरा	रेदद	श्चक्षु		
	ऽ । ऽ	ऽ । ऽ	ऽ ऽ *	र र ग ग	पद्ममाला
2	स्त्वयिचा	धिज्यका	र्मुके		

	। । ऽ	ऽ । ऽ	। ऽ	स र ल ग	शलुकलुप्ता
3	मृगानु	सारिणं	साक्षात्		
	। ऽ ।	ऽ । ऽ	ऽ ऽ	ज र ग ग	यशस्करी
4	पश्यामी	वपिना	किनम्		
	ऽ ऽ ऽ	। । ऽ	। ऽ	म स ल ग	पथ्यावक्त्र

* अंतिम आठवीं लघु मात्रा गुरु गिनी गई है

दोहा॰ कृष्णसार मृग कंज का, पीछा करता भूप ।
प्रत्यंचा पर शर चढ़ा, लगता है शिव रूप ।।

पिता यक्ष ने शंभु का, किया जभी अपमान ।
दुखिता होकर पार्वती, जली सहित सम्मान ।।

शिवजी ने फिर क्रोध में, यज्ञ कर दिया नष्ट ।
डर कर भागा यज्ञ था, लिए रूप मृग धृष्ट ।।

शिवजी ने पीछा किया, लेकर धनुष पिनाक ।
तथा हि नृप दुष्यंत भी, दिखते वीर मनाक् ।।

1.7 ग्रीवाभङ्गाभिरामं मुहुरनुपतति स्यन्दने दत्तदृष्टिः
पश्चार्धेन प्रविष्टः शरपतनभयाद्भूयसा पूर्वकायम् ।
दर्भैरर्धावलीढैः श्रमविवृतमुखभ्रंशिभिः कीर्णवर्त्मा
पश्योदग्रप्लुतत्वाद्वियति बहुतरं स्तोकमुर्व्याम् प्रयाति ॥

(स्रग्धरा म र भ न य य य छंद)

ग्रीवाभ	ङ्गाभिरा	मंमुहु	रनुप	ततिस्य	न्दनेद	त्तदृष्टिः
ऽ ऽ ऽ	ऽ । ऽ	ऽ । ।	। । ।	। ऽ ऽ	। ऽ ऽ	। ऽ ऽ
पश्चार्धे	नप्रवि	ष्टःशर	पतन	भयाद्भू	यसापू	र्वकायम्
ऽ ऽ ऽ	ऽ । ऽ	ऽ । ।	। । ।	। ऽ ऽ	। ऽ ऽ	। ऽ ऽ
दर्भैर	र्धावली	ढैःश्रम	विवृत	मुखभ्रं	शिभिःकी	र्णवर्त्मा
ऽ ऽ ऽ	ऽ । ऽ	ऽ । ।	। । ।	। ऽ ऽ	। ऽ ऽ	। ऽ ऽ

पश्योद	ग्रप्लुत	त्वाद्विय	तिबहु	तरंस्तो	कमुर्व्या	म्प्रयाति
ऽ ऽ ऽ	ऽ । ऽ	ऽ । ।	। । ।	। ऽ ऽ	। ऽ ऽ	। ऽ ऽ *

* अंतिम 21-वीं लघु मात्रा गुरु गिनी गई है

दोहा० **मृग है आगे बढ़ रहा, विद्युत गति के साथ ।**
पीछा नृप है कर रहे, धनु है जिनके हाथ ।।

मृग नैनन से भूप पर, बाण नजर से छोड़ ।
पीछे मुड़ कर कर देखता, अपनी गर्दन मोड़ ।।

नृप के शर से है डरा, बींध न जाए पीठ ।
बार-बार वह देख कर, मन को करता ढीठ ।।

पिछला भाग शरीर का, सिमटा सिर की ओर ।
मुख से चर्वित घास है, गिरत लार की तौर ।।

ऊँची-ऊची चौकड़ी, मार रहा है भाग ।
धरती पर वह कम लगे, पव में अधिक छलाँग ।।

📖 तदेष कथमनुपतत एव मे प्रयत्नप्रेक्षणीयः संवृत्तः ।

दोहा० **राजा बोले सारथी! कैसा यह सारंग ।**
पीछे मुड़ कर देखता, और सिकुड़ता अंग ।।

फिर भी आगे बढ़ रहा, घोड़ों से भी तेज ।
इतनी क्षमता है इसे, अति हैरतअंगेज ।।

स्वामी! बोला सारथी, मृग से श्लथ हैं हम ।
ऊबड़-खाबड़ भूमि है, अतः वेग है कम ।।

आगे जमीन आगई, समतल और सपाट ।
अब रथ की गति तेज है, शीघ्र कट रही बाट ।।

1.8 मुक्तेषु रश्मिषु निरायतपूर्वकाया

निष्कम्पचामरशिखा निभृतोर्ध्वकर्णाः ।
आत्मौद्धतैरपि रजोभिरलङ्घनीया
धावन्त्यमी मृगजवाक्षमयेव रथ्याः ॥

(वसंततिलका त भ ज ज ग ग छंद)

मुक्तेषु	रश्मिषु	निराय	तपूर्व	काया
ऽ ऽ ।	ऽ । ।	। ऽ ।	। ऽ ।	ऽ ऽ
निष्कम्प	चामर	शिखानि	भृतोर्ध्व	कर्णाः
ऽ ऽ ।	ऽ । ।	। ऽ ।	। ऽ ।	ऽ ऽ
आत्मौद्ध	तैरपि	रजोभि	रलङ्घ	नीया
ऽ ऽ ।	ऽ । ।	। ऽ ।	। ऽ ।	ऽ ऽ
धावन्त्य	मीमृग	जवाक्ष	मयेव	रथ्याः
ऽ ऽ ।	ऽ । ।	। ऽ ।	। ऽ ।	ऽ ऽ

दोहा॰ रथ के घोड़े दौड़ते, करके घोर प्रयास ।
वेग बढ़ा ने, अश्व की, ढीली की है रास ॥

विद्युत गति सारंग की, सहने हय असहाय ।
आगा भाग शरीर का, आगे को फैलाय ॥

माथा आगे है किया, निश्चल करके भाल ।
कान उठाए हैं खड़े, फहरा रहे अयाल ॥

टापों से उड़ती हुई, धूएँ जैसी धूल ।
रथ से पीछे छुट रही, बादल बन कर स्थूल ॥

📖 सत्यम् । अतीत्य हरितो हरींश्च वर्तन्ते वाजिनः ।
दोहा॰ सच है, राजा ने कहा, तेज हमारे अश्व ।
सूर्य-इंद्र के अश्व से, आगे इनका विश्व ॥

1.9 यदालोके सूक्ष्मं व्रजति सहसा तद्विपुलतां
यदर्धे विच्छिन्नं भवति कृतसंधानमिव तत् ।

56

प्रकृत्या यद्वक्त्रं तदपि समरेखं नयनयो
र्न मे दूरे किञ्चित्क्षणमपि न पार्श्वे रथज्जवात् ॥

(शिखरिणी य म न स भ ल ग छंद)

यदालो	केसूक्ष्मं	व्रजति	सहसा	तद्विपु	लताम्
। ऽ ऽ	ऽ ऽ ऽ	। । ।	। । ऽ	ऽ । ।	। ऽ
यदर्धे	विच्छिन्नं	भवति	कृतसं	धानमि	वतत्
। ऽ ऽ	ऽ ऽ ऽ	। । ।	। । ऽ	ऽ । ।	। ऽ
प्रकृत्या	यद्वक्त्रं	तदपि	समरे	खंनय	नयोः
। ऽ ऽ	ऽ ऽ ऽ	। । ।	। । ऽ	ऽ । ।	। ऽ
नमेदू	रेकिञ्चि	त्क्षणम	पिनपा	र्श्वेरथ	ज्जवात्
। ऽ ऽ	ऽ ऽ ऽ	। । ।	। । ऽ	ऽ । ।	। ऽ

दोहा॰ रथ के भीषण वेग से, कुछ था दूर न पास ।
एक निमिष जो दूर था, अगले पल में न्यास ।।

📖 सूत पश्यैनं व्यापद्यमानम् ।

(मृग से दूरी कम होने पर)

दोहा॰ अब देखो मैं मारता, मृग पर अपना बाण ।
मेरे पैने बाण से, बचा सके ना प्राण ।।

(नेपथ्य में)

दोहा॰ उसी समय पर आगए, वैखानस मुनिराज ।
रथ अरु मृग के बीच में, खड़े हुए महाराज ।।

(तपोवन में)

दोहा॰ आश्रम के सुख मौन में, पड़ा अचानक खंड ।
शाँति विपिन की भंग थी, हौरा मचा अखंड ।।

डर कर पंछी उड़ पड़े, शाँत ढूँढने ठौर ।
भाग रहे भयभीत थे, पशु बीहड़ की ओर ।।

दौड़ रहा मृग एक था, करने अपना त्राण ।
जिसके पीछे था लगा, स्यंदन लेने प्राण ।।

आर्यपुत्र एक भूप था, रथ में धनु को तान ।
किसी निमिष अब छुट सके, नृप के धनु से बाण।।

आर्यपुत्र सम्राट हैं, पुरु कुल के दुष्यंत ।
हस्तिनापुर महान के, शासक हैं श्रीमंत ।।

1.10 न खलु न खलु बाणः संनिपात्योऽयमस्मिन्मृदुनि
मृगशरीरे पुष्पराशाविवाग्निः ।
क्व बत हरिणकानां जीवितं चातिलोलं क्व च
निशितनिपाता वज्रसाराः शरास्ते ॥

(मालिनी न न म य य छंद)

नखलु	नखलु	बाणःसं	निपात्यो	यमस्मिन्
। । ।	। । ।	ऽ ऽ ऽ	। ऽ ऽ	। ऽ ऽ *
मृदुनि	मृगश	रीरेपु	ष्पराशा	विवाग्निः
। । ।	। । ।	ऽ ऽ ऽ	। ऽ ऽ	। ऽ ऽ
क्वबत	हरिण	कानांजी	वितंचा	तिलोलं
। । ।	। । ।	ऽ ऽ ऽ	। ऽ ऽ	। ऽ ऽ
क्वचनि	शितनि	पाताव	ज्रसाराः	शरास्ते
। । ।	। । ।	ऽ ऽ ऽ	। ऽ ऽ	। ऽ ऽ

* अंतिम 15-वीं लघु मात्रा गुरु गिनी गई है

दोहा॰ मृदुल देह मृग का कहाँ, कोमल रुई समान ।
तेज बाण यह वज्र सा, कैसा यह अभियान ।।

📖 भो भो राजन् आश्रममृगोऽयं न हन्तव्यो न हन्तव्यः ।
(रुको राजन्!)

दोहा॰ शर धनु से छुटना ही था, लेने मृग की जान ।
उसी घड़ी वाणी सुनी, रुको! रुको! भगवान्! ।।

सुन कर, नृप बोले हमें, कोई रहा पुकार ।
रथ को रोको, सारथी! कोई रहा निहार ।।

रुकवाया दुष्यंत ने, जब रथ खेंच लगाम ।
देखा आगे मुनि खड़े, वैखानस शुभ नाम ।।

(तपस्वी वैखानस)

1.11 तत्साधुकृतसंधानं प्रतिसंहर सायकम् ।
आर्तत्राणाय वः शस्त्रं न प्रहर्तुमनागसि ॥

(अनुष्टुभ् श्लोक छंद)

तत्साधुकृ	तसंधा	नं	प्रतिसंह	रसाय	कम्
ऽऽ।।	।ऽऽ	ऽ	।।ऽ।	।ऽ।	ऽ
आर्तत्राणा	यवः श	स्त्रं	नप्रहर्तु	मनाग	सि
ऽऽऽऽ	।ऽ।	ऽ	ऽ।ऽ।	।ऽ।	ऽ *

* अंतिम 16-वीं लघु मात्रा गुरु गिनी गई है

पाद टिप्पणियाँ :

1. इस अनुष्टुभ् छंद के प्रथम चरण में पहले चार अक्षरों के बाद य गण (।ऽऽ) और दूसरे तथा चौथे चरण में चौथे चरण के बाद ज गण विद्यमान है परंतु तीसरे चरण में प्रथम चार अक्षरों के पश्चात् ज (।ऽ।) गण के स्थान पर य गण (।ऽऽ) आने से इन चार चरणों के पद्य में श्लोक छंद सिद्ध नहीं हो सका है।

2. यथा निम्न तालिका में दर्शित है : प्रथम चरण में त स ग ग गण होने से श्यामा छंद प्रयुक्त है; द्वितीय चरण में स स ल ग गण आने से यहाँ कलिला छंद प्रयुक्त है; तृतीय चरण में म र ग ग गण होने से यहाँ पद्ममाला छंद घटित होता है; और चतुर्थ चरण में र स ल ग गण होने से प्रथम मात्रा के बाद न गण अथवा स गण न होने से और चौथे वर्ण के बाद ज गण आने से यहाँ पथ्यावक्त्र अनुष्टुभ् छंद युक्त होता है।

तत्साधु	कृतसं	धानं		
ऽ ऽ ।	। । ऽ	ऽ ऽ	त स ग ग	श्यामा छंद
प्रतिसं	हरसा	यकम्		
। । ऽ	। । ऽ	। ऽ	स स ल ग	कलिला छंद
आर्तत्रा	णायवः	शस्त्रं		
ऽ ऽ ऽ	ऽ । ऽ	ऽ ऽ	म र ग ग	पद्ममाला छंद
नप्रह	र्तुमना	गसि		
ऽ । ऽ	। । ऽ	। ऽ *	र स ल ग	पथावक्त्र छंद

* अंतिम 16-वीं लघु मात्रा गुरु गिनी गई है.

दोहा॰ राजन्! शर को धनुष से, रखिये आप उतार ।
निरपराध पर शास्त्र में, अनुचित कहा प्रहार ।।

📖 राजन् आश्रममृगोऽयं न हन्तव्यो न हन्तव्यः ।

दोहा॰ मुनिवर बोले भूप को, पावन यह ऋषि धाम ।
मृग-अवध्य यह विपिन है, वर्ज्य यहाँ यह काम ।।

इस अरण्य में प्रेम से, रहते हैं सब जीव ।
मृग खग नर तरु कृमि सभी, यही नीति की नींव ।।

भयाक्रांत मृग की करो, निर्मम क्रूर शिकार ।
इसमें क्या है वीरता, यह कैसा अधिकार ।।

कुरंग पशु सुकुमार है, सह ना सके प्रहार ।
नाजुक प्राणी है बना, सुंदर अरु मनहार ।।

वज्रतुल्य आघात से, हत्या है अति क्रूर ।
मृग को शर से मार कर, तुम न बनोगे शूर ।।

📖 सदृशमेतत् पुरुवंशप्रदीपस्य भवतः ।

दोहा॰ पौरव राजा का सदा, उचित रहे व्यवहार ।

दीपक है वह नीति का, धर्म्य रहे आचार ।।

1.12 जन्म यस्य पुरोर्वंशे युक्तरूपमिदं तव ।
पुत्रमेवङ्गुणोपेतं चक्रवर्तिनमाप्नुहि ॥

(अनुष्टुभ् श्लोक छंद)

जन्मयस्य	पुरोर्वंशे	युक्तरूप	मिदंतव
ऽ । ऽ ।	। ऽ ऽ ऽ	ऽ । ऽ ।	। ऽ । ।
पुत्रमेव	ङ्गुणोपेतं	चक्रवर्ति	नमाप्नुहि
ऽ । ऽ ऽ	। ऽ ऽ ऽ	ऽ । ऽ ।	। ऽ । ऽ *

* अंतिम 16-वीं लघु मात्रा गुरु गिनी गई है.

पाद टिप्पणियाँ :

1. इस अनुष्टुभ् छंद के विषम चरण 1 और 3 में पहले चार अक्षरों के बाद य (।ऽऽ) गण आने से और सम चरण 2 और 4 में प्रथम चार अक्षरों के पश्चात् ज (।ऽ।) गण आने से इन चार चरणों के पद्य में श्लोक छंद सिद्ध हुआ है.
2. निम्न तालिका में स्पष्ट है कि : प्रथम चरण में र स ग ग गण होने से गाथ छंद प्रयुक्त है; तृतीय चरण में र र ग ग गण होने से पद्ममाला छंद घटित है; द्वितीय और चतुर्थ चरण के र स ल ल गणों में प्रथम वर्ण के बाद न-गण अथवा स-गण नहीं होने से और चौथे वर्ण के बाद ज गण आने से यहाँ पथ्यावक्त्र छंद हुआ है.

1	जन्मय	स्यपुरो	र्वंशे		
	ऽ । ऽ	। । ऽ	ऽ ऽ	र स ग ग	गाथ छंद
2	युक्तरू	पमिदं	तव		
	ऽ । ऽ	। । ऽ	। ।	र स ल ल	पथ्यावक्त्र
3	पुत्रमे	वङ्गुणो	पेतं		
	ऽ । ऽ	ऽ । ऽ	ऽ ऽ	र र ग ग	पद्ममाला

4	चक्रव	र्तिनमा	प्नुहि		
	ऽ । ऽ	। । ऽ	। ।	र स ल ल	पथ्यावक्त्र

दोहा॰ जन्मा जो पुरु वंश में, लिए आर्य संस्कार ।
नृप वह मुनि के, शांति से, करे वचन स्वीकार ।।

समस्त भूमंडल जिन्हें, शासन का अधिकार ।
भूप चक्रवर्ती वही, चंद्रवंश करतार ।।

(राजा दुष्यंत, आर्यपुत्र)

दोहा॰ सुन कर मुनिवर का कहा, राजा ने सुखकार ।
प्रत्यंचा से बाण को, सत्वर दिया उतार ।।

शीश नवाया भूप ने, और कहे मधु बोल ।
परिचय अपना भी दिया, वाणी अमृत घोल ।।

📖 सप्रणामं प्रतिगृहीतं ब्राह्मणवचनम् ।

दोहा॰ राजा ने अति मान से, किए वचन स्वीकार ।
प्रमाण घुटने टेक कर, परम किया सत्कार ।।

क्षमा करो अपराध मम, मुझे नहीं था भान ।
आश्रम का यह हरिण है, मुझे नहीं था ज्ञान ।।

मैं राजा दुष्यंत हूँ, चंद्रवंश का वीर ।
निर्मल मेरा राज्य है, जैसा गंगा नीर ।।

1.13 रम्यास्तपोधनानां प्रतिहतविघ्नाः क्रियाः समवलोक्य ।
ज्ञास्यसि कियद्भुजो मे रक्षति मौर्वीकिणाङ्क इति ॥

(आर्या गाथा छंद : 12-18, 12-15)

रम्यास्त	पोधना	नाम्			
ऽ ऽ ।	ऽ । ऽ	ऽ			12

प्रतिह	तविघ्नाः	क्रियाःस	मवलो	क्य	
। । ।	। ऽ ऽ	। ऽ ।	। । ऽ	। *	18
ज्ञास्यसि	कियद्भु	जोमे			
ऽ । ।	। ऽ ।	ऽ ऽ			12
रक्षति	मौर्वीकि	णाङ्कइ	ति		
ऽ । ।	ऽ ऽ ।	ऽ । ।	। *		15

* अंतिम 30-वीं लघु मात्रा गुरु गिनी है.

दोहा॰ रक्षा करने भद्र की, करके दुष्ट विनाश ।
चला-चला कर बाण को, मैंने किया प्रयास ।।

प्रत्यंचा की रगड़ से, कर पर पड़े निशान ।
देखो मुनिवर! गौर से, तब सच लोगे जान ।।

(मुनिवर वैखानस)

दोहा॰ सुन कर वच दुष्यंत के, वैखानस मुनि शांत ।
प्रसन्न उनका चित्त था, दूर होगई भ्राँत ।।

बोले मुनिवर, आपका, स्वागत है नृप राज ।
कृपया कुछ भी मत रखो, मन में विषाद आज ।।

कुछ दिन आश्रम में रुको, बन कर अतिथि हमार ।
हाथ जोड़ विनती करूँ, होंगे बहु उपकार ।।

आश्रम परिसर शाँत है, कहीं न अत्याचार ।
कहीं अहिंसा नाम ना, कहीं न है व्यभिचार ।।

(आशीर्वाद)

दोहा॰ प्रसन्न मन से मुनि किए, शुभ आशीष प्रदान ।
पुत्र तुम्हें होगा प्रभो! चक्रवर्ती महान ।।

नम्र निवेदन मैं करूँ, कृपया अब, नृपराज! ।

आश्रम में ऋषि कण्व के, रुकिये नृपवर! आज ।।

सोमतीर्थ को हैं किए, ऋषिवर ने प्रस्थान ।
उनके स्थान शकुन्तला, करे अतिथि सम्मान ।।

राजा दुष्यंत)

📖 अपि संनिहितोऽत्र कुलपतिः ।

दोहा॰ राजा ने मुनि से कहा, वैखानस मुनिराज! ।
क्या मैं कृपया मिल सकूँ, कुलपति ऋषि से आज ।।

मनिवर बोले भूप से, ऋषि से साक्षात्कार ।
संभव आज न हो सके, इच्छा के अनुसार ।।

ऋषिवर कण्व गए हुए, सोमतीर्थ को आज ।
उनकी सुता शकुन्तला, करती है अब काज ।।

वही करेगी आपका, उचित अतिथि-सत्कार ।
दे देगी संदेश वो, ऋषि को सह विस्तार ।।

राजा दुष्यंत)

📖 सूत! अकथितोऽपि ज्ञायत एव यथायमाश्रमाभोगस्तपोवनस्येति ।

दोहा॰ रथ हाँको तुम सारथी, आश्रम गृह की ओर ।
लगता है सीमा आगई, पवित्र वन की छोर ।।

बिना कहे भी ज्ञात है, आश्रम है अब पास ।
देखो पत्थर चिक्कणे, देखो तरुवर पास ।।

खग को दाना जो दिया, गिरा हुआ है दृष्ट ।
कुछ तो तोते खा गए, बाकी है अवशिष्ट ।।

इंगूदी के वृक्ष के, फल से निकला तेल ।
चट्टानों पर है गिरा, और चढ़ी है मैल ।।

मुनिजन वल्कल पहनते, देखो उनके वस्त्र ।
कहीं सूखते दिख रहे, तरुओं पर इतरत्र ।।

1.14 नीवाराः शुकगर्भकोटरमुखभ्रष्टास्तरूणामधः
प्रस्निग्धाः क्वचिदिङ्गुदीफलभिदः सूच्यन्त एवोपलाः ।
विश्वासोपगमादभिन्नगतयः शब्दं सहन्ते
मृगास्तोयाधारपथाश्च वल्कलशिखानिष्यन्दरेखाङ्किताः ॥

(शार्दूलविक्रीडित म स ज स त त ग छंद)

नीवाराः	शुकग	र्भकोट	रमुख	भ्रष्टास्त	रूणाम	धः
ऽ ऽ ऽ	। । ऽ	। ऽ ।	। । ऽ	ऽ ऽ ।	ऽ ऽ ।	ऽ
प्रस्निग्धाः	क्वचिदि	ङ्गुदीफ	लभिदः	सूच्यन्त	एवोप	लाः
ऽ ऽ ऽ	। । ऽ	। ऽ ।	। । ऽ	ऽ ऽ ।	ऽ ऽ ।	ऽ
विश्वासो	पगमा	दभिन्न	गतयः	शब्दंस	हन्तेमृ	गाः
ऽ ऽ ऽ	। । ऽ	। ऽ ।	। । ऽ	ऽ ऽ ।	ऽ ऽ ।	ऽ
तोयाधा	रपथा	श्चवल्क	लशिखा	निष्यन्द	रेखाङ्कि	ताः
ऽ ऽ ऽ	। । ऽ	। ऽ ।	। । ऽ	ऽ ऽ ।	ऽ ऽ ।	ऽ

दोहा॰ तोतों के कोटर कहीं, कहीं गिरे हैं धान ।
कुरंग हैं निर्भय कहीं, वल्कल कहीं निशान ।।

1.15 कुल्याम्भोभिः पवनचपलैः शाखिनो धौतमूला
भिन्नो रागः किसलयरुचामाज्यधूमोद्गमेन ।
एते चार्वागुपवनभुवि च्छिन्नदर्भान्कुरायां
नष्टांशङ्का हरिणशिशवो मन्दमन्दं चरन्ति ।।

(मंदाक्रान्ता म भ न त त ग ग छंद)

कुल्याम्भो	भिःपव	नचप	लैःशाखि	नोधौत	मूला
ऽ ऽ ऽ	ऽ । ।	। । ।	ऽ ऽ ।	ऽ ऽ ।	ऽ ऽ
भिन्नोरा	गःकिस	लयरु	चामाज्य	धूमोद्ग	मेन *
ऽ ऽ ऽ	ऽ । ।	। । ।	ऽ ऽ ।	ऽ ऽ ।	ऽ ऽ
एतेचा	र्वागुप	वनभु	विच्छिन्न	दर्भान्कु	रायाम्
ऽ ऽ ऽ	ऽ । ।	। । ।	ऽ ऽ ।	ऽ ऽ ।	ऽ ऽ

नष्टांश	ङ्काहरि	णशिश	वोमन्द	मन्दंच	रन्ति *
ऽ ऽ ऽ	ऽ । ।	। । ।	ऽ ऽ ।	ऽ ऽ ।	ऽ ऽ

* चरण की अंतिम 17 वीं लघु मात्रा दीर्घ गिनी गई है

दोहा॰ यहाँ निरंतर शाँति है, कहीं नहीं है शोर ।
देखो प्रकृति की छटा, बन कर आत्मविभोर ।।

1.16 शान्तमिदमाश्रमपदं स्फुरति च बाहुः कुतः फलमिहस्य ।
अथवा भवितव्यानां द्वाराणि भवन्ति सर्वत्र ॥

(आर्या गाथा छंद : 12-18, 12-15)

शान्तमि	दमाश्र	मपदम्			
ऽ । ।	। ऽ ।	। । ऽ			12
स्फुरति	चबाहुः	कुतःफ	लमिह	स्य	
। । ।	। ऽ ऽ	। ऽ ।	। । ऽ	। *	18
अथवा	भवित	व्यानाम्			
। । ऽ	। । ऽ	ऽ ऽ			12
द्वाराणि	भवन्ति	सर्वत्र			
ऽ ऽ ।	। ऽ ।	ऽ ऽ । **			15

* अंतिम 30-वीं लघु मात्रा गुरु गिनी गई है.
** अंतिम 27-वीं लघु मात्रा गुरु गिनी गई है.

दोहा॰ कहीं यज्ञ के धूम्र से, छादित तरु के पात ।
घृत की चिकनी परत से, पांडु पर्ण नवजात ।।

कहीं भूमि पर हिरण के, शावक अति निर्भीक ।
हरी घास हैं खा रहे, आकर अति नजदीक ।।

(आश्रम के पास)

📖 इदमाश्रमद्वारम् । यावत्प्रविशामि ।

दोहा॰ रथ आया जब द्वार पर, आश्रम के कुछ पास ।
राजा बोले, सारथी! रथ को दो अवकाश ।।

आश्रम पावन स्थान है, सादा हो अब वेश ।
भूषण-धनुष उतार कर, भीतर करूँ प्रवेश ।।

दाना-पानी अश्व को, दे कर, दे दो स्नान ।
तुम भी करलो सारथी, खान-पान विश्राम ।।

1.17 शुद्धान्तदुर्लभमिदं वपुराश्रमवासिनो यदि जनस्य ।
दूरीकृताः खलु गुणैरुद्यानलता वनलताभिः ॥

(आर्या गाथा छंद : 12-18, 12-15)

शुद्धान्त	दुर्लभ	मिदम्			
ऽ ऽ ।	ऽ । ।	। ऽ			12
वपुरा	श्रमवा	सिनोय	दिजन	स्य	
। । ऽ	। । ऽ	। ऽ ।	। । ऽ	। *	18
दूरीकृ	ताःखलु	गुणैः			
ऽ ऽ ।	ऽ । ।	। ऽ			12
उद्यान	लताव	नलता	भिः		
ऽ ऽ ।	। ऽ ।	। । ऽ	ऽ		15

* अंतिम 30-वीं लघु मात्रा गुरु गिनी गई है.

(राजा दुष्यंत)

दोहा॰ सुन कर मुनिवर का कहा, आनंदित दुष्यंत ।
आश्रम में रुकने चले, चिंता करके अंत ।।

धीमी गति से चल रहे, मन में करत विचार ।
एक उन्हें सहसा दिखी, तड़ाग तट पर नार ।।

कौन भला यह सुंदरी, वन में शाँत सुधीर ।
एक अकेली है खड़ी, निरख रही है नीर ।।

देवी है या अप्सरा, सपना या साकार ।
लगती अनुपम रत्न है, स्वर्ग परी आकार ।।

(तभी)

दोहा॰ तभी अचानक आगई, अनसूया के संग ।
दूजी सखी पियंवदा, करने उसको तंग ।।

(अनसूया)

दोहा॰ चलो सखी! हम उड़ चलें, अंबर पवन सवार ।
आओ छू कर गगन को, चले इंद्र के द्वार ।।

(प्रियंवदा)

दोहा॰ झूला झूलेंगे चलो, करें बाग की सैर ।
मन है बैठा जा रहा, क्रीड़ा किए बगैर ।।

(शकुन्तला)

दोहा॰ बीत गए हैं खेल में, बचपन दिन सुखकार ।
अनजाने ही आगया, यौवन का शृंगार ।।

कंगन–कुंडल कुसुम के, मणि माला परिधान ।
सुगंध तन पर पुष्प का, पग पाजेब रुझान ।।

फूलों पर अलि देख कर, शकुन्तला मन प्यार ।
भौंरे पराग चूसते, दृश्य बहुत मनहार ।।

बोली शकुन्तला, सखी! मुझे भ्रमर से स्नेह ।
भृंग पुष्प पर देख कर, पुलकित होता देह ।।

(सखियाँ)

दोहा॰ हँस कर सखियों ने कही, ठट्ठा वाली बात ।
एक भ्रमर है आगया, आश्रम में, प्रख्यात ।।

सुना, नाम दुष्यंत है, राजा है बलवीर ।
कमलमुखी को देख कर, पड़े पाँव जंजीर ।।

(शकुन्तला)

दोहा॰   सुन कर नृप दुष्यंत का, श्रेष्ठ अचानक नाम ।
हुआ नहीं विश्वास था, शकुन्तला हैरान ।।

बोली चिमटी काट कर, करो न और मजाक ।
आर्यपुत्र के नाम पर, बनो न तुम चालाक ।।

क्यों करती परिहास हो, लेकर नृप का नाम ।
सताओ न मुझको, सखी! ठीक नहीं यह काम ।।

छोड़ महल की ऐश वो, क्यों आए मुनिवास ।
तुम दोनों को भ्रम हुआ, मुझे नहीं विश्वास ।।

सखियों ने हँस कर कहा, जहाँ खिला हो फूल ।
भ्रमण वहाँ भौंरा करे, पा कर भ्रम या भूल ।।

मधुरस पीना ही, सखी! भौंरे का है काम ।
"भ्रमण करे जो पुष्प पर," भौंरा उसका नाम ।।

बोली दुखिता शकुन्तला, करो न तुम बदनाम ।
भँवरा कह कर, हे सखी! आर्यपुत्र का नाम ।।

उन्हें न होगा याद वो, बचपन का सुख काल ।
खेल चुके हैं संग हम, हँसते-रोते साल ।।

लड़े हुए भी खूब हैं, फिर भी करते प्यार ।
रूठूँ मैं उनसे जभी, मुझे मनाते, यार! ।।

गुरुकुल में हम साथ थे, वह था यथा समाज ।
फिर उनको जाना पड़ा, राजस यथा रिवाज ।।

संग लेगए हैं, सखी! बचपन की सब बात ।
छोड़ गए कटु याद वे, वियोग की, दिन-रात ।।

विपिन तपोवन की लता, पायी तन लावण्य ।
ललना आश्रमवासिनी, पायी है प्राविण्य ।।

(राजा दुष्यंत)

📖 यावदिमां छायामाश्रित्य प्रतिपालयामि ।

दोहा॰ सखियों का आलाप वो, सुन थे रहे तुरंत ।
छूपे हुए तरु के तले, आर्यपुत्र दुष्यंत ।।

सुना रही थी प्रेम से, शकुन्तला अनुराग ।
आर्यपुत्र नृप के लिये, उसके मन का झाग ।।

तभी हुआ इक भृंग को, शाकुन्त से लगाव ।
आँचल कर से छुट गया, करते हुए बचाव ।।

एक हवा के झोंक से, शकुन्तला की छोर ।
तभी अचानक उड़ गई, आर्यपुत्र की ओर ।।

दौड़ी आँचल पकड़ने, शकुन्तला उस ओर ।
देख भूप को सामने, आपा हुआ विभोर ।।

समझ न पायी क्या कहूँ, सकुचा उठी हठात् ।
स्तब्ध देखती रह गई, कही न कुछ भी बात ।।

📖 कथमियं सा कण्वदुहिता ।

दोहा॰ सुंदर ललना देख कर, राजा को संदेह ।
क्या है यही शकुन्तला, कोमल जिसका देह ।।

पूजनीय ऋषि कण्व ने, किया न ठीक विचार ।
कोमल ललना को दिया, आश्रम कारज भार ।।

1.18 इदं किलाव्याजमनोहरं वपुस्तपःक्षमं साधयितुं य इच्छति ।
ध्रुवं स नीलोत्पलपत्रधारया शमीलतां छेतुमृषिर्व्यवस्यति ॥

(वंशस्थ ज त ज र छंद)

इदंकि	लाव्याज	मनोह	रंवपुः
। ऽ ।	ऽ ऽ ।	। ऽ ।	ऽ । ऽ
तपःक्ष	मंसाध	यितुंय	इच्छति
। ऽ ।	ऽ ऽ ।	। ऽ ।	ऽ । ऽ *
ध्रुवंस	नीलोत्प	लपत्र	धारया
। ऽ ।	ऽ ऽ ।	। ऽ ।	ऽ । ऽ
शमील	तांछेतु	मृषिर्व्य	वस्यति
। ऽ ।	ऽ ऽ ।	। ऽ ।	ऽ । ऽ *

* अंतिम 12-वीं लघु मात्रा गुरु गिनी गई है

दोहा॰ नैसर्गिक जो सुंदरी, शकुन्तला अभिराम ।
कण्व चाहते हैं उसे, करने तापस काम ।।

कमल पत्र से ना कटे, शमी पुष्प की बेल ।
रगड़-रगड़ कर सीकता, निकल सके ना तेल ।।

शकुन्तला कैसी करे, कठिन तपस्या घोर ।
मृदुल अंगना को दिया, ऋषि ने कर्म कठोर ।।

(शकुन्तला)

दोहा॰ नयन झुके, झुक कर उठे, हुए कपोल गुलाल ।
नीरव भाषा हृदय की, बोल गई तत्काल ।।

सखि अनसूये अतिपिनद्धेन वल्कलेन प्रियंवदया नियन्त्रिताऽस्मि ।

दोहा॰ प्रियंवदा ने बाँध दी, चोली है अति तंग ।
ढीली कर दे, हे सखी! जकड़ गए हैं अंग ।।

अत्र पयोधरविस्तारयितृ आत्मनो यौवनं उपालभस्व ।

दोहा॰ अनसूया बोली, सखी! उसको क्यों दो दोष ।
अपने स्तन-विस्तार को, अगर नहीं है होश ।।

1.19 इयमधिकमनोज्ञा वल्कलेनापि तन्वी
किमिव हि मधुराणां मण्डनं नाकृतीनाम् ।
वपुरभिनवमस्याः पुष्यति स्वां न शोभां
कुसुममिव पिनद्धं पाण्डुपत्रोदरेण ।।

(मालिनी न न म य य छंद)

इयम	धिकम	नोज्ञाव	ल्कलेना	पितन्वी
। । ।	। । ।	ऽ ऽ ऽ	। ऽ ऽ	। ऽ ऽ
किमिव	हिमधु	राणांम	ण्डनंना	कृतीनाम्
। । ।	। । ।	ऽ ऽ ऽ	। ऽ ऽ	। ऽ ऽ
वपुर	भिनव	सस्याःपु	ष्यतिस्वां	नशोभां
। । ।	। । ।	ऽ ऽ ऽ	। ऽ ऽ	। ऽ ऽ
कुसुम	मिवपि	नद्धंपा	ण्डुपत्रो	दरेण
। । ।	। । ।	ऽ ऽ ऽ	। ऽ ऽ	। ऽ ऽ *

* अंतिम 15-वीं लघु मात्रा गुरु गिनी गई है

दोहा॰ स्तन हैं वल्कल में ढके, तंग वस्त्र से बाँध ।
रोक रहे विस्तार को, तरुण शरीर अबाध ।।

अंग-अंग पुलकित हुआ, तन पर छाया स्वेद ।
मुख पर फिर भी हास्य था, दूर हुआ था भेद ।।

1.20 सरसिजमनुविद्धं शैवलेनापि रम्यं
मलिनमपि हिमांशोर्लक्ष्म लक्ष्मीं तनोति ।
इयमधिकमनोज्ञा वल्कलेनापि तन्वी
किमिव हि मधुराणां मण्डनं नाकृतीनाम् ॥

(मालिनी न न म य य छंद)

सरसि	जमनु	विद्धंशै	वलेना	पिरम्यम्
। । ।	। । ।	ऽ ऽ ऽ	। ऽ ऽ	। ऽ ऽ
मलिन	मपिहि	मांशोर्ल	क्ष्मलक्ष्मीं	तनोति
। । ।	। । ।	ऽ ऽ ऽ	। ऽ ऽ	। ऽ ऽ *

इयम	धिकम	नोज्ञाव	ल्कलेना	पितन्वी
। । ।	। । ।	ऽ ऽ ऽ	। ऽ ऽ	। ऽ ऽ
किमिव	हिमधु	राणांम	ण्डनंना	कृतीनाम्
। । ।	। । ।	ऽ ऽ ऽ	। ऽ ऽ	। ऽ ऽ

* अंतिम 15-वीं लघु मात्रा गुरु गिनी गई है

दोहा० **पद्म पुष्प शेवाल से, छादित भी रमणीय ।**
कृष्ण कलंकित चंद्रमा, बादल में कमनीय ।।

वल्कलवस्त्र शकुन्तला, मनहरणी स्पृहणीय ।
मनहर तन पर क्या नहीं, लगता है ग्रहणीय ।।

सुंदर तन का ऐब भी, जानिये अलंकार ।
वल्कल ही मृगचर्म हैं, ललना पर मनहार ।।

1.21 अधरः किसलयरागः कोमलविटपानुकारिणौ बाहू ।
कुसुममिव लोभनीयं यौवनमङ्गेषु संनद्धम् ॥

(आर्या गाथा 12-18, 12-15 छंद)

अधरः	किसल	यरागः		
। । ऽ	। । ।	। ऽ ऽ		12
कोमल	विटपा	नुकारि	णौबाहू	
ऽ । ।	। । ऽ	। ऽ ।	ऽ ऽ ऽ	18
कुसुम	मिवलो	भनीयम्		
। । ।	। । ऽ	। ऽ ऽ		12
यौवन	मङ्गेषु	संनद्धम्		
ऽ । ।	ऽ ऽ ।	ऽ ऽ ऽ		15

दोहा० **शकुन्तला के ओष्ठ है, नव पल्लव से लाल ।**
अंग पुष्प सा कांत है, कोमल गुलाब गाल ।।

(शकुन्तला)

लतापादपमिथुनस्य व्यतिकरः संवृत्तः । नवकुसुमयौवना वनज्योत्स्ना
स्निग्धपल्लवतयोपभोगक्षमः सहकारः ।

दोहा॰ आम्रवृक्ष से लिपट कर, करे स्वयंवर आप ।
वनजोत्स्ना की मल्लिका, नहीं करत है पाप ।।

यौवन नवीन पुष्प का, वनजोत्स्ना पर योग ।
आम्रवृक्ष की यह वधू, करती है संभोग ।।

(हे अनसूये!)

अनसूये जानासि किं शकुंतला वनज्योत्स्नामतिमात्रं पश्यतीति ।

दोहा॰ वनजोत्स्ना क्यों लाड़ली, शकुन्तला की खास ।
कोई "तरु" मुझको मिले, उसके मन में आस ।।

जीवनसंगी "वृक्ष" वो, दे मुझको घन छाँव ।
मैं भी उसको लिपट कर, तृप्त करूँ मन भाव ।।

(राजा दुष्यंत)

अपि नाम कुलपतेरियमसवर्णक्षेत्रसम्भवा स्यात् ।

दोहा॰ क्या यह संभव है कभी, शकुन्तला का जन्म ।
द्विज माता से ना हुआ, असवर्णा आजन्म ।।

1.22 असंशयं क्षत्रपरिग्रहक्षमा यदार्यमस्यामभिलाषि मे मनः ।
सतां हि संदेहपदेषु वस्तुषु प्रमाणमन्तःकरण प्रवृत्तयः ॥

(वंशस्थ ज त ज र छंद)

असंश	यंक्षत्र	परिग्र	हक्षमा
। ऽ ।	ऽ ऽ ।	। ऽ ।	ऽ । ऽ
यदार्य	मस्याम	भिलाषि	मेमनः
। ऽ ।	ऽ ऽ ।	। ऽ ।	ऽ । ऽ
सतांहि	संदेह	पदेषु	वस्तुषु
। ऽ ।	ऽ ऽ ।	। ऽ ।	ऽ । ऽ *
प्रमाण	मन्तःक	रणप्र	वृत्तयः

। ऽ ।	ऽ ऽ ।	। ऽ ।	ऽ । ऽ

* अंतिम 12-वीं लघु मात्रा गुरु गिनी गई है

दोहा॰ क्षत्रिय की पत्नी बने, शकुन्तला है योग्य ।
श्रेष्ठचित्त नृप के लिए, प्रमाण जो है भोग्य ।।

(राजा दुष्यंत)

📖 तथापि तत्त्वत एनामुपलस्ये ।

दोहा॰ मन में जब संदेह है, सुनूँ हृदय-आवाज ।
शकुन्तला का जन्म क्या, पता लगाऊँ आज ।।

(नटखट भ्रमर)

📖 अम्भो । सलिलसेकसम्भ्रमोद्गतो नवमालिकामुज्झित्वा वदनं मे मधुकरोभिवर्तते ।

दोहा॰ भ्रमर एक उड़ कर तभी, पुष्प चमेली छोड़ ।
आया गुंजन नाद से, शकुन्तला की ओर ।।

1.23 चलपाङ्गां दृष्टिं स्पृशसि बहुशो वेपथुमतीं
रहस्याख्यायीव स्वनसि मृदु कर्णान्तिकचरः ।
करौ व्याधुन्वत्याः पिबसि रतिसर्वस्वमधरम्
वयं तत्त्वान्वेषान्मधुकर हतास्त्वं खलु कृती ॥

(शिखरिणी य म न स भ ल ग छंद)

चलपा	ङ्गांदृष्टिं	स्पृशसि	बहुशो	वेपथु	मतीम्
। ऽ ऽ	ऽ ऽ ऽ	। । ।	। । ऽ	ऽ । ।	। ऽ
रहस्या	ख्यायीव	स्वनसि	मृदुक	र्णान्तिक	चरः
। ऽ ऽ	ऽ ऽ ऽ	। । ।	। । ऽ	ऽ । ।	। ऽ
करौव्या	धुन्वत्याः	पिबसि	रतिस	र्वस्वम	धरम्
। ऽ ऽ	ऽ ऽ ऽ	। । ।	। । ऽ	ऽ । ।	। ऽ
वयंत	त्वान्वेषा	न्मधुक	रहता	स्त्वंखलु	कृती
। ऽ ऽ	ऽ ऽ ऽ	। । ।	। । ऽ	ऽ । ।	। ऽ

75

दोहा॰ अभिलाषा से देख कर, बोले नृप दुष्यंत ।
भृंगराज! तुम धन्य हो, तुमरा स्तवन अनंत ।।

नटखट भी हो तुम बड़े, करते स्त्री को तंग ।
बार-बार तन चूमने, छूते उसके अंग ।।

शकुन्तला के कान में, करते गुंजन बात ।
कभी चूमते होट भी, कभी चूमते गात ।।

मैं तो उसको देखता, रह कर इतनी दूर ।
तुम तो उसको चूमते, कितने हो तुम शूर ।।

(शकुन्तला)

📖 परित्रायेथां मामनेन दुर्विनीतेन मधुकरेणाभिभूयमानाम् ।

दोहा॰ "मुझे बचाओ भृंग से, काट न ले बदमाश ।
पीड़ा मुझको दे रहा, दुष्ट भ्रमर यमपाश" ।।

रक्षा करता भूप है, जो है नृप दुष्यंत ।
आकर वो रक्षा करे, करे भृंग का अंत ।।

हड़बड़ाई शकुन्तला, धीरज चकनाचूर ।
भगा रहे दुष्यंत हैं, उस भौंरे को दूर ।।

1.24 कः पौरवे वसुमतीं शासति शासितरि दुर्विनीतानाम्
अयमाचरत्यविनयं मुग्धासु तपस्विकन्यासु॥

(आर्या गाथा 12-18, 12-15 छंद)

कःपौर	वेवसु	मतीम्		
ऽ ऽ ।	ऽ । ।	। ऽ		12
शासति	शासित	रिदुर्वि	नीतानाम्	
ऽ । ।	ऽ । ।	। ऽ।	ऽ ऽ ऽ	18
अयमा	चरत्य	विनयम्		

।।ऽ	।ऽ।	।।ऽ		12
मुग्धासु	तपस्वि	कन्यासु		
ऽऽ।	।ऽ।	ऽऽऽ *		15

* अंतिम 27-वीं लघु मात्रा गुरु गिनी गई है

(हे भृंगराज!)

दोहा॰ पुरुकुल के राजा यहाँ, विद्यमान हैं आप ।
उसी भूप के सामने, तुम करते यह पाप ।।

भू-मंडल को दंड दे, राजा वो है वीर ।
तापसियों को छू रहे, और दे रहे पीर ।।

ललनाओं के साथ ये, अशिष्टता व्यवहार ।
बाज न आए तुम अगर, तुम्हें पड़ेगी मार ।।

(सखियाँ)

दोहा॰ लज्जा प्राप्त शकुन्तला, खड़ी रही चुपचाप ।
बोली अनसूया उसे, शांत करो संताप ।।

कुटिया में जा कर अभी, लाओ पूजा थाल ।
सत्कार अतिथि का करें, पाँव प्रथम प्रक्षाल ।।

पूजा-अर्चा प्रेम से, करके बहु सम्मान ।
बैठी नृप के साथ वो, करने प्रश्न प्रदान ।।

(अनसूया)

📖 कतम आर्येण राजर्षिवंशोऽलंक्रियते कतमो वा विरहपर्युत्सुकजनः कुतो देशः किन्निमित्तं वा सुकुमारतरोऽपि तपोवनगमनपरिश्रमस्यात्मा पदमुपनीतः

दोहा॰ अनसूया ने भूप से, मधुर शब्द के साथ ।
आप कौन, किस राज्य से, किस कुल के हैं नाथ ।।

आए हैं किस गाँव से, आए है किस काम ।

किसने भेजा आपको, क्या है उनका नाम ।।

(राजा दुष्यंत)

📖 कथमिदानीं आत्मानं निवेदयामि कथं वात्मापहारं करोमि ।

दोहा॰ पुरुकुल-नृप दुष्यंत ने, मुझको किया नियुक्त ।
धर्म क्रियाएँ जानने, मुझको किया प्रयुक्त ।।

यहाँ सभी निर्विघ्न हैं, तपस्वियों के काम ।
इसी कार्य को जानने, आया हूँ इस धाम ।।

📖 वयमपि तावद्भवत्योः सखीगतं किमपि पृच्छामः ।

दोहा॰ कहा सखी से भूप ने, क्या हम पूछें बात ।
शकुन्तला किस की सुता, को है उसके तात ।।

📖 भगवान्काश्यपः शाश्वते ब्रह्मणि स्थित इति प्रकाशः । इयं च वः सखी तदात्मजेति कथमेतत् ।

दोहा॰ कश्यप-द्विजकुल में हुए, पूज्य कण्व भगवान ।
ब्रह्मचर्य आजन्म है, उनका धर्म महान ।।

फिर यह सखी शकुन्तला, ऋषिवर जिसके तात ।
कैसे कन्या कण्व की, समझ न आयी बात ।।

(अनसूया)

दोहा॰ अनसूया ने तब कहा, करूँ आपको ज्ञात ।
शकुन्तला देवी, प्रभो! है क्षत्रिय-कुलजात ।।

फिर भी प्रभुवर! जानिये, कण्व कहे हैं तात ।
पालन-पोषण है किया, प्रेम दिया दिन-रात ।।

मातु-पिता परित्यक्त है, शकुन्तला नवजात ।
पालन ऋषिवर ने किया, आश्रम में पश्चात् ।।

(राजा दुष्यंत)

📖 उज्झितशब्देन जनितं मे कौतूहलम् ।

दोहा॰ भाव-अर्थ परित्यक्त का, जानूँ सह-विस्तार ।
कहिये सब प्रारंभ से, सारासार विचार ।।

(अनसूया)

📖 शृणोत्वार्यः ।

दोहा॰ पुराकाल की बात है, कौशिक विश्वामित्र ।
निमग्न जब थे ध्यान में, जैसे स्थावर चित्र ।।

तप से डर कर इंद्र ने, करन साधना भंग ।
स्वर्ग-अप्सरा मेनका, भेजी छूने अंग ।।

वसंत ऋतु के काल में, लेकर मादक रूप ।
सफल होगई मेनका, पाने गर्भ प्ररूप ।।

1.25 मानुषीषु कथं वा स्यादस्य रूपस्य सम्भवः ।
न प्रभातरलं ज्योतिरुदेति वसुधातलात् ॥

(अनुष्टुभ् श्लोक छंद)

मानुषीषु	कथंवास्या	दस्यरूप	स्यसम्भवः
ऽ । ऽ ।	। ऽ ऽ ऽ	ऽ । ऽ ।	। ऽ । ऽ
नप्रभात	रलंज्योति	रुदेतिव	सुधातलात्
ऽ । ऽ ।	। ऽ ऽ ।	। ऽ । ।	। ऽ । ऽ

पाद टिप्पणियाँ :

1. इस अनुष्टुभ् छंद के विषम चरण 1 और 3 में पहले चार अक्षरों के बाद य गण (। ऽ ऽ) आने से और सम चरण 2 और 4 में प्रथम चार अक्षरों के पश्चात् ज (। ऽ ।) गण आने से इन चार चरणों के पद्य में श्लोक छंद सिद्ध हुआ है.

2. यथा निम्न तालिका में दर्शित है : प्रथम और तृतीय चरण में र स ग ग गण होने से गाथ छंद प्रयुक्त है; द्वितीय चरण में र र ल ग गण होने से हेमरूप छंद विद्यमान है और चतुर्थ चरण के ज स ल ग गण में प्रथम मात्रा के बाद न गण अथवा स गण न होने से और चौथे वर्ण के बाद ज गण आने से यहाँ पथ्यावक्त्र छंद प्रयुक्त ह

मानुषी	षुकथं	वास्यात्		
ऽ । ऽ	। । ऽ	ऽ ऽ	र स ग ग	गाथ
अस्यरू	पस्यस	म्भवः		
ऽ । ऽ	ऽ । ऽ	। ऽ	र र ल ग	हेमरूप
नप्रभा	तरलं	ज्योतिः		
ऽ । ऽ	। । ऽ	ऽ ऽ	र स ग ग	गाथ
उदेति	वसुधा	तलात्		
। ऽ ।	। । ऽ	। ऽ	ज स ल ग	पथ्यावक्त्र

दोहा॰ **कौशिक विश्वामित्र की, किए तपस्या भंग ।**
छोड़ गई वह नाथ को, सुता नाथ के संग ।।

माता उसकी अप्सरा, सुता स्वर्ग की आप ।
सुरेंद्र के आदेश पर, किया भूमि पर पाप ।।

रमणी स्त्री को रम्यता, नहीं भूमि से प्राप्त ।
दामिनियों की दमकता, करती उनको व्याप्त ।।

(राजा दुष्यंत)

1.26 वैखानसं किमनया व्रतमाप्रदानाद् -
व्यापाररोधि मदनस्य निषेवितव्यम् ।
अत्यन्तमेवसदृशेक्षणवल्लभाभि-
राहो निवत्स्यति समं हरिणाङ्गनाभि ॥

(वसंततिलका त भ ज ज ग ग छंद)

वैखान	संकिम	नयात्र	तमाप्र	दानाद्
ऽ ऽ ।	ऽ । ।	। ऽ ।	। ऽ ।	ऽ ऽ
व्यापार	रोधिम	दनस्य	निषेवि	तव्यम्
ऽ ऽ ।	ऽ । ।	। ऽ ।	। ऽ ।	ऽ ऽ
अत्यन्त	मेवस	दृशेक्ष	णवल्ल	भाभिः
ऽ ऽ ।	ऽ । ।	। ऽ ।	। ऽ ।	ऽ ऽ
आहोनि	वत्स्यति	समंह	रिणाङ्ग	नाभि
ऽ ऽ ।	ऽ । ।	। ऽ ।	। ऽ ।	ऽ ऽ *

* अंतिम 14-वीं लघु मात्रा गुरु गिनी गई है

दोहा॰ ब्रह्मचारिणी है अभी, तपस्वियों के साथ ।
शकुन्तला के कब कहाँ, पीले होंगे हाथ ।।

जीवन भर तो ना रहे, मृग से करती प्यार ।
कभी तो मिलेगा उसे, कोई राजकुमार ।।

(प्रियंवदा)

1.27 भव हृदय साभिलाषं सम्प्रति संदेहनिर्णयो जातः ।
आशङ्कसे यदग्निं तदिदं स्पर्शक्षमं रत्नम् ॥

(आर्या गाथा 12-18, 12-15 छंद)

भवहृ	दयसा	भिलाषम्		
। । ।	। । ऽ	। ऽ ऽ		12
सम्प्रति	संदेह	निर्णयो	जातः	
ऽ । ।	ऽ ऽ ।	ऽ । ऽ	ऽ ऽ	18
आशङ्क	सेयद	ग्निम्		
ऽ ऽ ।	ऽ । ऽ	ऽ		12
तदिदं	स्पर्शक्ष	मंरत्नम्		
। । ऽ	ऽ ऽ ।	ऽ ऽ ऽ		15

(राजा दुष्यंत)

दोहा॰ पिता कण्व लभने गए, करके दृढ़ संकल्प ।
शकुन्तला के योग्य जो, वर हो बिना विकल्प ।।

"शकुन्तला है द्विज-सुता," हम समझे थे चूक ।
वह तो कन्या क्षात्र की, अब है ज्ञात अचूक ।।

कण्व स्वयं हैं चाहते, करने उसका ब्याह ।
क्षत्रिय राजकुमार से, यथा सुता की चाह ।।

द्विज कन्या है समझ कर, नहीं लगाया हाथ ।
क्षत्रिय-कन्यारत्न को, ग्रहण करें सुखसाथ ।।

1.28 अनुयास्यन्मुनितनयां सहसा विनयेन वारितप्रसरः ।
स्थानादनुच्चलन्नपि गत्वेव पुनः प्रतिनिवृत्तः ॥

(आर्या गाथा 12-18, 12-15 छंद)

अनुया	स्यन्मुनि	तनयाम्			
। । ऽ	ऽ । ।	। । ऽ			12
सहसा	विनये	नवारि	तप्रस	रः	
। । ऽ	। । ऽ	। ऽ ।	ऽ । ।	ऽ	18
स्थानाद	नुच्चल	न्नपि			
ऽ ऽ ।	ऽ । ऽ	। ।			12
गत्वेव	पुनःप्र	तिनिवृ	त्तः		
ऽ ऽ ।	। ऽ ।	। । ऽ	ऽ		15

दोहा॰ द्विज-कन्या से शिष्ट ही, करने को व्यवहार ।
शकुन्तला से दूर थे, अपने मन को मार ।।

(प्रियंवदा)

📖 वृक्षसेचने द्वे धारयसि मे ।

दोहा॰ प्रियंवदा ने तब कहा, शकुन्तले! सुन फर्ज ।

जल सींचन दो वृक्ष का, तुझ पर मेरा कर्ज ।।

प्रथम चुका दे कर्ज तू, दे कर तरु को नीर ।
फिर तू उठ कर जा सके, इतनी न हो अधीर ।।

(राजा दुष्यंत)

1.29 स्रस्तांसावतिमात्रलोहिततलौ बाहू घटोत्क्षेपणाद्
अद्यपि स्तनवेपथुं जनयति श्वासः प्रमाणाधिकः ।
बद्धं कर्णशिरीषरोधि वदने धर्माम्भसां जालकं
बन्धे स्रंसिनि चैकहस्तयमिताः पर्याकुला मूर्धजाः ॥

(शार्दूलविक्रीडित म स ज स त त ग छंद)

स्रस्तांसा	वतिमा	त्रलोहि	ततलौ	बाहूघ	टोत्क्षेप	णाद्
ऽ ऽ ऽ	। । ऽ	। ऽ ।	। । ऽ	ऽ ऽ ।	ऽ ऽ ।	ऽ
अद्यपि	स्तनवे	पथुंज	नयति	श्वासःप्र	माणाधि	कः
ऽ ऽ ऽ	। । ऽ	। ऽ ।	। । ऽ	ऽ ऽ ।	ऽ ऽ ।	ऽ
बद्धंक	र्णशिरी	षरोधि	वदने	धर्माम्भ	सांजाल	कम्
ऽ ऽ ऽ	। । ऽ	। ऽ ।	। । ऽ	ऽ ऽ ।	ऽ ऽ ।	ऽ
बन्धेस्रं	सिनिचै	कहस्त	यमिताः	पर्याकु	लामूर्ध	जाः
ऽ ऽ ऽ	। । ऽ	। ऽ ।	। । ऽ	ऽ ऽ ।	ऽ ऽ ।	ऽ

(जल सींचन के बाद, दुष्यंत)

दोहा॰ शकुन्तला को देख कर, राजा के मन प्यार ।
पौधों को सींचन किए, गीला था तन भार ।।

जल-घट धर कर काँध पर, थके हुए हैं हाथ ।
करतल दोनों लाल हैं, स्तन-कम्पन भी साथ ।।

मुख पर आकर स्तब्ध हैं, मोती के अनुरूप ।
स्वेद बिंदु हैं चमकते, कर्णाभूषण रूप ।।

एक हाथ से हैं धरे, सिर के गीले बाल ।
रेशम फीता शिथिल है, रंग जिसे है लाल ।।

📖 तदहमेनाऩृणां करोमि ।

दोहा॰ जल सींचन से भीग कर, थकी प्रेयसी देख ।
मुदित हुआ दुष्यंत का, सिक्त अंग प्रत्येक ।।

नृप ने अपनी मुद्रिका, अंगुली से उतार ।
शकुन्तला को दे दियी, उतारने ऋण भार ।।

राजमुद्रिका देख कर, शकुन्तला को हर्ष ।
शकुन्तला के हृदय को, सम्मोहन का स्पर्श ।।

शकुन्तला को देख कर, राजा को विश्वास ।
अभिलाषा मम सफल हो, लक्षण दिखते खास ।।

(राजा दुष्यंत)

1.30 वाचं न मिश्रयति यद्यपि मद्वचोभिः कर्णं ददात्यभिमुखं मयि भाषमाणे ।
कामं न तिष्ठति मदाननसम्मुखीना भूयिष्ठमन्यविषया न तु दृष्टिरस्याः ॥

(वसंततिलका त भ ज ज ग ग छंद)

वाचंन	मिश्रय	तियद्य	पिमद्व	चोभिः
ऽ ऽ ।	ऽ । ।	। ऽ ।	। ऽ ।	ऽ ऽ
कर्णंद	दात्यभि	मुखंम	यिभाष	माणे
ऽ ऽ ।	ऽ । ।	। ऽ ।	। ऽ ।	ऽ ऽ
कामंन	तिष्ठति	मदान	नसम्मु	खीना
ऽ ऽ ।	ऽ । ।	। ऽ ।	। ऽ ।	ऽ ऽ
भूयिष्ठ	मन्यवि	षयान	तुदृष्टि	रस्याः
ऽ ऽ ।	ऽ । ।	। ऽ ।	। ऽ ।	ऽ ऽ

दोहा॰ करे न बात शकुन्तला, मुझे लगे यह स्वाँग ।
बाहर से निर्लिप्त है, भीतर है अनुराग ।।

मुख से ना बोले मगर, सुनती देकर कान ।
नजरें चंचल से सदा, रखती मुझ पर ध्यान ।।

(उतने में, नेपथ्य में)

📖 प्रत्यासन्नः किल मृगयाविहारी पार्थिवो दुष्यन्तः ।

दोहा॰   उतने में नेपथ्य में, आयी थी आवाज ।
     "वन की रक्षा के लिए, मिल जाओ सब आज ।।

     "संरक्षक दुष्यंत हैं, आज हमारे साथ ।
     रक्षण करने सत्त्व का, आए हैं पुरुनाथ" ।।

(राजा दुष्यंत)

1.31   तुरगखुरहतस्तथा हि रेणुर्विटपविषक्तजलार्द्रवल्कलेषु ।
     पतति परिणतारुणप्रकाशः शलभसमूह इवाश्रमद्रुमेषु ॥

     (पुष्पिताग्रा न न र य – न ज ज र ग छंद)

तुरग	खुरह	तस्तथा	हिरेणुः	
।।।	।।।	ऽ।ऽ	।ऽऽ	
विटप	विषक्त	जलार्द्र	वल्कले	षु
।।।	।ऽ।	।ऽ।	ऽ।ऽ	ऽ *
पतति	परिण	तारुण	प्रकाशः	
।।।	।।।	ऽ।ऽ	।ऽऽ	
शलभ	समूह	इवाश्र	मद्रुमे	षु
।।।	।ऽ।	।ऽ।	ऽ।ऽ	ऽ *

     * अंतिम 13-वीं लघु मात्रा गुरु गिनी गई है

दोहा॰   सुन वाणी नेपथ्य की, राजा के सब दास ।
     लौट चले वापस सभी, आने नृप के पास ।।

     धूल उड़ी जो अश्व से, सूर्य कांति सम लाल ।
     टिड्डी दल की भाँति सब, वृक्षों पर तत्काल ।।

(जंगली हाथी)

1.32   तीव्राघातप्रतिहततरुस्कन्धलग्नैकदन्तः

पादाकृष्टव्रततिवलयासङ्गसंजातपाशः ।
मूर्तो विघ्नस्तपस इव नो भिन्नसारङ्गयूथो
धर्मारण्यं प्रविशति गजः स्यन्दनालोकभीतः ॥

(मंदाक्रांता म भ न त त ग ग छंद)

तीव्राघा	तप्रति	हतत	रुस्कन्ध	लग्नैक	दन्तः
ऽ ऽ ऽ	ऽ । ।	। । ।	ऽ ऽ ।	ऽ ऽ ।	ऽ ऽ
पादाकृ	ष्टव्रत	तिवल	यासङ्ग	संजात	पाशः
ऽ ऽ ऽ	ऽ । ।	। । ।	ऽ ऽ ।	ऽ ऽ ।	ऽ ऽ
मूर्तोवि	घ्नस्तप	सइव	नोभिन्न	सारङ्ग	यूथो
ऽ ऽ ऽ	ऽ । ।	। । ।	ऽ ऽ ।	ऽ ऽ ।	ऽ ऽ
धर्मार	ण्यंप्रवि	शतिग	जःस्यन्द	नालोक	भीतः
ऽ ऽ ऽ	ऽ । ।	। । ।	ऽ ऽ ।	ऽ ऽ ।	ऽ ऽ

दोहा॰ भयाक्रांत उस आकांत से, जंगली हाथी एक ।
तोड़-फोड़ करने लगा, पथ के तरु प्रत्येक ।।

तापसियाँ डर कर चली, लौट मचाती शोर ।
लौटे नृप दुष्यंत भी, निज पड़ाव की ओर ।।

1.33 गच्छति पुरः शरीरं धावति पश्चादसंस्तुतं चेतः ।
चीनांशुकमिव केतोः प्रतिवातं नीयमानस्य ॥

(आर्या गाथा 12-18, 12-15 छंद)

गच्छति	पुरःश	रीरम्		
ऽ । ।	। ऽ ।	ऽ ऽ		12
धावति	पश्चाद	संस्तुतम्	चेतः	
ऽ । ।	ऽ ऽ ।	ऽ । ऽ	ऽ ऽ	18
चीनांशु	कमिव	केतोः		
ऽ ऽ ।	। । ।	ऽ ऽ		12
प्रतिवा	तंनीय	मानस्य		
। । ऽ	ऽ ऽ ।	ऽ ऽ । *		15

* अंतिम 27-वीं लघु मात्रा गुरु गिनी गई है

(राजा दुष्यंत)

दोहा॰ राजा आगे चल रहे, राजध्वजा की तौर ।
दौड़ रहा मन वापसी, शकुन्तला की ओर ।।

इति प्रथमोऽङ्कः ।

शकुन्तला द्वितीय अंक
आश्रम निवेश
शकुन्तला के सौंदर्य का वर्णन

द्वितीयोऽङ्कः ।

(विदूषक)

दोहा॰ विदूषक हास्य पात्र है, नाम जिसे "माधव्य" ।
मित्र भूप दुष्यंत का, गुण जिसके ज्ञातव्य ।।

सदा सहायक भूप का, राजनीति विद्वान ।
राजा के हित में उसे, विविध विषय का ज्ञान ।।

आज विदूषक सुस्त है, थका हुआ है गात ।
रात न सोया ठीक से, जगा निशांत प्रभात ।।

बहेलियों का शोर था, करने वन्य शिकार ।
जंगल को था घेरना, यथा कहे सरकार ।।

सारा दिन है चीखना, "करो न बिलकुल देर ।
वो है सूअर जा रहा, वो है मृग, वो शेर" ।।

खाने को ना ढंग का, पीने कदुष्ण नीर ।
बैठ अश्व पर भटकना, वन गिरि नदिया तीर ।।

पहले ही दुष्यंत को, शिकार का उन्माद ।
ऊपर से उनको सदा, शकुन्तला की याद ।।

(राजा दुष्यंत)

2.1. कामं प्रिया न सुलभा मनस्तु तद्भावदर्शनाश्वासि ।

अकृतार्थेऽपि मनसिजे रतिमुभयप्रार्थना कुरुते ॥

(आर्या गाथा छंद, 12-18, 12-15)

कामंप्रि	यानसु	लभा		
ऽ ऽ ।	ऽ । ।	। ऽ		12
मनस्तु	तद्भाव	दर्शना	श्वासि	
। ऽ ।	ऽ ऽ ।	ऽ । ऽ	ऽ । *	18
अकृता	र्थेपिम	नसिजे		
। । ऽ	ऽ । ।	। । ऽ		12
रतिमु	भयप्रा	र्थनाकु	रुते	
। । ।	। ऽ ऽ	। ऽ ।	। ऽ	15

* अंतिम 30-वीं लघु मात्रा गुरु गिनी गई है

दोहा॰ शकुन्तला का है बना, मेरा हिरदय धाम ।
बैठा ले मन में मुझे, तभी बनेगा काम ।।

और समस्या दूसरी, पिता कण्व स्वीकार ।
उनकी अनुमति के बिना, असफल होगा काम ।।

2.2 स्निग्धं वीक्षितमन्यतोऽपि नयने यत्प्रेरयन्त्या तया
यातं यच्च नितम्बयोर्गुरुतया मन्दं विलासादिव ।
मा गा इत्युपरुद्धया यदपि सा सासूयमुक्ता सखी
सर्वं तत्किल मत्परायणमहो कामी स्वतां पश्यति ॥

(शार्दूलविक्रीडित म स ज स त त ग छंद)

स्निग्धंवी	क्षितम	न्यतोपि	नयने	यत्प्रेर	यन्त्यात	या
ऽ ऽ ऽ	। । ऽ	। ऽ ।	। । ऽ	ऽ ऽ ।	ऽ ऽ ।	ऽ
यातंय	च्चनित	म्बयोर्गु	रुतया	मन्दंवि	लासादि	व
ऽ ऽ ऽ	। । ऽ	। ऽ ।	। । ऽ	ऽ ऽ ।	ऽ ऽ ।	ऽ *
मागाइ	त्युपरु	द्धयाय	दपिसा	सासूय	मुक्तास	खी
ऽ ऽ ऽ	। । ऽ	। ऽ ।	। । ऽ	ऽ ऽ ।	ऽ ऽ ।	ऽ
सर्वंत	त्किलम	त्पराय	णमहो	कामीस्व	तांपश्य	ति

ऽ ऽ ऽ	। । ऽ	। ऽ ।	। । ऽ	ऽ ऽ ।	ऽ ऽ ।	ऽ *

* अंतिम 19-वीं लघु मात्रा गुरु गिनी गई है

दोहा॰ चंचलता से नैन की, मुझको रही निहार ।
पैने नैन-कटाक्ष से, डाल रही है मार ।।

नितंब अरु स्तन भार से, अदा दिखाती चाल ।
लीलापूर्वक मंद है, गति में मादक ताल ।।

सत्य कहीं यह तो नहीं, दिखता सो मन भाय ।
मन आसक्त मनुष्य का, मन दर्पण कहलाय ।।

(विदूषक प्रवेश)

दोहा॰ उसी समय पर आगया, सेवक विदूषकार ।
स्वामी नृप दुष्यंत की, करता जय जयकार ।।

(यद्यपि)

दोहा॰ उसे न भाता भूप का, शिकार से दृढ़ प्यार ।
शकुन्तला से भूप की, प्रीत न थी स्वीकार ।।

अतः विदूषक ने कहा, तज कर मृगया बान ।
करें प्रभो! आराम हम, करने दूर थकान ।।

(दुष्यंत, स्वगत)

दोहा॰ मेरा भी अब मन नहीं, करने वन्य शिकार ।
शकुन्तला का है मुझे, अब तो इन्तेजार ।।

2.3 न नमयितुमधिज्यमस्मि शक्तो धनुरिदमाहितसायकं मृगेषु ।
सहवसतिमुपेत्य यैः प्रियायाः कृत इव मुग्धविलोकितोपदेशः ॥

(पुष्पिताग्रा न न र य - न ज ज र ग छंद)

ननम	यितुम	धिज्यम	स्मिशक्तः	
। । ।	। । ।	ऽ । ऽ	। ऽ ऽ	

धनुरि	दमाहि	तसाय	कंमृगे	षु
। । ।	। ऽ ।	। ऽ ।	ऽ । ऽ	ऽ *
सहव	सतिमु	पेत्ययैः	प्रियायाः	
। । ।	। । ।	ऽ । ऽ	। ऽ ऽ	
कृतइ	वमुग्ध	विलोकि	तोपदे	शः
। । ।	। ऽ ।	। ऽ ।	ऽ । ऽ	ऽ

* अंतिम 25-वीं लघु मात्रा गुरु गिनी गई है

दोहा॰ जिन हरिणों से है मिला, हमें दया का ज्ञान ।
शकुन्तला से मिलन का, मिला हमें अवदान ।।

शकुन्तला को मौन से, निहारने का भान ।
मृगनयनी के नैन के, भोलेपन का मान ।।

जिन हरिणों ने है भरी, हमरे हृदय रुझान ।
उन हरिणों पर अब कभी, चलाऊँ न मैं बाण ।।

(दुष्यंत प्रतिभा)

2.4 अनवरतधनुर्ज्यास्फालनक्रूरपूर्वं
रविकिरणसहिष्णु स्वेदलेशैरभिन्नम् ।
अपचितमपि गात्रं व्यायतत्वादलक्ष्यं
गिरिचर इव नागः प्राणसारं बिभर्ति ॥

(मालिनी न न म य य छंद)

अनव	रतध	नुर्ज्यास्फा	लनक्रू	रपूर्वम्
। । ।	। । ।	ऽ ऽ ऽ	। ऽ ऽ	। ऽ ऽ
रविकि	रणस	हिष्णुस्वे	दलेशै	रभिन्नम्
। । ।	। । ।	ऽ ऽ ऽ	। ऽ ऽ	। ऽ ऽ
अपचि	तमपि	गात्रंव्या	यतत्वा	दलक्ष्यम्
। । ।	। । ।	ऽ ऽ ऽ	। ऽ ऽ	। ऽ ऽ
गिरिच	रइव	नागःप्रा	णसारं	बिभर्ति

। । ।	। । ।	ऽ ऽ ऽ	। ऽ ऽ	। ऽ ऽ *

* अंतिम 15-वीं लघु मात्रा गुरु गिनी गई है

दोहा॰ पर्वत के हाथी यथा, होते तगड़े पुष्ट ।
वैसे नृप दुष्यंत थे, तनदुरुस्त संतुष्ट ।।

खींच-खींच कर धनुष की, प्रत्यंचा दिन रात ।
बलिष्ठ था नृपराज का, आगे वाला गात ।।

सूर्यताप में विचर कर, करके युद्ध-शिकार ।
नृप के शरीर की त्वचा, सहनशील दमदार ।।

कष्ट निरंतर झेल कर, तन था हुआ कठोर ।
स्वेद न टपके देह से, करके भी श्रम घोर ।।

होकर भी कृष यष्टि के, राजा थे बलवान ।
विशाल-चौड़े अंग के, नर थे प्रतिभावान ।।

2.5 मेदश्छेदकृशोदरं लघु भवत्युत्थानयोग्यं वपुः
सत्त्वानामपि लक्ष्यते विकृतिमच्चित्तं भयक्रोधयोः ।
उत्कर्षः स च धन्विनां यदिषवः सिध्यन्ति लक्ष्ये चले
मिथ्यैव व्यसनं वदन्ति मृगयामीदृग्विनोदः कुतः ॥

(शार्दूलविक्रीडित म स ज स त त ग छंद)

मेदश्छे	दकृशो	दरंल	घुभव	त्युत्थान	योग्यंव	पुः
ऽ ऽ ऽ	। । ऽ	। ऽ ।	। । ऽ	ऽ ऽ ।	ऽ ऽ ।	ऽ
सत्त्वाना	मपिल	क्ष्यतेवि	कृतिम	च्चित्तंभ	यक्रोध	योः
ऽ ऽ ऽ	। । ऽ	। ऽ ।	। । ऽ	ऽ ऽ ।	ऽ ऽ ।	ऽ
उत्कर्षः	सचध	न्विनांय	दिषवः	सिध्यन्ति	लक्ष्येच	ले
ऽ ऽ ऽ	। । ऽ	। ऽ ।	। । ऽ	ऽ ऽ ।	ऽ ऽ ।	ऽ
मिथ्यैव	व्यसनं	वदन्ति	मृगया	मीदृग्वि	नोदःकु	तः
ऽ ऽ ऽ	। । ऽ	। ऽ ।	। । ऽ	ऽ ऽ ।	ऽ ऽ ।	ऽ

दोहा॰ लोह कलेवर था बना, युद्ध निरंतर झेल ।
शरीर की चरबी घटी, वन में शिकार खेल ।।

पतला सपाट पेट था, उर आगे की ओर ।
भुजा भयंकर थी भरीं, बहुबली की तौर ।।

खौफनाक पशु देख कर, क्रूर, क्रोध से युक्त ।
क्षुब्ध वृत्ति के ज्ञान से, होता व्याध वियुक्त ।।

धनुधर योद्धा मारता, चलता-फिरता लक्ष्य ।
निपुण शिकारी बेधता, शब्दवेध से भक्ष्य ।।

मृगया को जग मानता, व्यसन दुर्गुणी शौक ।
आखेटक की दृष्टि से, मनरंजन है थोक ।।

बात विदूषक की सुनी, राजा ने कर गौर ।
विरक्त मृगया से हुए, शांति दूत की तौर ।।

2.6 गाहन्तां महिषा निपानसलिलं शृङ्गैर्मुहुस्ताडितम्
छायाबद्धकदम्बकं मृगकुलं रोमन्थमभ्यस्यतु ।
विश्रब्धं क्रियतां वराहततिभिर्मुस्ताक्षतिः पल्वले
विश्रामं लभतामिदं च शिथिलज्याबन्धमस्मद्धनुः ॥

(शार्दूलविक्रीडित म स ज स त त ग छंद)

गाहन्तां	महिषा	निपान	सलिलं	शृङ्गैर्मु	हुस्ताडि	तम्
ऽ ऽ ऽ	। । ऽ	। ऽ ।	। । ऽ	ऽ ऽ ।	ऽ ऽ ।	ऽ
छायाब	द्धकद	म्बकंमृ	गकुलं	रोमन्थ	मभ्यस्य	तु
ऽ ऽ ऽ	। । ऽ	। ऽ ।	। । ऽ	ऽ ऽ ।	ऽ ऽ ।	ऽ *
विश्रब्धं	क्रियतां	वराह	ततिभि	र्मुस्ताक्ष	तिःपल्व	ले
ऽ ऽ ऽ	। । ऽ	। ऽ ।	। । ऽ	ऽ ऽ ।	ऽ ऽ ।	ऽ
विश्रामं	लभता	मिदंच	शिथिल	ज्याबन्ध	मस्मद्ध	नुः
ऽ ऽ ऽ	। । ऽ	। ऽ ।	। । ऽ	ऽ ऽ ।	ऽ ऽ ।	ऽ

* अंतिम 19-वीं लघु मात्रा गुरु गिनी गई है

दोहा॰ नृप का अब आदेश है, लौटें सैनिक धाम ।
बंद करें वन जीव की, शिकार के सब काम ।।

गँदलाना जल झील का, भैसों का है पंथ ।
चारा खा कर बाद में, करते पशु रोमंथ ।।

विरत हो गया भूप जब, पथ शांति का निहार ।
भैंसे-मृग निर्भय करें, अब आहार-विहार ।।

2.7 शमप्रधानेषु तपोधनेषु गूढं हि दाहात्मकमस्ति तेजः ।
स्पर्शानुकूला इव सूर्यकान्तास्तदन्यतेजोऽभिभवाद्वमन्ति ॥

उपजाति उपेंद्रवज्रा-इंद्रवज्रा-इंद्रवज्रा-उपेंद्रवज्रा छंद (आर्द्रा छंद)

शमप्र	धानेषु	तपोध	नेषु	
। ऽ ।	ऽ ऽ ।	। ऽ ।	ऽ । *	उपेंद्रवज्रा छंद
गूढंहि	दाहात्म	कमस्ति	तेजः	
ऽ ऽ ।	ऽ ऽ ।	। ऽ ।	ऽ ऽ	इंद्रवज्रा छंद
स्पर्शानु	कूलाइ	वसूर्य	कान्ताः	
ऽ ऽ ।	ऽ ऽ ।	। ऽ ।	ऽ ऽ	इंद्रवज्रा छंद
तदन्य	तेजोभि	भवाद्व	मन्ति	
। ऽ ।	ऽ ऽ ।	। ऽ ।	ऽ । *	उपेंद्रवज्रा छंद

* अंतिम 11-वीं लघु मात्रा गुरु गिनी गई है

(राजा दुष्यंत ने कहा)

दोहा॰ शाँतिप्रधान यतिंद्र में, होता तेज महान ।
सुप्त रहे सामान्यतः, बिन बाहरी निशान ।।

सूर्यकांत मणि की तरह, स्पृष्ट बहिर्गत अंग ।
भस्म कर सके विघ्न को, जभी साधना भंग ।।

तपस्वियों की ना कभी, करो साधना भंग ।
बोले राजा सैन्य को, लौटो सुख के संग ।।

अपनयन्तु भवत्यो मृगयावेशम् ।

दोहा॰ उतार दो आखेट का, सब सैनिक अब वेश ।
लौटो तुम सब शांति से, वापस अपने देश ।।

कृतं भवता निर्मक्षिकम् ।

दोहा॰ विघ्न शून्य है कर दिया, तुमने यह परिवेश ।
सब विध अब एकांत है, निर्मल शांत प्रदेश ।।

शिला-खंड पर वृक्ष की, छाया यहाँ अनूप ।
आओ बैठें अमन में, बोले नृपवर भूप ।।

त्वया दर्शनीयं न दृष्टम् ।

दोहा॰ फिर बोले माधव्य को, देखो तुम दृष्टव्य ।
जो तुमने देखा नहीं, हो कर भी अति दिव्य ।।

ते तापसकन्यकाभ्यर्थनीया दृश्यते ।

दोहा॰ तज देते हैं त्याज्य को, पुरुकुल के नृप लोग ।
ऋषि कन्या तजनी नहीं, परिणय का है योग ।।

2.8 सुरयुवतिसम्भवं किल मुनेरपत्यं तदुज्झिताधिगतम् ।
अर्कस्योपरि शिथिलं च्युतमिव नवमालिकाकुसुमम् ॥

(आर्या गाथा 12-18, 12-15 छंद)

सुरयु	वतिस	म्भवंकि	ल	
। । ।	। । ऽ	। ऽ ।	।	12
मुनेर	पत्यंत	दुज्झिता	धिगतम्	
। ऽ ।	ऽ ऽ ।	ऽ । ऽ	। । ऽ	18
अर्कस्यो	परिशि	थिलम्		
ऽ ऽ ऽ	। । ।	। ऽ		12
च्युतमि	वनव	मालिका	कुसुमम्	
। । ।	। । ।	ऽ । ऽ	। । ऽ	15

(राजा दुष्यंत)

दोहा० **फूल चमेली के झरे, कुम्हला कर सुकुमार ।**
मंदार वृक्ष पर गिरे, मिला नया आधार ।।

मंदाररूप कण्व ने, लिया पुष्प वह गोद ।
जूहीरूप शकुन्तला, पली वहाँ सह मोद ।।

ऐसी सुंदर मल्लिका, आज हमें है प्राप्त ।
यह मेरा सौभाग्य है, शुभ लक्षण से व्याप्त ।।

(विदूषक माधव्य)

तभी न भायी बात वो, बोल पड़ा माधव्य ।
उपमा यह सजती नहीं, ना ही है यह श्राव्य ।।

📖 पिण्डखर्जूरैरुद्वेजितस्य तिण्ड्यां तिन्तिण्यां अभिलाषो भवेत्तथा

दोहा० **मीठे पिंड खजूर के, जी भर कर खा कर बाद ।**
कच्ची इमली का लगे, अच्छा खट्टा स्वाद ।।

रत्नों का उपभोग है, जिस नृप को उपलब्ध ।
सुंदर मणि को चाहना, कैसा यह प्रारब्ध ।।

माना सही शकुन्तला, सुंदर रूप अतीव ।
बात सौंदर्य की नहीं, रखिये न्याय सजीव ।।

2.9 चित्रे निवेश्य परिकल्पितसत्त्वयोगा
रूपोच्चयेन मनसा विधिना कृता नु ।
स्त्रीरत्नसृष्टिरपरा प्रतिभाति सा मे
धातुर्विभुत्वमनुचिन्त्य वपुश्च तस्याः ॥

(वसंततिलका त भ ज ज ग ग छंद)

चित्रेनि	वेश्यप	रिकल्पि	तसत्त्व	योगा
ऽ ऽ ।	ऽ । ।	। ऽ ।	। ऽ ।	ऽ ऽ

रूपोच्च	येनम	नसावि	धिनाकृ	तानु
ऽ ऽ ।	ऽ । ।	। ऽ ।	। ऽ ।	ऽ ऽ *
स्त्रीरत्न	सृष्टिर	पराप्र	तिभाति	सामे
ऽ ऽ ।	ऽ । ।	। ऽ ।	। ऽ ।	ऽ ऽ
धातुर्वि	भुत्वम	नुचिन्त्य	वपुश्च	तस्याः
ऽ ऽ ।	ऽ । ।	। ऽ ।	। ऽ ।	ऽ ऽ

* अंतिम 14-वीं लघु मात्रा गुरु गिनी गई है

(अनुपम शकुन्तला)

दोहा॰ ब्रह्मा का निर्माण है, चारु विलक्षण चित्र ।
जिससे शोभन और ना, ना सुघटित न पवित्र ।।

शकुन्तला कमनीय है, कांतिमान नमकीन ।
मनभावन प्रियदर्शनी, सुगठित सरस हसीन ।।

मृगनयनी मृदुभाषिणी, पिकवचनी रमणीक ।
मनमोहिनी सुहासिनी, मंजु लता है नीक ।।

सृजन परम लावण्य है, ब्रह्मा का ही काम ।
और न कोई कर सके, रूप देदीप्यमान ।।

निष्कलंक सौंदर्य है, शकुन्तला का रूप ।
उत्तर में माधव्य को, बोल पड़े थे भूप ।।

2.10 अनाघ्रातं पुष्पं किसलयमलूनं कररुहैरनाविद्धं
रत्नं मधु नवमनास्वादितरसम् ।
अखण्डं पुष्यानां फलमिव च तद्रूपमनघं न जाने
भोक्तारं कमिह समुपस्थास्यति विधिः ॥

(शिखरिणी य म न स भ ल ग छंद)

अनाघ्रा	तंपुष्पं	किसल	यमलू	नंकर	रुहैः
। ऽ ऽ	ऽ ऽ ऽ	। । ।	। । ऽ	ऽ । ।	। ऽ
अनावि	द्धंरत्नं	मधुन	वमना	स्वादित	रसम्

। ऽ ऽ	ऽ ऽ ऽ	। । ।	। । ऽ	ऽ । ।	। ऽ
अखण्डं	पुण्यानां	फलमि	वचत	द्रूपम	नघम्
। ऽ ऽ	ऽ ऽ ऽ	। । ।	। । ऽ	ऽ । ।	। ऽ
नजाने	भोक्तारं	कमिह	समुप	स्थास्यति	विधिः
। ऽ ऽ	ऽ ऽ ऽ	। । ।	। । ऽ	ऽ । ।	। ऽ

दोहा॰ शकुन्तला सौरभ भरा, अन-सूँघा है फूल ।
जिस पर न ही कलंक है, ना ही कोई धूल ।।

रस जिसका पीया नहीं, मधु का घट है शुद्ध ।
अखोट-अक्षत रत्न है, अनुपम अमल विशुद्ध ।।

फल ताजा यह पक्व है, कौन करे उपभोग ।
मात्र विधाता जानता, जहाँ लिखा संजोग ।।

2.11 अभिमुखे मयि सम्हृतमीक्षितं हसितमन्यनिमित्तकृतोदयम् ।
विनयवारितवृत्तिरतस्तया न विवृतो मदनो न च संवृतः ॥

(द्रुतविलंबित न भ भ र छंद)

अभिमु	खेमयि	सम्हृत	मीक्षितम्
। । ।	ऽ । ।	ऽ । ।	ऽ । ऽ
हसित	मन्यनि	मित्तकृ	तोदयम्
। । ।	ऽ । ।	ऽ । ।	ऽ । ऽ
विनय	वारित	वृत्तिर	तस्तया
। । ।	ऽ । ।	ऽ । ।	ऽ । ऽ
नविवृ	तोमद	नोनच	संवृतः
। । ।	ऽ । ।	ऽ । ।	ऽ । ऽ

दोहा॰ खड़ी सामने हो जभी, शकुन्तला बिन चैन ।
नीचे करके दृष्टि को, मुझे निहारे नैन ।।

मुख पर जिसके हास्य है, विनयशील स्वभाव ।

उसके मधु मुस्कान में, हिरदय-हरण प्रभाव ।।

आनंदित वह है सदा, जगमग करता हेम ।
प्रकट न करती स्नेह है, छिपा न सकती प्रेम ।।

2.12 दर्भाङ्कुरेण चरणः क्षत इत्यकाण्डे तन्वी
स्थिता कतिचिदेव पदानि गत्वा ।
आसीद्विवृत्तवदना च विमोचयन्ती
शाखासु वल्कलमसक्तमपि द्रुमाणाम् ॥

(वसंततिलका त भ ज ज ग ग छंद)

दर्भाङ्कु	रेणच	रणःक्ष	तइत्य	काण्डे
ऽ ऽ ।	ऽ । ।	। ऽ ।	। ऽ ।	ऽ ऽ
तन्वीस्थि	ताकति	चिदेव	पदानि	गत्वा
ऽ ऽ ।	ऽ । ।	। ऽ ।	। ऽ ।	ऽ ऽ
आसीद्वि	वृत्तव	दनाच	विमोच	यन्ती
ऽ ऽ ।	ऽ । ।	। ऽ ।	। ऽ ।	ऽ ऽ
शाखासु	वल्कल	मसक्त	मपिद्रु	माणाम्
ऽ ऽ ।	ऽ । ।	। ऽ ।	। ऽ ।	ऽ ऽ

दोहा॰ किये बहाना स्वाँग वो, मुझे बुलाती पास ।
कभी कहे, है चुभ गई, अंकुर कुश की घास ।।

पग मेरा है क्षत हुआ, या अटका है वस्त्र ।
पास बुला कर छोड़ती, माया रमणीअस्त्र ।।

करे प्रकट अनुराग वो, बिना दिखाए स्पष्ट ।
मेरी संगति के लिए, चेष्टाओं का कष्ट ।।

(तभी, विदूषक)

दिया तभी माधव्य ने, नृप को अनृत ज्ञान ।
करें बहाना आप भी, मिलने को आसान ।।

आए हैं हम माँगने, छठा भाग नीवार ।
आश्रम से भुगतान को, आये हम-सरकार ।।

2.13 यदुत्तिष्ठति वर्णेभ्यो नृपाणां क्षयि तत्फलम् ।
तपःषड्भागमक्षय्यं ददत्यारण्यका हि नः ॥

(अनुष्टुभ् श्लोक छंद)

यदुत्तिष्ठ	तिवर्णेभ्यो	नृपाणांक्ष	यितत्फलम्
। । ऽ ।	। ऽ ऽ ऽ	। ऽ ऽ ।	। ऽ । ऽ
तपःषड्भा	गमक्षय्यं	ददत्यार	ण्यकाहिनः
। ऽ ऽ ऽ	। ऽ ऽ ऽ	। ऽ ऽ ऽ	। ऽ । ऽ

पाद टिप्पणियाँ :

1. इस अनुष्टुभ् छंद के विषम चरण 1 और 3 में पहले चार अक्षरों के बाद य गण (। ऽ ऽ) आने से और सम चरण 2 और 4 में प्रथम चार अक्षरों के पश्चात् ज (। ऽ ।) गण आने से इन चार चरणों के पद्य में श्लोक छंद सिद्ध हुआ है.
2. यथा निम्न तालिका में दर्शित है : प्रथम चरण में य स ग ग गण होने से मनोला छंद प्रयुक्त है; द्वितीय चरण में प्रथम मात्रा के बाद न गण अथवा स गण न होने से और चौथे वर्ण के बाद ज गण आने से यहाँ पथ्यावक्त्र छंद प्रयुक्त है; तृतीय चरण में य र ग ग गण होने से यहाँ कुलाधारी छंद है; और चतुर्थ चरण में य र ल ग गण होने से भाषा छंद युक्त होता है.

यदुत्ति	ष्ठतिव	र्णेभ्यो		
। ऽ ऽ	। । ऽ	ऽ ऽ	य स ग ग	मनोला छंद
नृपाणां	क्षयित	त्फलम्		
। ऽ ऽ	। । ऽ	। ऽ	य स ल ग	पथ्यावक्त्र
तपःष	ड्भागम	क्षय्यम्		

। ऽ ऽ	ऽ । ऽ	ऽ ऽ	य र ग ग	कुलाधारी
ददत्या	रण्यका	हिनः		
। ऽ ऽ	ऽ । ऽ	। ऽ	य र ल ग	भाषा छंद

(राजा दुष्यंत)

दोहा॰ द्विज देते "कर" शब्द से, शाश्वत जिनका दान ।
तपस्वियों ने जो दिया, आत्म परम का ज्ञान ।।

अन्य वर्ण देते छठा, "कर" जो नश्वर रूप ।
राजाओं के कोष में, बोले दुष्यंत भूप ।।

(ऋषिकुमार)

📖 एतौ द्वौ ऋषिकुमारौ प्रतीहारभूमिमुपस्थितौ ।

दोहा॰ उतने में ही आगए, द्वार पर ऋषिकुमार ।
बोले, नृप दुष्यंत हैं, तेजस्वी भरतार ।।

इतने महान भूप भी, आश्रम करत निवास ।
अपनी आँखों देख कर, होत नहीं विश्वास ।।

(ऋषिकुमार)

2.14 अध्याक्रान्ता वसतिरमुनाप्याश्रमे सर्वभोग्ये
रक्षायोगादयमपि तपः प्रत्यहं संचिनोति ।
अस्यापि द्यां स्पृशति वशिनश्चारणद्वन्द्वगीतः
पुण्यःशब्दो मुनिरिति मुहुः केवलं राजपूर्वः ॥

(मंदाक्रांता म भ न त त ग ग छंद)

अध्याक्रा	न्तावस	तिरमु	नाप्याश्र	मेसर्व	भोग्ये
ऽ ऽ ऽ	ऽ । ।	। । ।	ऽ ऽ ।	ऽ ऽ ।	ऽ ऽ
रक्षायो	गादय	मपित	पःप्रत्य	हंसंचि	नोति
ऽ ऽ ऽ	ऽ । ।	। । ।	ऽ ऽ ।	ऽ ऽ ।	ऽ ऽ *
अस्यापि	द्यांस्पृश	तिवशि	नश्चार	णद्वन्द्व	गीतः
ऽ ऽ ऽ	ऽ । ।	। । ।	ऽ ऽ ।	ऽ ऽ ।	ऽ ऽ

पुण्यःश	ब्दोमुनि	रितिमु	हुःकेव	लंराज	पूर्वः
ऽ ऽ ऽ	ऽ । ।	। । ।	ऽ ऽ ।	ऽ ऽ ।	ऽ ऽ

* अंतिम 17-वीं लघु मात्रा गुरु गिनी गई है

दोहा॰ प्रजा-सुरक्षा के लिए, अर्पण हो जो भूप ।
उसको मिलता स्वर्ग है, शाश्वत दिव्य स्वरूप ।।

चारण गाते हैं स्तुति, करके शुभ उच्चार ।
भूप इंद्र के मित्र हैं, बोले ऋषिकुमार ।।

2.15 नैतच्चित्रं यदयमुदधिश्यामसीमां धरित्रीमेकः
कृत्स्नां नगरपरिघप्रांशुबाहुर्भुनक्ति ।
आशंसन्ते समितिषु सुरा बद्धवैरा हि दैत्यैरस्याधिज्ये
धनुषि विजयं पौरुहूते च वज्रे ॥

(मंदाक्रांता म भ न त त ग ग छंद)

नैतच्चि	त्रंयद	यमुद	धिश्याम	सीमांध	रित्रीम्
ऽ ऽ ऽ	ऽ । ।	। । ।	ऽ ऽ ।	ऽ ऽ ।	ऽ ऽ
एकःकृ	त्स्नांनग	रपरि	घप्रांशु	बाहुर्भु	नक्ति *
ऽ ऽ ऽ	ऽ । ।	। । ।	ऽ ऽ ।	ऽ ऽ ।	ऽ ऽ
आशंस	न्तेसमि	तिषुसु	राबद्ध	वैराहि	दैत्यैः
ऽ ऽ ऽ	ऽ । ।	। । ।	ऽ ऽ ।	ऽ ऽ ।	ऽ ऽ
अस्याधि	ज्येधनु	षिविज	यंपौरु	हूतेच	वज्रे
ऽ ऽ ऽ	ऽ । ।	। । ।	ऽ ऽ ।	ऽ ऽ ।	ऽ ऽ

* अंतिम 17-वीं लघु मात्रा गुरु गिनी गई है

(ऋषिकुमार)

दोहा॰ नगर द्वार की अर्गली, रक्षण करती दुर्ग ।
राजा यह पालन करे, भूमंडल से स्वर्ग ।।

सुर-असुरों के युद्ध में, इंद्र देव को आस ।
मिले मदद दुष्यंत की, जिन पर दृढ़ विश्वास ।।

102

📖 तत्रभवतः कण्वस्य महर्षेरसांनिध्याद्रक्षांसि न इष्टिविघ्नमुत्पादयन्ति ।
तत्कतिपयरात्रं सारथिद्वितीयेन भवता सनाथीक्रियतामाश्रम इति ।
(ऋषिकुमार)

दोहा॰ आकर नृप के सामने, दोनों ऋषिकुमार ।
बोले नृप दुष्यंत को, करके जय-जयकार! ।।

अनुपस्थिति में कण्व की, हम हैं हुए अनाथ ।
नृपवर! रक्षा कीजिए, करके हमें सनाथ ।।

असुर हमारे यज्ञ को, कर देते हैं भग्न ।
विनाश असुरों का किए, दूर हटाओ विघ्न ।।

सुन कर उनकी प्रार्थना, राजा हुए तयार ।
धनुष बाण रथ को लिए, करन असुर संहार ।।

2.16 अनुकारिणि पूर्वेषां युक्तरूपमिदं त्वयि ।
आपन्नाभयसत्रेषु दीक्षिताः खलु पौरवाः ॥

(अनुष्टुभ् श्लोक छंद)

अनुकारि	णिपूर्वेषां	युक्तरूप	मिदंत्वयि
। । ऽ ।	। ऽ ऽ ऽ	ऽ । ऽ ।	। ऽ । ।
आपन्नाभ	यसत्रेषु	दीक्षिताःख	लुपौरवाः
ऽ ऽ ऽ ।	। ऽ ऽ ।	ऽ । ऽ ।	। ऽ । ऽ

पाद टिप्पणियाँ :

1. इस अनुष्टुभ् छंद के विषम चरण 1 और 3 में पहले चार अक्षरों के बाद य गण (। ऽ ऽ) आने से और सम चरण 2 और 4 में प्रथम चार अक्षरों के पश्चात् ज (। ऽ ।) गण आने से इन चार चरणों के पद्य में श्लोक छंद सिद्ध हुआ है.
2. यथा निम्न तालिका में दर्शित है : प्रथम चरण में स स ग ग गण होने से पंचशिखा छंद प्रयुक्त है; द्वितीय चरण में (और चतुर्थ चरण में) प्रथम

मात्रा के बाद न गण अथवा स गण न होने से और चौथे वर्ण के बाद ज गण आने से यहाँ पथ्यावक्त्र छंद प्रयुक्त है; तृतीय चरण में म स ग ल गण होने से यहाँ वक्त्र छंद घटित होता है.

अनुका	रिणिपू	र्वेषां		
। । ऽ	। । ऽ	ऽ ऽ	स स ग ग	पंचशिखा
युक्तरू	पमिदं	त्वयि		
ऽ । ऽ	। । ऽ	। ऽ *	र स ल ग	पथ्यावक्त्र
आपन्ना	भयस	न्त्रेषु		
ऽ ऽ ऽ	। । ऽ	ऽ ।	म स ग ल	वक्त्र
दीक्षिताः	खलुपौ	रवाः		
ऽ । ऽ	। । ऽ	। ऽ	र स ल ग	पथावक्त्र

* अंतिम 16-वीं लघु मात्रा गुरु गिनी गई है

दोहा० **पुरु कुल की ये रीत है, यज्ञरूप सत्कार ।**
मुनिजन के आदेश को, करो सदा स्वीकार ।।

(उसी समय, करभक)

दोहा० **रथ आगे बढ़ना हि था, करने मुनि का काम ।**
दूत नगर से आगया, करभक जिसका नाम ।।

पहुँचाना संदेश था, राजा को अति खास ।
जल्दी से घर आइये, माता की अरदास ।।

(राजा दुष्यंत)

दोहा० **तपस्वियों का काम है, जो न सकूँ मैं टाल ।**
माता को भी ना दुखी, करूँ किसी भी हाल ।।

2.17 कृत्ययोर्भिन्नदेशत्वाद् द्वैधीभवति मे मनः ।
पुरः पतिहतं शैले स्रोतः स्रोतोवहो यथा ॥

(अनुष्टुभ् श्लोक छंद)

कृत्ययोर्भि	न्नदेशत्वा	द्वैधीभव	तिमेमनः
ऽ । ऽ ऽ	। ऽ ऽ ऽ	ऽ ऽ । ।	। ऽ । ऽ
पुरःपति	हतंशैले	स्रोतःस्रोतो	वहोयथा
। ऽ । ।	। ऽ ऽ ऽ	ऽ ऽ ऽ ऽ	। ऽ । ऽ

पाद टिप्पणियाँ :

1. इस अनुष्टुभ् छंद के विषम चरण 1 और 3 में पहले चार अक्षरों के बाद य गण (। ऽ ऽ) आने से और सम चरण 2 और 4 में प्रथम चार अक्षरों के पश्चात् ज (। ऽ ।) गण आने से इन चार चरणों के पद्य में श्लोक छंद सिद्ध हुआ है.
2. यथा निम्न तालिका में दर्शित है : प्रथम चरण में र र ग ग गण होने से पद्ममाला छंद युक्त है; द्वितीय चरण में प्रथम मात्रा के बाद न गण अथवा स गण न होने से और चौथे वर्ण के बाद ज गण आने से यहाँ पथ्यावक्त्र छंद प्रयुक्त है; तृतीय चरण में ज स ग ग गण होने से भांर्गी छंद घटित होता है; और चतुर्थ चरण में म र ल ग गण होने से क्षमा छंद युक्त होता है.

कृत्ययो	र्भिन्नदे	शत्वा		
ऽ । ऽ	ऽ । ऽ	ऽ ऽ	र र ग ग	पद्ममाला
द्वैधीभ	वतिमे	मनः		
ऽ ऽ ।	। । ऽ	। ऽ	त स ल ग	पथ्यावक्त्र
पुरःप	तिहतं	शैले		
। ऽ ।	। । ऽ	ऽ ऽ	ज स ग ग	भांर्गी छंद
स्रोतःस्रो	तोवहो	यथा		
ऽ ऽ ऽ	ऽ । ऽ	। ऽ	म र ल ग	क्षमा छंद

दोहा॰ रक्षा करना यज्ञ की, मेरा है कर्तव्य ।
माता का उपवास भी, अनुष्ठान मंतव्य ।।

दुविधा में नृप पड़ गए, दोनों पावन काम ।
राजा व्याकुल होगए, ढूँढने समाधान ।।

(समाधान)

दोहा॰ चिंतन करके भूप ने, किया एक विचार ।
भेजूँ मैं माधव्य को, जिससे माँ को प्यार ।।

जा कर कहना मातु को, नम्र जोड़ कर हस्त ।
आ नहिं सकता पुत्र तव, कामों में है व्यस्त ।।

तपस्वियों के काम हैं, करने हैं अविलंब ।
काम यशस्वी हों जभी, आऊँ बिना विलंब ।।

(और)

दोहा॰ शकुन्तला के विषय में, रानी को कछु बात ।
बतलाना मत भूल से, पाएगी आघात ।।

(हस्तिनापुर नगर में माधव्य)

दोहा॰ राज नगर में पहुँच कर, यथा भूप आदेश ।
राजमहल में आगया, देने को संदेश ।।

दुःख व्यक्त करते हुए, दिया पुत्र-संदेश ।
माता को माधव्य ने, करके प्रकट क्लेश ।।

पुत्र अभी ना आ सके, उन्हें बहुत है खेद ।
पूर्ण किए कर्तव्य को, आएँगे निर्वेद ।।

(रानी वसुमती)

दोहा॰ अधीर रानी वसुमती, कीन्हा उसे सवाल ।
असली क्या है माजरा, मुझे कहो तत्काल ।।

दुविधा में था पड़ गया, क्या बतलाऊँ बात ।

स्पष्ट कहूँ या ना कहूँ, शकुन्तला वृत्तांत ।।

एक ओर आदेश है, अपर ओर है सत्य ।
पतिव्रता के प्रश्न पर, कैसे कहूँ असत्य ।।

मित्र-द्रोह का दोष भी, नहीं मुझे स्वीकार ।
असत्य वाणी पाप है, मुझे नहीं अधिकार ।।

कल जब खुलनी बात है, होगा मम परिहास ।
असत्य कह कर भंग है, रानी का विश्वास ।।

(तब)

दोहा॰ मौन देख माधव्य को, रानी को संदेह ।
बोली फिर माधव्य को, कहो बात सस्नेह ।।

नारी धर्म निभाउगी, जो कुछ भी है बात ।
अभी जान लूँ तो, सखे! कम होगा आघात ।।

(माधव्य)

दोहा॰ गए हुए थे भूप जब, करने को आखेट ।
मृगनयनी के बाण से, स्वयं हो गए भेंट ।।

(रानी वसुमती)

दोहा॰ कर न सकी विश्वास वो, पहले तो कुछ देर ।
नीर नैन का पोंछती, खड़ी रही मुख फेर ।।

फिर बोली वह शाँति से, मेरा ही है दोष ।
सूनी मेरी कोख है, राजा हैं खामोश ।।

उनकी जीवन संगिनी, उनसे मुझको प्यार ।
वंचित वे संतान से, उनका यह अधिकार ।।

रानी बोली फिर, सखे! बोलो सह विस्तार ।

कौन कहो मृगलोचना, जिसके भूप शिकार ।।

सुन कर फिर माधव्य से, रानी ने सब बात ।
बोली, नृप से मत कहो, मुझे हुआ जो ज्ञात ।।

(वरना)

दोहा॰ मिला सकेंगे नैन ना, मुझसे नृप दुष्यंत ।
उनकी जो भी चाह है, होगी मुझे पसंद ।।

(राजा दुष्यंत, तपोवन में)

2.18 क्व वयं क्व परोक्षमन्मथो मृगशावैः सममेधितो जनः ।
परिहासविजल्पितं सखे परमार्थेन न गृह्यतां वचः ॥

आर्या उद्गाथा 12-18, 12-18 छंद अथवा सुंदरी स स ज भ त ज र छंद

क्ववयं	क्वपरो	क्षमन्म		
। । ऽ	। । ऽ	। ऽ ।		12
थोमृग	शावैःस	ममेधि	तोजनः	
ऽ । ।	ऽ ऽ ।	। ऽ ।	ऽ । ऽ	18
परिहा	सविज	ल्पितंस		
। । ऽ	। । ऽ	। ऽ ।		12
खेपर	मार्थेन	नगृह्य	तांवचः	
ऽ । ।	ऽ ऽ ।	। ऽ ।	ऽ । ऽ	18

सुंदरी स स ज भ त ज र छंद

क्ववयं	क्वपरो	क्षमन्म	थोमृग	शावैःस	ममेधि	तोजनः
। । ऽ	। । ऽ	। ऽ ।	ऽ । ।	ऽ ऽ ।	। ऽ ।	ऽ । ऽ
परिहा	सविज	ल्पितंस	खेपर	मार्थेन	नगृह्य	तांवचः
। । ऽ	। । ऽ	। ऽ ।	ऽ । ।	ऽ ऽ ।	। ऽ ।	ऽ । ऽ

दोहा॰ भोग-विलासी लोग हम, कहाँ हमारा स्थान ।
काम-कर्म आसक्त हम, हमें नहीं है भान ।।

काम-भोग से दूर जो, पली मृगों के संग ।
उसके आगे मैं कहाँ, मैं तो हूँ व्रतभंग ।।

इति द्वितीयोऽङ्कः ।

शकुन्तला तृतीय अंक

मिलन

दुष्यंत और शकुन्तला के मिलन का वर्णन

तृतीयोऽङ्कः ।

3.1 का कथा बाणसंधाने ज्याशब्देनैव दूरतः ।
हुंकारेणेव धनुषः स हि विघ्नानपोहति ॥

(अनुष्टुभ् छंद)

काकथाबा	णसंधाने	ज्याशब्दैने	वदूरतः
ऽ । ऽ ऽ	। ऽ ऽ ऽ	ऽ ऽ ऽ ऽ	। ऽ । ऽ
हुंकारेणे	वधनुष	सहिविघ्ना	नपोहति
ऽ ऽ ऽ ऽ	। । । ।	। । ऽ ऽ	। ऽ । ।

पाद टिप्पणियाँ :

1. इस अनुष्टुभ् छंद के ीसरे चरण में पहले चार अक्षरों के बाद य गण (। ऽ ऽ) के स्थान पर न (। । ।) गण आने से इन चार चरणों के पद्य में श्लोक छंद सिद्ध नहीं होता है, परंतु चारों चरण 8 अक्षरों के होने से चारों का वर्ग अनुष्टुभ् छंद है..
2. यथा निम्न तालिका में दर्शित है : प्रथम चरण में र र ग ग गण होने से पद्ममाला छंद प्रयुक्त है; द्वितीय चरण में चौथे वर्ण के बाद म र ल ग गण आने से क्षमा छंद प्रयुक्त है; तृतीय चरण में म भ ल ग गण होने से यहाँ अतिजनी नामक छंद घटित होता है; और चतुर्थ चरण में स र ल ल गण होने से शलुकलुप्ता नाम का छंद युक्त होता है.

काकथा	बाणसं	धाने		
ऽ । ऽ	ऽ । ऽ	ऽ ऽ	र र ग ग	पद्ममाला

ज्याशब्दे	नैवदू	रतः		
ऽ ऽ ऽ	ऽ । ऽ	। ऽ	म र ल ग	क्षमा छंद
हुंकारे	णेवध	नुषः		
ऽ ऽ ऽ	ऽ । ।	। ऽ	म भ ल ग	अतिजनी
सहिवि	घ्रानपो	हति		
। । ऽ	ऽ । ऽ	। ।	स र ल ल	शलुकलुप्ता

(यजमान कण्व का शिष्य)

दोहा॰ शिष्य कण्व यजमान का, आया तत्पश्चात् ।
गौरव से कहने लगा, अपने मन की बात ।।

प्रभावशाली हैं बड़े, राजा जी दुष्यंत ।
वीरश्री में भूप का, प्रभाव है अत्यंत ।।

आश्रम के व्यवधान सब, शीघ्र हुए हैं अंत ।
यज्ञ कर्म निर्विघ्न हैं, अभय हुए ऋषि-संत ।।

प्रत्यंचा के शब्द से, असुर गए हैं भाग ।
बाधाएँ सब दूर हैं, सफल हमारे याग ।।

(और)

दोहा॰ लाए हम कुश दर्भ हैं, पुरोहितों के काम ।
वेदी पर आसन बने, ऋत्विज को आराम ।।

📖 कस्यिदमुशीरानुलेपनं मृणालवन्ति च नलिनीपत्राणि नीयन्ते । आतपलङ्घनाद्बलवदस्वस्था शकुंतला तस्याः शरीरनिर्वापणायेति । तर्हि यत्नादुपचर्यताम् ।

(प्रियंवदा, हे शिष्य!)

दोहा॰ और कहो यह उशीर औ, दूर्वा है किस काम ।
पर्ण-नाल-दल कमल से, करना क्या निष्काम ।।

(शिष्य)

दोहा॰ **आतप से अस्वस्थ है, शकुन्तला दो याम ।**
कमलदलों के लेप से, मिले उसे आराम ।।

मातु गौतमी ला रही, बाकी का सामान ।
ऋषिवर कुलपति कण्व की, शकुन्तला है प्राण ।।

प्रयंवदा को शिष्य ने, कहा सोच विचार ।
शकुन्तला की व्याधि का, उत्तम हो उपचार ।।

(राजा दुष्यंत)

3.2 जाने तपसो वीर्यं सा बाला परवतीति मे विदितम् ।
अलमस्मि ततो हृदयं तथापि नेदं निवर्तयितुम् ॥

(आर्या गाथा 12-18, 12-15 छंद)

जानेत	पसोवी	र्यम्		
ऽ ऽ ।	। ऽ ऽ	ऽ		12
साबाला	परव	तीतिमे	विदितम्	
ऽ ऽ ऽ	। । ।	ऽ । ऽ	। । ऽ	18
अलम	स्मिततो	हृदयम्		
। । ऽ	। । ऽ	। । ऽ		12
तथापि	नेदंनि	वर्तयि	तुम्	
। ऽ ।	ऽ ऽ ।	ऽ । ।	ऽ	15

दोहा॰ **शकुन्तला आधीन है, यथा पिया की चाह ।**
जिनकी अनुमति के बिना, होगा नहीं विवाह ।।

राजा को अहसास है, एकाकी उनका प्यार ।
मिलन हमारा हो सके, दिख न रहे आसार ।।

फिर भी मन आसक्त है, बना हुआ लाचार ।
उपाय अब क्या हो सके, करने को उपचार ।।

(हे कामदेव!)

3.3 तव कुसुमशरत्वं शीतरश्मित्वमिन्दोर्द्वयमिदमयथार्थं दृश्यते मद्विधेषु ।
विसृजति हिमगर्भैरग्निमिन्दुर्मयूखैस्त्वमपि कुसुमबाणान्वज्रसारीकरोषि ॥

(मालिनी न न म य य छंद)

तवकु	सुमश	रत्वंशी	तरश्मि	त्वमिन्दः
। । ।	। । ।	ऽ ऽ ऽ	। ऽ ऽ	। ऽ ऽ
द्वयमि	दमय	थार्थंदृ	श्यतेम	द्विधेषु
। । ।	। । ।	ऽ ऽ ऽ	। ऽ ऽ	। ऽ ऽ *
विसृज	तिहिम	गर्भैर	ग्निमिन्दु	र्मयूखैः
। । ।	। । ।	ऽ ऽ ऽ	। ऽ ऽ	। ऽ ऽ
त्वमपि	कुसुम	बाणान्व	ज्रसारी	करोषि
। । ।	। । ।	ऽ ऽ ऽ	। ऽ ऽ	। ऽ ऽ *

* अंतिम 15-वीं लघु मात्रा गुरु गिनी गई है

दोहा॰ पुष्प बाण कन्दर्प के, लगते आज कठोर ।
शीतल चंदा चाँदनी, चंड आग की तौर ।।

आज लगे विपरीत है, हुई यहाँ हे बात ।
काम-वासना दे रही, कष्ट मुझे दिन-रात ।।

3.4 शक्यमरविन्दसुरभिः कणवाही मालिनीतरङ्गाणाम् ।
अङ्गैरनङ्गतप्तैरविरलमालिङ्गितुं पवनः ॥

(आर्या गाथा 12-18, 12-15 छंद)

शक्यम	रविन्द	सुरभिः		
ऽ । ।	। ऽ ।	। । ऽ		12
कणवा	हीमालि	नीतरं	गाणाम्	
। । ऽ	ऽ ऽ ।	ऽ । ऽ	ऽ ऽ	18
अङ्गैर	नङ्गत	प्तैः		
ऽ ऽ ।	ऽ । ऽ	ऽ		12

अविर	लमालि	ङ्गितुंप	वनः	
। । ।	। ऽ ऽ	। ऽ ।	। ऽ	15

दोहा॰ ऐसे पीड़ित देह को, भाता है यह वात ।
सौरभ लेकर बह रहा, बाष्प बिंदु के साथ ।।

शीतल सरिता मालिनी, जिसमें खिले सरोज ।
सुगंध से सुख स्त्रोत के, हरते मन का बोझ ।।

(उधर, शकुन्तला)

3.5 अभ्युन्नता पुरस्तादवगाढा जघनगौरवात्पश्चात् ।
द्वारेऽस्य पाण्डुसिकते पदपङ्क्तिर्दृश्यतेऽभिनवा ॥

(आर्या गाथा 12-18, 12-15 छंद)

अभ्युन्न	तापुर	स्तात्		
ऽ ऽ ।	ऽ । ऽ	ऽ		12
अवगा	ढाजघ	नगौर	वात्पश्चात्	
। । ऽ	ऽ । ।	। ऽ ।	ऽ ऽ ऽ	18
द्वारेस्य	पाण्डुसि	कते		
ऽ ऽ ।	ऽ । ।	। ऽ		12
पदपं	क्तिर्दृश्य	तेभिन	वा	
। । ऽ	ऽ ऽ ।	ऽ । ।	ऽ	15

दोहा॰ बेली के मँडवे तले, बनी पुष्प की सेज ।
फैली चारों ओर है, पीली रेत सतेज ।।

नजर आरहे रेत पर, ताजा पैर निशान ।
जिन्हें देख कर हो रहा, पथिक व्यक्ति का ज्ञान ।।

एड़ी बालू में धँसी, नितंब का है भार ।
हलके पाँव निशान हैं, नारी है सुकुमार ।।

(राजा दुष्यंत)

📖 यावद्विटपान्तरेणावलोकयामि ।

दोहा॰ लगते इन पदचिन्ह से, शकुन्तला के पाँव ।
लेटी शिलाखंड पर, जहाँ लता की छाँव ।।

छिप कर झाड़ी में यहाँ, देखूँ क्या है बात ।
क्यों लेटी है सेज पर, दोनों सखियाँ साथ ।।

हवा झल रही है सखी, कमलपत्र के साथ ।
एक सखी है मल रही, उसके कोमल हाथ ।।

राजा छिप कर सुन रहे, उनका वार्तालाप ।
शकुन्तला को लख रहे, राजा हैं चुपचाप ।।

📖 तत्किमयमातपदोषः स्यादुत यथा मे मनसि वर्तते ।

दोहा॰ शकुन्तला अस्वस्थ है, क्षीण हुई अत्यंत ।
क्या यह लू की वजह है, या कारण दुष्यंत ।।

(राजा दुष्यंत)

3.6 स्तनन्यस्तोशीरं प्रशिथिलमृणालैकवलयं
प्रियायाः साबाधं किमपि कमनीयं वपुरिदम् ।
समस्तापः कामं मनसिजनिदाघप्रसरयोर्न
तु ग्रीष्मस्यैवं सुभगमपराद्धं युवतिषु ॥

(शिखरिणी य म न स भ ल ग छंद)

स्तनन्य	स्तोशीरं	प्रशिथि	लमृणा	लैकव	लयम्
। ऽ ऽ	ऽ ऽ ऽ	। । ।	। । ऽ	ऽ । ।	। ऽ
प्रियायाः	साबाधं	किमपि	कमनी	यंवपु	रिदम्
। ऽ ऽ	ऽ ऽ ऽ	। । ।	। । ऽ	ऽ । ।	। ऽ
समस्ता	पःकामं	मनसि	जनिदा	घप्रस	रयोः
। ऽ ऽ	ऽ ऽ ऽ	। । ।	। । ऽ	ऽ । ।	। ऽ
नतुग्री	ष्मस्यैवं	सुभग	मपरा	द्धंयुव	तिषु

115

। ऽ ऽ	ऽ ऽ ऽ	। । ।	। । ऽ	ऽ । ।	। ऽ *

* अंतिम 17–वीं लघु मात्रा गुरु गिनी गई है

दोहा॰ **स्तन पर खस का लेप है, रखता शीत शरीर ।**
जैसे कमलिनी नाल को, देत हिलोर समीर ।।

प्रेम बाण कन्दर्प का, देता है अनुताप ।
लू के भी संचार से, होता है तनु ताप ।।

कामदेव के बाण में, शोभनीय प्रभाव ।
लू के जलते ताप में, मार्दव्य का अभाव ।।

(प्रियंवदा)

📖 अनसूये तस्य राजर्षेः प्रथमदर्शनारभ्यपर्युत्सुकेव शकुंतला ।

दोहा॰ **प्रियंवदा थी कह रही, अनसूये! यह रोग ।**
लगता है नृपराज के, वियोग का है सोग ।।

प्रबल दिख रही है व्यथा, तप्त लग रहा गात ।
शकुन्तला से पू कर, देखूँ क्या है बात ।।

📖 कथय किंनिमित्तं ते संतापः ।

दोहा॰ **बतला सखी शकुन्तले! क्यों है यह दुखभार ।**
हम सखियाँ ना जानती, काम–प्रेम व्यापार ।।

क्षीण तुम्हारा अंग है, हलका लगता रंग ।
मगर काँति सौंदर्य की, नहीं तज रही संग ।।

जब जानेंगे ठीक से, क्या है रोग–विकार ।
तभी चिकित्सा हो सके, करने को उपचार ।।

(शकुन्तला, मन में)

दोहा॰ **राजा के प्रति प्रेम का, उत्कट है अनुराग ।**

116

मगर न इनको दे सकूँ, कुछ भी अभी सुराग ।।

3.7 क्षामक्षामकपोलमाननमुरः काठिन्यमुक्तस्तनं
मध्यःक्लान्ततरः प्रकामविनतावंसौ छविः पाण्डुरा ।
शोच्या च प्रियदर्शना च मदनक्लिष्टेयमालक्ष्यते
पत्राणामिव शोषणेन मरुता स्पृष्टा लता माधवी ॥

(शार्दूलविक्रीडित म स ज स त त ग छंद)

क्षामक्षा	मकपो	लमान	नमुरः	काठिन्य	मुक्तस्त	नम्
ऽ ऽ ऽ	। । ऽ	। ऽ ।	। । ऽ	ऽ ऽ ।	ऽ ऽ ।	ऽ
मध्यःक्ला	न्ततरः	प्रकाम	विनता	वंसौछ	विःपाण्डु	रा
ऽ ऽ ऽ	। । ऽ	। ऽ ।	। । ऽ	ऽ ऽ ।	ऽ ऽ ।	ऽ
शोच्याच	प्रियद	र्शनाच	मदन	क्लिष्टेय	मालक्ष्य	ते
ऽ ऽ ऽ	। । ऽ	। ऽ ।	। । ऽ	ऽ ऽ ।	ऽ ऽ ।	ऽ
पत्राणा	मिवशो	षणेन	मरुता	स्पृष्टाल	तामाध	वी
ऽ ऽ ऽ	। । ऽ	। ऽ ।	। । ऽ	ऽ ऽ ।	ऽ ऽ ।	ऽ

(राजा दुष्यंत)

दोहा॰ शकुन्तला का दिख रहा, मुखमंडल है क्षीण ।
कपोल दोनों गड़ गए, अशक्त सर्वांगीण ।।

स्तनमंडल भी झुक गया, पतला है कटिभाग ।
काँति पीत है पड़ गई, फिर भी दिल में आग

काम पीड़ित शकुन्तला, झुलसाई है नार ।
फिर भी सुंदर लग रही, कृश सुषमा श्रृंगार ।।

3.8 पृष्टा जनेन समदुःखसुखेन बाला
नेयं न वक्ष्यति मनोगतमाधिहेतुम् ।
दृष्टो विवृत्य बहुशोऽप्यनया सतृष्ण
मत्रान्तरे श्रवणकातरतां गतोऽस्मि ॥

(वसंततिलका त भ ज ज ग ग छंद)

पृष्टाज	नेनस	मदुःख	सुखेन	बाला

ऽ ऽ ।	ऽ । ।	। ऽ ।	। ऽ ।	ऽ ऽ
नेयंन	वक्ष्यति	मनोग	तमाधि	हेतुम्
ऽ ऽ ।	ऽ । ।	। ऽ ।	। ऽ ।	ऽ ऽ
दृष्टोवि	वृत्यब	हुशोप्य	नयास	तृष्ण
ऽ ऽ ।	ऽ । ।	। ऽ ।	। ऽ ।	ऽ ऽ *
मत्रान्त	रेश्रव	णकात	रतांग	तोस्मि
ऽ ऽ ।	ऽ । ।	। ऽ ।	। ऽ ।	ऽ ऽ *

* अंतिम 14-वीं लघु मात्रा गुरु गिनी गई है

दोहा॰ शकुन्तला को देख औ, सुन कर सब आलाप ।
सोचा नृप दुष्यंत ने, अपने मन चुपचाप ।।

सुख-दुख में वह एक-सी, सदा रहे निष्पक्ष ।
सुनने सत्य अधीर हूँ, मिल कर उसे समक्ष ।।

(शकुन्तला)

📖 तत आरभ्य तद्गतेनाभिलाषेणैतदवस्थास्मि संवृत्ता ।

दोहा॰ सखियों से बोली तभी, शकुन्तला मन-बात ।
जब से देखा भूप को, पागल हूँ दिन-रात ।।

(राजा दुष्यंत)

📖 सहर्षम्, श्रुतं श्रोतव्यम् ।

दोहा॰ शकुन्तला के वचन सुन, राजा हुए प्रसन्न ।
जो सुनना था सुन लिया, चित्त हुआ संपन्न ।।

(प्रसन्न राजा दुष्यंत)

3.9 स्मर एव तापहेतुर्निर्वापयिता स एव मे जातः ।
दिवस इवाभ्रश्यामस्तपात्यये जीवलोकस्य ॥

(आर्या गाथा 12-18, 12-15 छंद)

स्मरए	वताप	हेतुः		

। । ऽ	। ऽ ।	ऽ ऽ		12
निर्वाप	यितास	एवमे	जातः	
ऽ ऽ ।	। ऽ ।	ऽ । ऽ	ऽ ऽ	18
दिवस	इवाभ्र	श्यामः		
। । ।	। ऽ ऽ	ऽ ऽ		12
तपात्य	येजीव	लोकस्य		
। ऽ ।	ऽ ऽ ।	ऽ ऽ । *		15

* अंतिम 27-वीं लघु मात्रा गुरु गिनी गई है

दोहा॰ मेरे भी दुख की वजह, कामदेव का कोप ।
ग्रीष्म काल के अंत में, होत व्यथा का लोप ।।

प्रेमबाण कन्दर्प के, जो लगते थे वज्र ।
आज लग रहे पुष्प से, दुख है लोप समग्र ।।

(शकुन्तला)

📖 तस्य राजर्षेरनुकम्पनीया भवामि। अन्यथावश्यं सिञ्चत मे तिलोदकम्।

दोहा॰ शकुन्तला दुख में अभी, तड़प रही थी खूब ।
आर्यपुत्र के विरह से, गई शोक में डूब ।।

बोली सखियों से, मुझे, नृप का हो दीदार ।
तभी बचूँगी, अन्यथा, दुख डालेगा मार ।।

तिल-तिल में मर जाउगी, मेरा दुःख अपार ।
कृपापात्र नृप की बनूँ, यही एक उपचार ।।

(राजा दुष्यंत)

📖 सत्यमित्थम्भूत एवास्मि।

दोहा॰ शकुन्तला के वचन सुन, राजा को अहसास ।
मेरी भी स्थिति है वही, मुझे भी वही आस ।।

3.10 इदमशिशिरैरन्तस्तापाद्विवर्णमणीकृतं
निशि निशि भुजन्यस्तापाङ्गप्रसारिभिरश्रुभिः ।
अनभिलुलितज्याघाताङ्कं मुहुर्मणिबन्धनात्
कनकवलयं स्रस्तं स्रस्तं मया प्रतिसार्यते ॥

(हरिणी न स म र स ल ग छंद)

इदम	शिशिरै	रन्तस्ता	पाद्विव	र्णमणी	कृतम्
I I I	I I S	S S S	S I S	I I S	I S
निशिनि	शिभुज	न्यस्तापा	ङ्गप्रसा	रिभिर	श्रुभिः
I I I	I I S	S S S	S I S	I I S	I S
अनभि	लुलित	ज्याघाता	ङ्कंमुहु	र्मणिब	न्धनात्
I I I	I I S	S S S	S I S	I I S	I S
कनक	वलयं	स्रस्तंस्र	स्तंमया	प्रतिसा	र्यते
I I I	I I S	S S S	S I S	I I S	I S

दोहा॰ **कर पर माथा टेक कर, बहती आँसू धार ।**
कर का कंगन भीग कर, मोती धुमिल तुषार ।।

बाजू पतली होगई, वलय खिसक गिर जाय ।
राजा भी कृश होगए, जो थे बलिष्ठ काय ।।

पुनः पुनः सरका रहे, कंगन ऊपर, भूप ।
राजा दुर्बल होगए, भक्त सुदामा रूप ।।

(शकुन्तला)

दोहा॰ **प्रियंवदा ने आखरी, दीन्हा एक सुझाव ।**
शकुन्तला से भूप को, प्रेम पत्र लिखवाय ।।

छिपाय फूलों में, सखी! दे आऊँ मैं पत्र ।
झाड़ी में मुझको दिखे, नृप हैं बैठे तत्र ।।

📖 ...उपन्यासपूर्वं चिन्तय तावत्किमपि ललितपदबन्धनम् ।

दोहा॰ अनसूया बोली, सखी! लिखो हृदय की बात ।
शकुन्तले! उल्लेख से, ललित पदों के साथ ।।

जिससे तुम अपनी व्यथा, तथा प्रेम का भाव ।
कह कर, मधुतर मिलन का, दो उनको प्रस्ताव ।।

3.11 अयं स ते तिष्ठति संगमोत्सुको
विशङ्कसे भीरु यतोऽवधीरणाम् ।
लभेत वा प्रार्थयिता न वा श्रियं
श्रिया दुरापः कथमीप्सितो भवेत् ॥

(वंशस्थ ज त ज र छंद)

अयंस	तेतिष्ठ	तिसंग	मोत्सुको
। ऽ ।	ऽ ऽ ।	। ऽ ।	ऽ । ऽ
विशङ्क	सेभीरु	यतोव	धीरणाम्
। ऽ ।	ऽ ऽ ।	। ऽ ।	ऽ । ऽ
लभेत	वाप्रार्थ	यितान	वाश्रियम्
। ऽ ।	ऽ ऽ ।	। ऽ ।	ऽ । ऽ
श्रियादु	रापःक	थमीप्सि	तोभवेत्
। ऽ ।	ऽ ऽ ।	। ऽ ।	ऽ । ऽ

दोहा॰ मन के दृढ़ विश्वास से, लिखो बिना संदेह ।
नृप के भी है चित्त में, तुम्हारे लिए स्नेह ।।

लक्ष्मी की पाने कृपा, आया है वह द्वार ।
उसको तुम स्वीकार लो, या कर दो इनकार ।।

📖 ... सस्मितम्! नियोजितेदानीमस्मि ।

दोहा॰ सखियों के वच मान कर, स्नेहभाव के साथ ।
शकुन्तला लिखने लगी, देख रहे पुरुनाथ ।।

(राजा दुष्यंत)

3.12 उन्नमितै कभ्रूलतमाननमस्याः पदानि रचयन्त्याः।
कण्टकितेन प्रथयति मय्यनुरागं कपोलेन ॥

(आर्या गाथा 12-18, 12-15 छंद)

उन्नमि	तैकभ्रू	लत		
ऽ । ।	ऽ ऽ ऽ	। ।		12
मानन	मस्याःप	दानिर	चयन्त्याः	
ऽ । ।	ऽ ऽ ।	ऽ । ।	। ऽ ऽ	18
कण्टकि	तेनप्र	थयति		
ऽ । ।	ऽ ऽ ।	। । ।		12
मय्यनु	रागंक	पोलेन		
ऽ । ।	ऽ ऽ ।	ऽ ऽ । *		15

* अंतिम 27-वीं लघु मात्रा गुरु गिनी गई है

दोहा॰ पद्म पर्ण पर प्रेम से, लिखती नख के साथ ।
एक भौंह ऊपर उठी, कपोल पर है हाथ ।।

रोमांचित मुख पर दिखा, मेरे प्रति अनुराग ।
देख रहे राजन् उसे, पड़ा हौंसला जाग ।।

(शकुन्तला का पत्र)

3.13 तव न जाने हृदयं मम पुनः कामो दिवाऽपि रात्रावपि।
निर्घृण तपति बलीयस्त्वयि वृत्तमनोरथाया अङ्गानि ॥

(आर्या उद्‌गाथा 12-18, 12-18 छंद)

तवन	जानेहृ	दयंम		
। । ।	ऽ ऽ ।	। ऽ ।		12
मपुनः	कामोदि	वापिरा	त्रावपि	
। । ऽ	ऽ ऽ ।	ऽ । ऽ	ऽ । ।	18
निर्घृण	तपति	बलीयः		
ऽ । ।	। । ।	। ऽ ऽ		12

त्वयिवृ	त्तमनो	रथाया	अङ्गानि	
। । ऽ	। । ऽ	। ऽ ऽ	ऽ ऽ ।	18

दोहा॰ मैं ना जानूँ आपके, निष्ठुर दिल का हाल ।
मेरा तन कन्दर्प ने, किया हुआ बेहाल ।।

तुमरे प्रति उत्पन्न है, मेरे मन अभिलाष ।
जल्दी से मैं मिल सकूँ, मेरे मन में आश ।।

(राजा दुष्यंत, समीप जा कर)

3.14 तपति तनुगात्रि मदनस्त्वामनिशं मां पुनर्दहत्येव ।
ग्लपयति यथा शशाङ्कं न तथा हि कुमुद्वतीं दिवसः ॥

(आर्या गाथा 12–18, 12–15 छंद)

तपति	तनुगा	त्रिमद	नः	
। । ।	। । ऽ	। । ।	ऽ	12
त्वाम	निशंमां	पुनर्द	हत्येव	
ऽ ।	। ऽ ऽ	। ऽ ।	ऽ ऽ । *	18
ग्लपय	तियथा	शशाङ्कम्		
। । ।	। । ऽ	। ऽ ऽ		12
नतथा	हिकुमु	द्वतींदि	वसः	
। । ऽ	। । ऽ	। ऽ ।	। ऽ	15

* अंतिम 30–वीं लघु मात्रा गुरु गिनी गई ह

दोहा॰ शकुन्तले! अविरल तुम्हें, मदन दे रहा ताप ।
मुझे कर रहा भस्म है, वियोग का संताप ।।

क्षीण बनाता इंदु को, दिन का सूर्य प्रकाश ।
इंदीवर खिलता रहे, बिना लिए अवकाश ।।

3.15 संदष्टकुसुमशयनान्याशुक्लान्तबिसभङ्गसुरभीणि ।
गुरुपरितापानि न ते गात्राण्युपचारमर्हन्ति ॥

(आर्या गाथा 12-18, 12-15 छंद)

संदष्ट	कुसुम	शयना		
ऽ ऽ ।	। । ।	। । ऽ		12
न्याशुक्ला	न्तबिस	भङ्गसु	रभीणि	
ऽ ऽ ऽ	। । ।	ऽ । ।	। ऽ । *	18
गुरुप	रितापा	निनते		
। । ।	। ऽ ऽ	। । ऽ		12
गात्राण्यु	पचार	मर्हन्ति		
ऽ ऽ ।	। ऽ ।	ऽ ऽ । *		15

* अंतिम 30-वीं लघु मात्रा गुरु गिनी गई है

दोहा॰ सुमन सेज संलग्न से, सुरभि सुगंधित स्नेह ।
शिष्टाचार न अब सहे, शोकाकुल तव देह ।।

📖 ... भद्रे नैतत्परिहार्यम् । विवक्षितं ह्यनुक्तमनुतापं जनयति ।

दोहा॰ जो कहना है सो कहो, बिना किसी अनुताप ।
मन में रख कर बात को, होगा पश्चाताप ।।

कष्ट प्रजा के मैं हरूँ, मेरा है कर्तव्य ।
नृप पर प्रेम करे प्रजा, यह भी है स्मर्तव्य ।।

3.16 इदमनन्यपरायणमन्यथा हृदयसंनिहिते हृदयं मम ।
यदि समर्थयसे मदिरेक्षणे मदनबाणहतोऽस्मि हतः पुनः ॥

(द्रुतविलंबित न भ भ र छंद)

इदम	नन्यप	रायण	मन्यथा
। । ।	ऽ । ।	ऽ । ।	ऽ । ऽ
हृदय	संनिहि	तेहृद	यंमम
। । ।	ऽ । ।	ऽ । ।	ऽ । ऽ *
यदिस	मर्थय	सेमदि	रेक्षणे
। । ।	ऽ । ।	ऽ । ।	ऽ । ऽ

मदन	बाणह	तोस्मिह	तःपुनः
। । ।	ऽ । ।	ऽ । ।	ऽ । ऽ

* अंतिम 12-वीं लघु मात्रा गुरु गिनी गई है

दोहा॰ शकुन्तले! मम हृदय में, तुम हो विराजमान ।
जो तुम पर आसक्त है, एकाक्ष के समान ।।

कामदेव के बाण से, जो खाया था चोट ।
वो घायल तुमरे बिना, मर जाय गला घोट ।।

(अनसूया)

📖 ... बहुवल्लभा राजानः श्रूयन्ते । यथा नौ प्रियसखी बन्धुजनशोचनीया न भवति तथा निर्वाहय ।

दोहा॰ बहुपत्निक नृप हैं सुने, समाज में बदनाम ।
शकुन्तला का हो न त्यों, सोचनीय परिणाम ।।

(राजा दुष्यंत)

3.17 परिग्रहबहुत्वेऽपि द्वे प्रतिष्ठे कुलस्य मे ।
समुद्ररसना चोर्वी सखी च युवयोरियम् ॥

(अनुष्टुभ् श्लोक छंद)

परिग्रह	बहुत्वे	पि	द्वेप्रतिष्ठे	कुलस्य	मे
। । । ।	। ऽ ऽ	।	ऽ । ऽ ऽ	। ऽ ।	ऽ
समुद्रर	सनाचो	र्वी	सखीचयु	वयोरि	यम्
। ऽ । ।	। ऽ ऽ	ऽ	। ऽ । ।	। ऽ ।	ऽ

पाद टिप्पणियाँ :

1. इस अनुष्टुभ् छंद के विषम चरण 1 और 3 में पहले चार अक्षरों के बाद य गण (। ऽ ऽ) आने से और सम चरण 2 और 4 में प्रथम चार अक्षरों के पश्चात् ज (। ऽ ।) गण आने से इन चार चरणों के पद्य में श्लोक छंद सिद्ध हुआ है.

2. यथा निम्न तालिका में दर्शित है : प्रथम और तृतीय चरण में त स ग ग गण होने से भांर्गी छंद प्रयुक्त है; द्वितीय चरण में र र ल ग गण होने से यहाँ हेमरूप छंद है; चतुर्थ चरण में प्रथम मात्रा के बाद न गण अथवा स गण न होने से और चौथे वर्ण के बाद ज गण आने से यहाँ पथ्यावक्त्र छंद प्रयुक्त है.

परिग्र	हबहु	त्वेपि		
। ऽ ।	। । ऽ	ऽ ।	ज स ग ल	भांर्गी छंर्द
द्वेप्रति	ष्ठेकुल	स्यमे		
ऽ । ऽ	ऽ । ऽ	। ऽ	र र ल ग	हेमरूप छंद
समुद्र	रसना	चोर्वी		
। ऽ ।	। । ऽ	ऽ ऽ	ज स ग ग	भांर्गी छंद
सखीच	युवयो	रियम्		
। ऽ ।	। । ऽ	। ऽ	ज स ल ग	पथ्यावक्त्र

दोहा॰ पुरुकुल नृप बहुदार भी, रखते दो आधार ।
समुद्रवसना मेदिनी, पतिव्रता का प्यार ।।

पृथ्वी और शकुन्तला, दोनों का ही क्षेम ।
पालन-रक्षण मैं करूँ, मान सहित सह प्रेम ।।

सुन कर राजा का कहा, सखियों को आनंद ।
चिंता उनकी मिट गई, शकुन्तला सानंद ।।

(सखियाँ चली गईं, तब)

दोहा॰ डरो न, सखियाँ हैं गई, मैं हूँ तुमरे पास ।
घबड़ाने का काम ना, यहाँ तिहारा दास ।।

(राजा दुष्यंत)

3.18 किं शीतलैः क्लमविनोदिभिरार्द्रवातान्सञ्चारयामि नलिनीदलतालवृन्तैः ।

अङ्के निधाय करभोरु यथासुखं ते संवाहयामि चरणावुत पद्मताम्रौ ॥

(वसंततिलका त भ ज ज ग ग छंद)

किंशीत	लैःक्लम	विनोदि	भिरार्द्र	वातान्
ऽ ऽ ।	ऽ । ।	। ऽ ।	। ऽ ।	ऽ ऽ
सञ्चार	यामिन	लिनीद	लताल	वृन्तैः
ऽ ऽ ।	ऽ । ।	। ऽ ।	। ऽ ।	ऽ ऽ
अङ्केनि	धायक	रभोरु	यथासु	खंते
ऽ ऽ ।	ऽ । ।	। ऽ ।	। ऽ ।	ऽ ऽ
संवाह	यामिच	रणावु	तपद्म	ताम्रौ
ऽ ऽ ।	ऽ । ।	। ऽ ।	। ऽ ।	ऽ ऽ

दोहा॰ पद्मपर्ण के पंख से, कर दूँ हवा प्रदान ।
शीतल वात सुगंध से, कर दूँ दूर थकान ।।

या, करभोरु-शकुन्तले!, चरणकमल सुकुमार ।
रख कर अपनी गोद में, मल दूँ मैं सुखकार ।।

(शकुन्तला)

3.19 उत्सृज्य कुसुमशयनं नलिनीदलकल्पितस्तनावरणम् ।
कथमातपे गमिष्यसि परिबाधापेलवैरङ्गैः ॥

(आर्या गाथा 12-18, 12-15 छंद)

उत्सृज्य	कुसुम	शयनम्			
ऽ ऽ ।	। । ।	। । ऽ			12
नलिनी	दलक	ल्पितस्त	नावर	णम्	
। । ऽ	। । ऽ	। ऽ ।	ऽ । ।	ऽ	18
कथमा	तपेग	मिष्यसि			
। । ऽ	। ऽ ।	ऽ । ।			12
परिबा	धापेल	वैरङ्गैः			
। । ऽ	ऽ ऽ ।	ऽ ऽ ऽ			15

दोहा॰ सुन कर राजा का कहा, शकुन्तला अस्वस्थ ।
जाने को उठने लगी, अप्रसन्न अन्तस्थ ।।

(शकुन्तला)

📖 ... पौरव रक्ष विनयम् । मदनसंतप्तापि न खल्वात्मनः प्रभवामि ।

दोहा॰ बोली, पुरुवंशी प्रभो! सीमा ना हो भंग ।
पीड़ित हूँ यदि, काम से, स्वतंत्र ना मम अंग ।।

पितुवर मेरे कण्व का, मुझ पर है अधिकार ।
उनकी अनुमति के बिना, ना होगा आचार ।।

(राजा दुष्यंत)

3.20 गान्धर्वेण विवाहेन बह्व्यो राजर्षिकन्यकाः ।
श्रूयन्ते परिणीतास्ताः पितृभिश्चाभिनन्दिताः ॥

(अनुष्टुभ् श्लोक छंद)

गान्धर्वेण	विवाहे	न	बह्व्योराज	र्षिकन्य	काः
ऽ ऽ ऽ ।	। ऽ ऽ	।	ऽ ऽ ऽ ऽ	। ऽ ।	ऽ
श्रूयन्तेप	रिणीता	स्ताः	पितृभिश्चा	भिनन्दि	ताः
ऽ । ऽ ।	। ऽ ऽ	ऽ	। । ऽ ऽ	। ऽ ।	ऽ

पाद टिप्पणियाँ :

1. इस अनुष्टुभ् छंद के विषम चरण 1 और 3 में पहले चार अक्षरों के बाद य गण (। ऽ ऽ) आने से और सम चरण 2 और 4 में प्रथम चार अक्षरों के पश्चात् ज (। ऽ ।) गण आने से इन चार चरणों के पद्य में श्लोक छंद सिद्ध हुआ है.
2. यथा निम्न तालिका में दर्शित है : प्रथम और तृतीय चरण में म स ग ल गण होने से वक्त्र छंद प्रयुक्त है; द्वितीय चरण में म र ल ग गण आने से यहाँ क्षमा छंद प्रयुक्त है और चतुर्थ चरण में स र ल ग गण होने से शलुकलुप्ता छंद हुआ है.

गान्धर्वे	णविवा	हेन		
ऽ ऽ ऽ	। । ऽ	ऽ ।	म स ग ल	वक्त्र छंद
बहव्योरा	जर्षिक	न्यकाः		
ऽ ऽ ऽ	ऽ । ऽ	। ऽ	म र ल ग	क्षमा छंद
श्रूयन्ते	परिणी	तास्ताः		
ऽ ऽ ऽ	। । ऽ	ऽ ऽ	म स ग ग	वक्त्र छंद
पितृभि	श्चाभिन	न्दिताः		
। । ऽ	ऽ । ऽ	। ऽ	स र ल ग	शलुकलुप्ता

दोहा॰ **सुन कर, नृप दुष्यंत ने, शकुन्तला की बात ।**
समझाने उसको कहा, बहुत स्नेह के साथ ।।

राजा–ऋषियों ने कई, कीन्हे हैं सोत्साह ।
वैध कहे इतिहास में, शुभ गांधर्व विवाह ।।

ययाति राजा ने किया से, गांधर्व का विवाह ।
शर्मिष्ठा पत्नी बनी, जैसी उसकी चाह ।।

नीलध्वज नृप की सुता, स्वाहा ने सोत्साह ।
अग्निदेव से था किया, कर गांधर्व विवाह ।।

वज्रनाभ की नंदिनी, प्रभावती सोत्साह ।
ब्याही थी प्रद्युम्न से, शुभ गांधर्व विवाह ।।

बाणासुर की आत्मजा, उषावती सोत्साह ।
ब्याही थी अनिरुद्ध से, कर गांधर्व विवाह ।।

इतना कह कर भूप वे, शकुन्तला का हाथ ।
थामने लगे हाथ में, हलके से पुरुनाथ ।।

(शकुन्तला–दुष्यंत)

📖 ... मुञ्च तावन्माम् । मोक्ष्यामि । कदा ।

दोहा०   बोली लज्जित शकुन्तला, छोड़ो हमरा हाथ ।

अच्छा बाबा! छोड़ता, कब छोड़ोगे नाथ! ।।

(राजा दुष्यंत)

3.21   अपरिक्षतकोमलस्य यावत्कुसुमस्येव नवस्य षट्पदेन ।

अधरस्य पिपासता मया ते सदयं सुन्दरि गृह्यते रसोऽस्य ॥

(मालभारिणी स स ज ग ग – स भ र य छंद)

अपरि	क्षतको	मलस्य	याव	त्कुसुम	स्येवन	वस्यष	ट्पदेन
।।ऽ	।।ऽ	।ऽ।	ऽऽ	।।ऽ	ऽ।।	ऽ।ऽ	।ऽऽ*
अधर	स्यपिपा	सताम	याते	सदयं	सुन्दरि	गृह्यते	रसोस्य
।।ऽ	।।ऽ	।ऽ।	ऽऽ	।।ऽ	ऽ।।	ऽ।ऽ	।ऽऽ*

* अंतिम 23-वीं लघु मात्रा गुरु गिनी गई है

दोहा०   छोड़ूँगा मैं, सुंदरी! जब कर लूँ रसपान ।

कोमल तुमरे होंठ का, जी भर कर अनुदान ।।

प्यासा भौंरा पुष्प के, चुंबन में तल्लीन ।

रहता अक्षत–फूल पर, स्वभाव के आधीन ।।

(उतने में, साध्वी माता गौतमी)

दोहा०   उसी समय माँ गौतमी, आती हुई निहार ।

नृप झाड़ी में छिप गए, शाखाओं के आड़ ।।

(राजा दुष्यंत)

📖 ... पूर्वस्थानमुपेत्य । सनिःश्वासम् ...

दोहा०   शकुन्तला को लेगईं, माता धर कर हाथ ।

अवाक् राजा रह गए, दीर्घ साँस के साथ ।।

(राजा दुष्यंत, फिर)

3.22   मुहुरङ्गुलिसंवृताधरोष्ठं प्रतिषेधाक्षरविक्लवाभिरामम् ।

मुखमंसविवर्ति पक्ष्मलाक्ष्याः कथमप्युन्नमितं न चुम्बितं तु ॥

(मालभारिणी स स ज ग ग - स भ र य छंद)

मुहुर	ङ्गुलिसं	वृताध	रोष्ठं	प्रतिषे	धाक्षर	विक्लवा	भिरामम्
। । ऽ	। । ऽ	। ऽ ।	ऽ ऽ	। । ऽ	ऽ । ।	ऽ । ऽ	। ऽ ऽ
मुखमं	सविव	र्तिपक्ष्म	लाक्ष्याः	कथम	प्युन्नमि	तंनचु	म्बितंतु
। । ऽ	। । ऽ	। ऽ ।	ऽ ऽ	। । ऽ	ऽ । ।	ऽ । ऽ	। ऽ ऽ*

* अंतिम 23-वीं लघु मात्रा गुरु गिनी गई है

दोहा० **आकर बैठे सेज पर, राजा उसके बाद ।**
बार-बार मुस्कान से, शकुन्तला कर याद ।।

अभिष्ट पाने के लिए, विघ्न भरी यदि राह ।
बाधाओं को लाँघ कर, मिलती मन की चाह ।।

सुंदर वदन शकुन्तला, बोल रही अस्पष्ट ।
बार-बार रख तर्जनी, ढकती थी अधरोष्ठ ।।

चुंबन को करती मना, मुख को लेती मोड़ ।
काँधे के पीछे किये, लज्जा लेती जोड़ ।।

मुख मैंने ऊपर किया, हलके अपनी ओर ।
फिर भी चूमा ना मिला, चंचल है चितचोर ।।

📖 क्व नु खलु सम्प्रति गच्छामि । अथ वा इहैव प्रियापरिभुक्तमुक्ते लतावलये मुहूर्तं स्थास्यामि ।

दोहा० **जाऊँ भी मैं अब कहाँ, रुकूँ यहीं कुछ देर ।**
शिलाखंड पर बैठ कर, जप लूँ माला फेर ।।

शकुन्तला के अंग से, मर्दित प्रसून सेज ।
पद्मपर्ण का पत्र ये, मुझे सकी ना भेज ।।

(राजा दुष्यंत)

3.23 तस्याः पुष्पमयी शरीरलुलिता शय्या शिलायामियं
क्लान्तो मन्मथलेख एष नलिनीपत्रे नखैरर्पितः ।

हस्ताद्भ्रष्टमिदं बिसाभरणमित्यासज्यमानेक्षणो
निर्गन्तुं सहसा न वेतसगृहाच्छक्नोमि शून्यादपि ॥

(शार्दूलविक्रीडित म स ज स त त ग छंद)

तस्याःपु	ष्पमयी	शरीर	लुलिता	शय्याशि	लायामि	यम्
ऽ ऽ ऽ	। । ऽ	। ऽ ।	। । ऽ	ऽ ऽ ।	ऽ ऽ ।	ऽ
क्लान्तोम	न्मथले	खएष	नलिनी	पत्रेन	खैरर्पि	तः
ऽ ऽ ऽ	। । ऽ	। ऽ ।	। । ऽ	ऽ ऽ ।	ऽ ऽ ।	ऽ
हस्ताद्भ्र	ष्टमिदं	बिसाभ	रणमि	त्यासज्य	मानेक्ष	णो
ऽ ऽ ऽ	। । ऽ	। ऽ ।	। । ऽ	ऽ ऽ ।	ऽ ऽ ।	ऽ
निर्गन्तुं	सहसा	नवेत	सगृहा	च्छक्नोमि	शून्याद	पि
ऽ ऽ ऽ	। । ऽ	। ऽ ।	। । ऽ	ऽ ऽ ।	ऽ ऽ ।	ऽ *

* अंतिम 19-वीं लघु मात्रा गुरु गिनी गई है

दोहा॰ **शकुन्तला के हाथ से, गिरा हुआ श्रृंगार ।**
कमल-नाल का कंगना, जगा रहा है प्यार ।।

मीठी यादें हैं यहाँ, जिनको तजा न जाय ।
शकुन्तला से मिलन की, मुझको याद दिलाय ।।

बेली-मंडप से कहीं, दूर न जाऊँ और ।
लगाव मुझको होगया, अपने घर की तौर ।।

(और)

3.24 सायंतने सवनकर्मणि सम्प्रवृत्ते
वेदिं हुताशनवतीं परितः प्रयस्ताः ।
छायाश्चरन्ति बहुधा भयमादधानाः
संध्यापयोदकपिशाः पिशिताशनानाम् ॥

(वसंततिलका त भ ज ज ग ग छंद)

सायंत	नेसव	नकर्म	णिसम्प्र	वृत्ते
ऽ ऽ ।	ऽ । ।	। ऽ ।	। ऽ ।	ऽ ऽ
वेदिंहु	ताशन	वतींप	रितःप्र	यस्ताः

ऽ ऽ ।	ऽ । ।	। ऽ ।	। ऽ ।	ऽ ऽ
छायाश्च	रन्तिब	हुधाभ	यमाद	धानाः
ऽ ऽ ।	ऽ । ।	। ऽ ।	। ऽ ।	ऽ ऽ
संध्याप	योदक	पिशाःपि	शिताश	नानाम्
ऽ ऽ ।	ऽ । ।	। ऽ ।	। ऽ ।	ऽ ऽ

दोहा॰ **अब तो संध्या होगई, छटा गगन में लाल ।**
ज्वाला वेदी-यज्ञ की, चारों ओर मशाल ।।

इसी समय आकाश से, गरजी वाणी घोर ।
"भयप्रद छाया बढ़ रही, इस आश्रम की ओर" ।।

सुन कर नभवाणी मचा, आश्रम में था शोर ।
राजा विघ्न निवारने, चले उधर की ओर ।।

इति तृतीयोऽङ्कः ।

शकुन्तला चतुर्थ अंक

विदाई

शकुन्तला की हस्तिनापुर को विदाई

चतुर्थोऽङ्कः ।।

(साध्वी माता गौतमी)

दोहा॰ शकुन्तला–दुष्यंत का, करने को गांधर्व ।
किया गौतमी मातु ने, प्रबंध सर्व अपूर्व ।।

आश्रम फूलों से सजा, वरमाला अभिराम ।
सकल सजावट दिव्य की, सबने बिन विश्राम ।।

सजा दिये दुष्यंत पर, विवाह के श्रृंगार ।
शकुन्तला को देख कर, विद्युत का संचार ।।

सब मिल कर मंदिर गए, करने मंत्रोच्चार ।
फेरों से संपन्न था, विवाह का संस्कार ।।

नव दंपति फिर आगए, शयन कक्ष की ओर ।
मंगलमय मधु मिलन में, मुग्ध हुई नवभोर ।।

(राजा दुष्यंत)

दोहा॰ बीते दिन मधुचंद्र के, जब थे सुख के साथ ।
जाना होगा घर, सखी! बोले श्री पुरुनाथ ।।

जाने को तो मन नहीं, पर मैं हूँ सम्राट ।
घर के जन, जनता सभी, देख रही है बाट ।।

भारी मन तुम मत करो, शीघ्र कटेगा काल ।

फिर से होंगे साथ हम, होगे हम खुशहाल ।।

राज मुंद्रिका स्नेह से, रख लो तुमरे पास ।
प्रेम निशानी देख कर, होंगी नहीं उदास ।।

देगा अनुचर आपको, नित्यशः समाचार ।
कुशल–क्षेम सब पूछ कर, देगा हमें तिहार ।।

लेकर आश्रम से विदा, मिष्ट हृदय में याद ।
भूप दुष्यंत चल दिए, करके मधुर संवाद ।।

(अनसूया)

📖 प्रियंवदे! यद्यपि गान्धर्वेण विधिना निर्वृत्तकल्याणा शकुंतलाऽनुरूपभर्तृगामिनी संवृत्तेति निर्वृतं मे हृदयं तथाप्येतावच्चिन्तनीयम् ।

दोहा॰ अनसूया बोली, सखी! प्रश्न मुझे है एक ।
शकुन्तला गांधर्व से, पति पायी है नेक ।।

भूप नगर हैं जा रहे, तो क्या उसके बाद ।
शकुन्तला से लग्न यह, उन्हें रहेगा याद? ।।

(प्रियंवदा)

📖 तात इदानीमिमं वृत्तान्तं श्रुत्वा न जाने किं प्रतिपत्स्यत इति ।

दोहा॰ क्यों न रहेगा याद ये, मगर प्रश्न है और ।
पिता कण्व की स्वीकृति, मिले क्या बिना शोर ।।

(अनसूया)

📖 गुणवते कन्यका प्रतिपादनीयेत्ययं तावत्प्रथमः संकल्पः ।

दोहा॰ कन्या सद्गुण व्यक्ति को, देना विना विकल्प ।
मातु–पिता का काम है, यही प्रथम संकल्प ।।

पाकर आशिष कन्यका, होगी जग में स्तुत्य ।
पिता कण्व भगवान भी, होजाएँ कृतकृत्य ।।

(दुर्वासा मुनि)

📖 ...अतिथीनामिव निवेदितम् ।

दोहा॰ उसी समय पर आगए, दुर्वासा मुनिराज ।
शकुन्तला मनमग्न थी, सुनी नहीं आवाज ।।

दुर्वासा क्रोधित हुए, दिया उन्हों ने शाप ।
पहचानेंगे ना तुझे, तेरे स्वामी आप ।।

(नेपथ्य में)

4.1 विचिन्तयन्ती यमनन्यमानसा तपोधनं वेत्सि न मामुपस्थितम् ।
स्मरिष्यति त्वां न स बोधितोऽपि सन्कथां प्रमत्तः प्रथमं कृतामिव ॥

(वंशस्थ ज त ज र छंद)

विचिन्त	यन्तीय	मनन्य	मानसा
। ऽ ।	ऽ ऽ ।	। ऽ ।	ऽ । ऽ
तपोध	नंवेत्सि	नमामु	पस्थितम्
। ऽ ।	ऽ ऽ ।	। ऽ ।	ऽ । ऽ
स्मरिष्य	तित्वांन	सबोधि	तोपिसन्
। ऽ ।	ऽ ऽ ।	। ऽ ।	ऽ । ऽ
कथांप्र	मत्तःप्र	थमंकृ	तामिव*
। ऽ ।	ऽ ऽ ।	। ऽ ।	ऽ । ऽ

* अंतिम 12-वीं लघु मात्रा गुरु गिनी गई है

दोहा॰ “एकचित्त आसक्त तुम, जिस प्रितम के नाम ।
स्मरण रखेगा ना वही, जाकर उसके धाम” ।।

(अनसूया)

📖 ...अस्ति तेन राजर्षिणा सम्प्रस्थितेन स्वनामधेयाङ्कितमङ्गुलीयकं स्मरणीयमिति स्वयं पिनद्धम् ।

दोहा॰ अनसूया ने तब कहा, हूँ ना अधिक उदास ।
अंगूठी है भूप की, शकुन्तला के पास ।।

(कुलपति पितामह कण्व ऋषि)

चलो बात अच्छी हुई, शकुन्तला के साथ ।
पिता लौट कर आगए, आश्रम कल ही रात ।।

(कण्वशिष्य)

4.2 यात्येकतोऽस्तशिखरं पतिरोषधीनामाविष्कृतारुणपुरःसर एकतोऽर्कः ।
तेजोद्वयस्य युगपद्व्यसनोदयाभ्यां लोको नियम्यत इवात्मदशान्तरेषु ॥

(वसंततिलका त भ ज ज ग ग छंद)

यात्येक	तोस्तशि	खरंप	तिरोष	धीनाम्
ऽ ऽ ।	ऽ । ।	। ऽ ।	। ऽ ।	ऽ ऽ
आविष्कृ	तारुण	पुरःस	रएक	तोर्कः
ऽ ऽ ।	ऽ । ।	। ऽ ।	। ऽ ।	ऽ ऽ
तेजोद्व	यस्ययु	गपद्व्य	सनोद	याभ्याम्
ऽ ऽ ।	ऽ । ।	। ऽ ।	। ऽ ।	ऽ ऽ
लोकोनि	यम्यत	इवात्म	दशान्त	रेषु
ऽ ऽ ।	ऽ । ।	। ऽ ।	। ऽ ।	ऽ ऽ *

* अंतिम 14-वीं लघु मात्रा गुरु गिनी गई है

दोहा॰ एक ओर है चंद्रमा, पौधों का प्रतिपाल ।
सूरज दूजी ओर है, लाता दिन का काल ।।

दो आभा संसार में, चंद्र-सूर्य के नाम ।
करती शाश्वत-चक्र में, परिवर्तन का काम ।।

अस्ताचल जब चंद्रमा, तब है प्रातःकाल ।
उदयाचल तब सूर्य है, जानी वही सकाल ।।

आश्रम के संसार में, चंद्ररूप दुष्यंत ।
जाते, आए कण्व हैं, दिनकर का दृष्टांत ।।

(और भी)

4.3 अन्तर्हिते शशिनि सैव कुमुद्वती मे

वृष्टिं न नन्दयति संस्मरणीयशोभा ।
इष्टप्रवासजनितान्यबलाजनस्य
दुःखानि नूनमतिमात्रसुदुःसहानि ॥

(वसंततिलका त भ ज ज ग ग छंद)

अन्तर्हिं	तेशशि	निसैव	कुमुद्व	तीमे
ऽ ऽ ।	ऽ । ।	। ऽ ।	। ऽ ।	ऽ ऽ
वृष्टिंन	नन्दय	तिसंस्म	रणीय	शोभा
ऽ ऽ ।	ऽ । ।	। ऽ ।	। ऽ ।	ऽ ऽ
इष्टप्र	वासज	नितान्य	बलाज	नस्य
ऽ ऽ ।	ऽ । ।	। ऽ ।	। ऽ ।	ऽ ऽ *
दुःखानि	नूनम	तिमात्र	सुदुःस	हानि
ऽ ऽ ।	ऽ । ।	। ऽ ।	। ऽ ।	ऽ ऽ *

* अंतिम 14-वीं लघु मात्रा गुरु गिनी गई है

दोहा० **ओषधीश के अस्त पर, नलिनी होत उदास ।**
जाने पर दुष्यंत के, शकुन्तला भग्नास ।।

इंदु भूप-दुष्यंत भी, यद्यपि हैं सकलंक ।
शकुन्तला है कुमुदिनी, पतिव्रता अकलंक ।।

नभवाणी ने कण्व को, दिया शुभसमाचार ।
शकुन्तला है परिणिता, दुष्यंत नृप भरतार ।।

शकुन्तला है गर्भिणी, विवाह से गांधर्व ।
साक्षी थीं माँ गौतमी, आश्रम के जन सर्व ।।

(पिता कण्व)

दोहा० **मातु-गौतमी ने कही, पिता-कण्व से बात ।**
नभवाणी से आज ही, मुझे हुआ है ज्ञात ।।

अब तो करना एक है, जल्दी से शुभ काम ।
कन्या को हम भेज दें, उसके पति के धाम ।।

भाग्यवान है कन्यका, पति मिला दुष्यंत ।
सुखी रहे ससुराल में, सुत होगा गुणवंत ।।

📖 ...लज्जावनतमुखीं परिष्वज्य तातकाश्यपेनैवमभिनन्दितम् ।

दोहा॰ लज्जित वदन शकुन्तला, आयी शीश झुकाय ।
पिया कण्व ने प्रेम से, लीन्हा गले लगाय ।।

(पिता कण्व)

दोहा॰ सुयोग्य वर को ढूँढना, यही पिता का काम ।
सुपात्र पति जो पा गई, कन्या वह कृतकाम ।।

कन्या वह निज तात को, करती है निश्चिंत ।
सुता उस पिता के लिए, अशोचनीय निश्चित ।।

(प्रियंवदा)

4.4 दुष्यन्तेनाहितं तेजो दधानां भूतये भुवः ।
अवेहि तनयां ब्रह्मन्नग्निगर्भां शमीमिव ॥

(अनुष्टुभ् श्लोक छंद)

दुष्यन्तेना	हितंते	जो	दधानांभू	तयेभु	वः
ऽ ऽ ऽ ऽ	।ऽ ऽ	ऽ	।ऽ ऽ ऽ	।ऽ ।	ऽ
अवेहित	नयांब्र	ह्म	न्नग्निगर्भां	शमीमि	व
।ऽ । ।	।ऽ ऽ	ऽ	ऽ ।ऽ ऽ	।ऽ ।	।

पाद टिप्पणियाँ :

1. इस अनुष्टुभ् छंद के विषम चरण 1 और 3 में पहले चार अक्षरों के बाद य गण (। ऽ ऽ) आने से और सम चरण 2 और 4 में प्रथम चार अक्षरों के पश्चात् ज (। ऽ ।) गण आने से इन चार चरणों के पद्य में श्लोक छंद सिद्ध हुआ है।

2. यथा निम्न तालिका में दर्शित है : प्रथम चरण में म र ग ग गण समूह में पहले वर्ण के बाद न गण या सा गण न होने से और चौथे वर्ण के

आगे य गण होने से वक्त्र छंद प्रयुक्त है; द्वितीय चरण में य र ल ग गण आने से भाषा छंद का प्रयोग है; तृतीय चरण में ज स ग ग गण होने से भांर्गी छंद घटित होता है और चतुर्थ चरण में भ र ल ल गण युक्त हैं.

दुष्यन्ते	नाहितं	तेजो		
ऽ ऽ ऽ	ऽ । ऽ	ऽ ऽ	म र ग ग	वक्त्र छंद
दधानां	भूतये	भुवः		
। ऽ ऽ	ऽ । ऽ	। ऽ	य र ल ग	भाषा छंद
अवेहि	तनयां	ब्रह्म		
। ऽ ।	। । ऽ	ऽ ऽ	ज स ग ग	भांर्गी छंद
न्नग्निग	र्भांशमी	मिव		
ऽ । ।	ऽ । ऽ	। ।	भ र ल ल	अपरिचित छंद

दोहा॰ बोया जो दुष्यंत ने, शकुन्तला में बीज ।
पृथ्वी के हित के लिए, परम भाग्य की चीज ।।

पाले जो निज पेट में, पृथ्वी का सौभाग्य ।
शमीलता के भाँति वो, पाले अंदर आग ।।

📖 ...सखि प्रियं मे। किं त्वद्यैव शकुंतला नीयत इत्युत्कण्ठासाधारणं परितोषमनुभवामि।

दोहा॰ आज जा रही है सखी, शकुन्तला पति-धाम ।
दुखमिश्र आनंद है, मेरे मन परिणाम ।।

(कण्वशिष्य)

4.5 क्षौमं केनचिदिन्दुपाण्डु तरुणा माङ्गल्यमाविष्कृतं
निष्ठ्यूतश्चरणोपभोगसुलभो लाक्षारसः केनचित्।
अन्येभ्यो वनदेवताकरतलैरापर्वभागोत्थितै-
र्दत्तान्याभरणानि तत्किसलयोद्भेदप्रतिद्वन्द्विभिः॥

(शार्दूलविक्रीडित म स ज स त त ग छंद)

क्षौमंके	नचिदि	न्दुपाण्डु	तरुणा	माङ्गल्य	माविष्कृ	तम्
ऽ ऽ ऽ	। । ऽ	। ऽ ।	। । ऽ	ऽ ऽ ।	ऽ ऽ ।	ऽ
निष्ठ्यूत	श्चरणो	पभोग	सुलभो	लाक्षार	सःकेन	चित्
ऽ ऽ ऽ	। । ऽ	। ऽ ।	। । ऽ	ऽ ऽ ।	ऽ ऽ ।	ऽ
अन्येभ्यो	वनदे	वताक	रतलै	रापर्व	भागोत्थि	तैः
ऽ ऽ ऽ	। । ऽ	। ऽ ।	। । ऽ	ऽ ऽ ।	ऽ ऽ ।	ऽ
दत्तान्या	भरणा	नितत्कि	सलयो	द्भेदप्र	तिद्वन्द्वि	भिः
ऽ ऽ ऽ	। । ऽ	। ऽ ।	। । ऽ	ऽ ऽ ।	ऽ ऽ ।	ऽ

दोहा॰ उसको शुभ आशीष दो, जिसने सींचे वृक्ष ।
पूजी है वनदेवता, माता के सदृक्ष ।।

वृक्षों ने हमको दिया, वल्कल रेशम वस्त्र ।
शुभ्र धवल सम-चंद्रमा, मंगल द्रव्य पवित्र ।।

चरणन सुंदर रंगने, महावर दिया लाल ।
सजने आभूषण दिए, पुष्प दल कँवल-नाल ।।

निसर्ग से है जुड़ गए, शकुन्तला के प्राण ।
तरु तृण खग मृग तितलियाँ, मिट्टी भी बेजान ।।

(प्रियंवदा)

दोहा॰ मेरी सखी शकुन्तले! अनुकम्पा के साथ ।
वनदेवी ने है दिया, तुमको आशीर्वाद ।।

राज करोगी तुम, सखी! जाकर कल ससुराल ।
लक्ष्मी के भंडार का, भोग तुम्हें चिरकाल ।।

4.6 यास्यत्यद्य शकुन्तलेति हृदयं संस्पृष्टमुत्कण्ठया
कण्ठः स्तम्भितबाष्पवृत्तिकलुषश्चिन्ताजडं दर्शनम् ।
वैक्लव्यं मम तावदीदृशमिदं स्नेहादरण्यौकसः

पीड्यन्ते गृहिणः कथं नु तनयाविश्लेषदुःखैर्नवैः ॥

(शार्दूलविक्रीडित म स ज स त त ग छंद)

यास्यत्य	द्यशकु	न्तलेति	हृदयं	संस्पृष्ट	मुत्कण्ठ	या
ऽ ऽ ऽ	। । ऽ	। ऽ ।	। । ऽ	ऽ ऽ ।	ऽ ऽ ।	ऽ
कण्ठःस्त	म्भितबा	ष्पवृत्ति	कलुष	श्चिन्ताज	डंदर्श	नम्
ऽ ऽ ऽ	। । ऽ	। ऽ ।	। । ऽ	ऽ ऽ ।	ऽ ऽ ।	ऽ
वैक्लव्यं	ममता	वदीदृ	शमिदं	स्नेहाद	रण्यौक	सः
ऽ ऽ ऽ	। । ऽ	। ऽ ।	। । ऽ	ऽ ऽ ।	ऽ ऽ ।	ऽ
पीड्यन्ते	गृहिणः	कथंनु	तनया	विश्लेष	दुःखैर्न	वैः
ऽ ऽ ऽ	। । ऽ	। ऽ ।	। । ऽ	ऽ ऽ ।	ऽ ऽ ।	ऽ

(काश्यप ऋषि कण्व)

दोहा॰ **निकली आज शकुन्तला, जाने पति के धाम ।**
उत्कण्ठा से है भरा, मेरा हृदय तमाम ।।

कण्ठ रुका है अश्रु से, दृष्टि हुई है स्तब्ध ।
चिंता मुझको है लगी, व्याकुल हूँ निःशब्द ।।

(माँ गौतमी)

📖 जाते एष ते आनन्दपरिवाहिणा चक्षुषा परिष्वजमान इव गुरुरुपस्थितः । आचारं तावत्प्रतिपद्यस्व ।

दोहा॰ **बोली फिर माँ गौतमी, बेटी! तुम सुखधाम ।**
ताता के लग कर गले, उनको करो प्रणाम ।।

नव दुल्हन सदृश्य ही, सखियों तुम कमनीय ।
शकुन्तला को भूष से, सजवा दो रमणीय ।।

पुष्प-पर्ण भूषण बने, रंग-सुगंध अनेक ।
नखशिखांत सुंदर सजे, अंग-अंग प्रत्येक ।।

(और)

दोहा॰ **शकुन्तला को फिर दिए, माता ने उपदेश ।**

सही चलन क्या, क्या नहीं, जाकर पति के देश ।।

पति की वंश परंपरा, पालन हो हरवक्त ।
पतिकुल नित संवृद्ध हो, संयम रहे प्रयुक्त ।।

पति के चरणों में सदा, अर्पण हो सर्वस्व ।
पति के प्रति प्रण प्रेम हो, पतिव्रता वर्चस्व ।।

व्रत पूजन उपवास के, सफल सकल हों पर्व ।
धर्म सभ्यता संस्कृति, पालन-पोषण सर्व ।।

(और भी)

दोहा० पति से सविनय वचन हो, गुरुजन से मृदु भाष ।
वाणी सुमधुर हो सदा, कर्कशता कर नाश ।।

कभी किसी के सामने, पति से न हो विवद ।
कुल के किसी सदस्य का, मन में न हो विषाद ।।

स्वागत हो सब अतिथि का, दीन दुखी को दान ।
अपमानित कोई न हो, सबका हो स्मान ।।

(तथा ही)-

दोहा० पति के रुचि का वेश हो, अंगाभूषण केश ।
सब से वर्तन सभ्य हो, दर्प न हो लवलेश ।।

स्वर्थ अहम लिप्सा न हो, सेवा प्रेम स्वभाव ।
पति से बढ़ कर और ना, कोई योग्य लगाव ।।

संयम सत्य सहिष्णुता, समता संग सदैव ।
सहचर सुख की संपदा, समझो सदा सुदैव ।।

तन-मन से सेवा करो, पति हो हिरदय-ईश ।
पालन पातिव्रत्य हो, पति जानो जगदीश ।।

जागो पति के प्रथम तुम, सोना उनके बाद ।
पर स्तुति-निंदा से परे, रखना सदैव याद ॥

(ताता कण्व)

4.7 ययातेरिव शर्मिष्ठा भर्तुर्बहुमता भव ।
सुतं त्वमपि सम्राजं सेव पूरुमवाप्नुहि ॥

(अनुष्टुभ् श्लोक छंद)

ययातेरि	वशर्मि	ष्ठा	भर्तुर्बहु	मताभ	व
।ऽऽ।	।ऽऽ	ऽ	ऽऽ।।	।ऽ।	।
सुतंत्वम	पिसम्रा	जं	सेवपूरु	मवाप्नु	हि
।ऽ।।	।ऽऽ	ऽ	ऽ।ऽ।	।ऽ।	।

पाद टिप्पणियाँ :

1. इस अनुष्टुभ् छंद के विषम चरण 1 और 3 में पहले चार अक्षरों के बाद य गण (।ऽऽ) आने से और सम चरण 2 और 4 में प्रथम चार अक्षरों के पश्चात् ज (।ऽ।) गण आने से इन चार चरणों के पद्य में श्लोक छंद सिद्ध हुआ है।

2. यथा निम्न तालिका में दर्शित है : प्रथम चरण में य स ग ग गण होने से मनोला छंद प्रयुक्त है; द्वितीय चरण में (और चतुर्थ चरण में) पहले वर्ण के बाद न गण य स गण न होने से और चौथे वर्ण के आगे ज गण होने से पथ्यावक्त्र छंद प्रयुक्त है और तृतीय चरण में ज स ग ग गण होने से भांर्गी छंद घटित है।

ययाते	रिवश	र्मिष्ठा		
।ऽऽ	।।ऽ	ऽऽ	य स ग ग	मनोला छंद
भर्तुर्ब	हुमता	भव		
ऽऽ।	।।ऽ	।ऽ *	म त ल ग	पथ्यावक्त्र
सुतंत्व	मपिस	म्राजं		
।ऽ।	।।ऽ	ऽऽ	ज स ग ग	भांर्गी छंद

सेवपू	रुमवा	प्रुहि		
ऽ । ऽ	। । ऽ	। ऽ *	र स ल ग	पथ्यावक्त्र

* अंतिम 16-वीं लघु मात्रा गुरु गिनी गई है.

दोहा॰ बोले पिता, शकुन्तले! भूप श्रेष्ठ दुष्यंत ।
तुम उनकी बन प्रियतमा, करो प्रेम अत्यंत ।।

जैसी शर्मिष्ठा हुई, ययाति की प्रिय दार ।
उसके सुत सम्राट थे, यही रखो सुविचार ।।

मेरा सदा, शकुन्तले! तुझ पर शुभवरदान ।
तेरा सुत सम्राट हो, जन्मभूमि की शान ।।

(काश्यप ऋषि कण्व)

4.8 अमी वेदिं परितः क्लृप्तधिष्ण्याः समिद्वन्तः प्रान्तसंस्तीर्णदर्भाः ।
अपघ्नतो दुरितं हव्यगन्धैर्वैतानास्त्वां वह्नयः पावयंतु ॥

(त्रिष्टुप् 11-11 अक्षर वृत्त, वैदिक छंद)

अमीवे	दिंपरि	तःक्लृप्त	धिष्ण्याः
। ऽ ऽ	ऽ । ।	ऽ ऽ ।	ऽ ऽ
समिद्व	न्तःप्रान्त	संस्तीर्ण	दर्भाः
। ऽ ऽ	ऽ ऽ ।	ऽ ऽ ।	ऽ ऽ
अपघ्न	तोदुरि	तंहव्य	गन्धैः
। ऽ ।	ऽ । ।	ऽ ऽ ।	ऽ ऽ
वैताना	स्त्वांवह्न	यःपाव	यंतु
ऽ ऽ ऽ	ऽ ऽ ।	ऽ ऽ ।	ऽ ।

दोहा॰ वेदी की सब ओर है, समिधाओं की ज्योत।
सुगंध हवियों का यहाँ, पावन है शुभ स्त्रोत ।।

होम समापन हो चुका, प्रस्थान का प्रसंग ।
शार्गरव चला साथ है, शारद्वत भी संग ।।

145

(पिता कण्व ऋषि)

4.9 पातुं न प्रथमं व्यवस्यति जलं युष्मास्वपीतेषु या
नादत्ते प्रियमण्डनापि भवतां स्नेहेन या पल्लवम् ।
आद्ये वः कुसुमप्रसूतिसमये यस्या भवत्युत्सवः
सेयं याति शकुंतला पतिगृहं सर्वैरनुज्ञायताम् ॥

(शार्दूलविक्रीडित म स ज स त त ग छंद)

पातुंन	प्रथमं	व्यवस्य	तिजलं	युष्मास्व	पीतेषु	या
ऽ ऽ ऽ	। । ऽ	। ऽ ।	। । ऽ	ऽ ऽ ।	ऽ ऽ ।	ऽ
नादत्ते	प्रियम	ण्डनापि	भवतां	स्नेहेन	यापल्ल	वम्
ऽ ऽ ऽ	। । ऽ	। ऽ ।	। । ऽ	ऽ ऽ ।	ऽ ऽ ।	ऽ
आद्येवः	कुसुम	प्रसूति	समये	यस्याभ	वत्युत्स	वः
ऽ ऽ ऽ	। । ऽ	। ऽ ।	। । ऽ	ऽ ऽ ।	ऽ ऽ ।	ऽ
सेयंया	तिशकुं	तलाप	तिगृहं	सर्वैर	नुज्ञाय	ताम्
ऽ ऽ ऽ	। । ऽ	। ऽ ।	। । ऽ	ऽ ऽ ।	ऽ ऽ ।	ऽ

दोहा॰ पहले जल को सींच कर, फिर पीती थी आप ।
अंकुर नए न तोड़ती, लग ना जाए पाप ।।

वृक्ष अचेतन भी जिसे, चेतन बंधु समान ।
छोड़ तपोवन जा रही, अनुमति दो यजमान ।।

तरु खग मृग में जो सुखी, वह निकली ससुराल ।
वन उसको आशीष दे, करने उसे निहाल ।।

(यजमान ऋषि कण्व)

4.10 अनुमतगमना शकुंतला तरुभिरियं वनवासबन्धुभिः ।
परिभृतविरुतं कलं यथा प्रतिवचनीकृतमेभिरीदृशम् ॥

(अपरवक्त्रा न न र ल ग – न ज ज र छंद)

अनुम	तगम	नाशकुं	तला
। । ।	। । ।	ऽ । ऽ	। ऽ
तरुभि	रियंव	नवास	बन्धुभिः

। । ।	। ऽ ।	। ऽ ।	ऽ । ऽ
परिभृ	तविरु	तंकलं	यथा
। । ।	। । ।	ऽ । ऽ	। ऽ
प्रतिव	चनीकृ	तमेभि	रीदृशम्
। । ।	। ऽ ।	। ऽ ।	ऽ । ऽ

दोहा॰ कोयल की मधु कूक ने, अनुमति करी प्रदान ।
वनदेवी का है यही, आशीर्वाद प्रधान ।।

शकुन्तला के विरह से, वनदेवी है म्लान ।
शकुन्तला के हर्ष में, उसको हर्ष महान ।।

(आकाश वाणीं)

4.11 रम्यान्तरः कमलिनीहरितैः सरोभिश्छायाद्रुमैर्नियमितार्कमयूखतापः ।
भूयात्कुशेशयरजोमृदुरेणुरस्याः शान्तानुकूलपवनश्च शिवश्च पन्थाः ॥

(वसंततिलका त भ ज ज ग ग छंद)

रम्यान्त	रःकम	लिनीह	रितैःस	रोभिः
ऽ ऽ ।	ऽ । ।	। ऽ ।	। ऽ ।	ऽ ऽ
छायाद्रु	मैर्निय	मितार्क	मयूख	तापः
ऽ ऽ ।	ऽ । ।	। ऽ ।	। ऽ ।	ऽ ऽ
भूयात्कु	शेशय	रजोमृ	दुरेणु	रस्याः
ऽ ऽ ।	ऽ । ।	। ऽ ।	। ऽ ।	ऽ ऽ
शान्तानु	कूलप	वनश्च	शिवश्च	पन्थाः
ऽ ऽ ।	ऽ । ।	। ऽ ।	। ऽ ।	ऽ ऽ

दोहा॰ शकुन्तला के गमन का, सुखकर है सब मार्ग ।
वनज्योत्स्ना ने राह में, बिखरा पद्म पराग ।।

सूर्य किरण के ताप से, पादप करत बचाव ।
पवन वेग अनुकूल है, पथ पर शीतल छाँव ।।

(प्रियंवदा)

4.12 उद्गलितदर्भकवला मृग्यः परित्यक्तनर्तना मयूराः ।
अपसृतपाण्डुपत्रा मुञ्चन्त्यश्रूणीव लताः ॥

उग्गलिअदब्भकवला मिआ परिच्चत्तणच्चणा मोरा ।
ओसरिअपण्डुपत्ता मुअन्ति अस्सू विअ लदाओ ।।

(आर्या गाथा 12–18, 12–15 छंद)

उग्गलि	अदब्भ	कवला		
ऽ । ।	। ऽ ।	। । ऽ		12
मिआप	रिच्चत्त	णच्चणा	मोरा	
। ऽ ।	ऽ ऽ ।	ऽ । ऽ	ऽ ऽ	18
ओसरि	अपण्डु	पत्ता		
ऽ । ।	। ऽ ।	ऽ ऽ		12
मुअन्ति	अस्सूवि	अलदा	ओ	
। ऽ ।	ऽ ऽ ।	। । ऽ	ऽ	15

दोहा॰ दुखी हुए शिशु–हरिण ने, दीन्हा खाना छोड़ ।
त्यागा नृत्य मयूर ने, तुमसे नाता जोड़ ।।

लता–पर्ण हैं गिर रहे, यथा अश्रु की धार ।
सकल तपोवन है दुखी, वियोग भागीदार ।।

(कण्व ऋषि)

4.13 संकल्पितं प्रथममेव मया तवार्थे
भर्तारमात्मसदृशं सुकृतैर्गता त्वम् ।
चूतेन संश्रितवती नवमालिकेयमस्यामहं
त्वयि च सम्प्रति वीतचिन्तः ॥

(वसंततिलका त भ ज ज ग ग छंद)

संकल्पि	तंप्रथ	ममेव	मयात	वार्थे
ऽ ऽ ।	ऽ । ।	। ऽ ।	। ऽ ।	ऽ ऽ

भर्तार	मात्मस	दृशंसु	कृतैर्ग	तात्वम्
ऽ ऽ ।	ऽ । ।	। ऽ ।	। ऽ ।	ऽ ऽ
चूतेन	संश्रित	वतीन	वमालि	केयम्
ऽ ऽ ।	ऽ । ।	। ऽ ।	। ऽ ।	ऽ ऽ
अस्याम	हंत्वयि	चसम्प्र	तिवीत	चिन्तः
ऽ ऽ ।	ऽ । ।	। ऽ ।	। ऽ ।	ऽ ऽ

दोहा॰ मेरा जो संकल्प था, उसके ही अनुरूप ।
बेटी! तुम निज पुण्य से, पाई हो पति भूप ।।

मिली आम्र से मल्लिका, प्रेम भाव से युक्त ।
तुमको नृप पति मिल गया, मैं हूँ चिंता मुक्त ।।

(शकुन्तला)

4.14 यस्य त्वया व्रणविरोपणमिङ्गुदीनां
तैलं न्यषिच्यत मुखे कुशसूचिविद्धे ।
श्यामाकमुष्टिपरिवर्धितको जहाति
सोऽयं न पुत्रकृतकः पदवीं मृगस्ते ॥

(वसंततिलका त भ ज ज ग ग छंद)

यस्यत्व	याव्रण	विरोप	णमिङ्गु	दीनाम्
ऽ ऽ ।	ऽ । ।	। ऽ ।	। ऽ ।	ऽ ऽ
तैलंन्य	षिच्यत	मुखेकु	शसूचि	विद्धे
ऽ ऽ ।	ऽ । ।	। ऽ ।	। ऽ ।	ऽ ऽ
श्यामाक	मुष्टिप	रिवर्धि	तकोज	हाति
ऽ ऽ ।	ऽ । ।	। ऽ ।	। ऽ ।	ऽ ऽ *
सोयंन	पुत्रकृ	तकःप	दवींमृ	गस्ते
ऽ ऽ ।	ऽ । ।	। ऽ ।	। ऽ ।	ऽ ऽ

* अंतिम 14-वीं लघु मात्रा गुरु गिनी गई है

दोहा॰ चलते-चलते रुक गई, शकुन्तला सस्नेह ।
मृग शावक अनमन हुआ, रोक रहा है राह ।।

माता तुमरे जन्म पर, गई जगत को छोड़ ।
पाला मैंने है तुम्हें, तुमसे प्रीती जोड़ ।।

जाना है ससुराल को, मुझको तज यह गेह ।
पिता कण्व रक्षा करें, तुम सबको सस्नेह ।।

(पिता कण्व)

4.15 उत्पक्ष्मणोर्नयनयोरुपरुद्धवृत्तिं
बाष्पं कुरु स्थिरतया विरतानुबन्धम् ।
अस्मिन्नलक्षितनतोन्नतभूमिभागे
मार्गे पदानि खलु ते विषमीभवन्ति ॥

(वसंततिलका त भ ज ज ग ग छंद)

उत्पक्ष्म	णोर्नय	नयोरु	परुद्ध	वृत्तिम्
ऽ ऽ ।	ऽ । ।	। ऽ ।	। ऽ ।	ऽ ऽ
बाष्पंकु	रुस्थिर	तयावि	रतानु	बन्धम्
ऽ ऽ ।	ऽ । ।	। ऽ ।	। ऽ ।	ऽ ऽ
अस्मिन्न	लक्षित	नतोन्न	तभूमि	भागे
ऽ ऽ ।	ऽ । ।	। ऽ ।	। ऽ ।	ऽ ऽ
मार्गेप	दानिख	लुतेवि	षमीभ	वन्ति
ऽ ऽ ।	ऽ । ।	। ऽ ।	। ऽ ।	ऽ ऽ *

* अंतिम चौदहवीं लघु मात्रा गुरु गिनी गई है.

दोहा० आँखों में आँखू भरे, कोई नहीं इलाज ।
लड़खड़ा रहे पाँव हैं, शकुन्तला के आज ।।

शकुन्त को कहने विदा, साथ चल रहे लोग ।
सीमा तक वे जा रहे, कम करने को सोग ।।

सीमा पर जन रुक गए, बरगद की है छाँव ।
शकुन्तला आगे बढ़ी, जाने पति के गाँव ।।

(अनसूया)

4.16 एषापि प्रियेण विना गमयति रजनीं विषाददीर्घतराम् ।
गुर्वपि विरहदुःखमाशाबन्धः साहयति ॥

एसा वि पिएण विणा गमेइ रअणिं विसाअदीहअरं ।
गरुअं पि विरहदुक्खं आसाबन्धो सहावेदि ॥

(आर्या गाथा 12-18, 12-15 छंद)

एसावि	पिएण	विणा			
ऽ ऽ ।	। ऽ ।	। ऽ			12
गमेइ	रअणिं	विसाअ	दीहअ	रं	
। ऽ ।	। । ऽ	। ऽ ।	ऽ । ।	ऽ	18
गरुअं	पिविर	हदुक्खं			
। । ऽ	। । ।	। ऽ ऽ			12
आसाब	न्धोसहा	वेदि			
ऽ ऽ ऽ	ऽ । ऽ	ऽ ऽ *			15

* अंतिम 27-वीं लघु मात्रा गुरु गिनी गई है.

दोहा॰ आसानी-आराम से, सुख में कटती रात ।
दुख में लंबी रैन है, लगती मुश्किल बात ।।

(कण्व उवाच)

📖 शाङ्र्गरव! इति त्वया मद्वचनात्स राजा शकुंतलां पुरस्कृत्य वक्तव्यः ।

दोहा॰ शार्गंरव को कण्व ने, दिया गूढ़ संदेश ।
देने नृप दुष्यंत को, जीवन का उपदेश ।।

(काश्यप ऋषि कण्व)

4.17 अस्मान्साधु विचिन्त्य संयमधनानुच्चैः कुलं
चात्मनस्त्वय्यस्याः कथमप्यबान्धवकृतां स्नेहप्रवृत्तिं च ताम् ।
सामान्यप्रतिपत्तिपूर्वकमियं दारेषु दृश्या त्वया
भाग्यायत्तमतः परं न खलु तद्वाच्यं वधूबन्धुभिः ॥

(शार्दूलविक्रीडित म स ज स त त ग छंद)

अस्मान्सा	धुविचि	न्त्यसंय	मधना	तुच्चैःकु	लंचात्म	नः
ऽ ऽ ऽ	। । ऽ	। ऽ ।	। । ऽ	ऽ ऽ ।	ऽ ऽ ।	ऽ
त्वय्यस्याः	कथम	प्यबान्ध	वकृतां	स्नेहप्र	वृत्तिंच	ताम्
ऽ ऽ ऽ	। । ऽ	। ऽ ।	। । ऽ	ऽ ऽ ।	ऽ ऽ ।	ऽ
सामान्य	प्रतिप	त्तिपूर्व	कमियं	दारेषु	दृश्यात्व	या
ऽ ऽ ऽ	। । ऽ	। ऽ ।	। । ऽ	ऽ ऽ ।	ऽ ऽ ।	ऽ
भाग्याय	त्तमतः	परंन	खलुत	द्वाच्यंव	धूबन्धु	भिः
ऽ ऽ ऽ	। । ऽ	। ऽ ।	। । ऽ	ऽ ऽ ।	ऽ ऽ ।	ऽ

(कण्व ऋषि का उपदेश, हे नृप दुष्यंत!)

(सानुप्रास)

दोहा० **संयम सब से श्रेष्ठ है, सदाचार सद्भाव ।**
साधु-संत की संपदा, सत्त्वशील स्वभाव ।।

शकुन्तला की चूक से, अगर घड़े कुछ भूल ।
विशाल-मन सुविचार कर, मत देना तुम शूल ।।

सपत्नियों में एक-सा, मिले उसे सम्मान ।
सब में सदा समानता, सो ही सच श्रीमान ।।

सदस्य सारे सदन के, समझे उसे समान ।
कोई कहे न वह कभी, जिसमें हो अवमान ।।

कभी न कोई कष्ट हो, ना ही लगे कलंक ।
सौम्य सितारा सुखद जो, सुंदर शीत मयंक ।।

पत्नी हो गृह स्वामिनी, लक्ष्मी का वरदान ।
पत्नी हो सहधर्मिणी, सहयोगिनी समान ।।

पत्नी है सौदामिनी, दूर करे अँधकार ।
पत्नी शीतल यामिनी, स्वामी की सुखकार ।।

सर्व समर्पित हो सदा, पत्नी को सन्मान ।
पत्नी गृह की स्वामिनी, पत्नी दे संतान ।।

(कण ऋषि)

4.18 शुश्रूषस्व गुरून्कुरु प्रियसखीवृत्तिं सपत्नीजने
भर्तुर्विप्रकृतापि रोषणतया मा स्म प्रतीपं गमः ।
भूयिष्ठं भव दक्षिणा परिजने भाग्येष्वनुत्सेकिनी
यान्त्येवं गृहिणीपदं युवतयो वामाः कुलस्याधयः ॥

(शार्दूलविक्रीडित म स ज स त त ग छंद)

शुश्रूष	स्वगुरू	न्कुरुप्रि	यसखी	वृत्तिंस	पत्नीज	ने
ऽ ऽ ऽ	। । ऽ	। ऽ ।	। । ऽ	ऽ ऽ ।	ऽ ऽ ।	ऽ
भर्तुर्वि	प्रकृता	पिरोष	णतया	मास्मप्र	तीपंग	मः
ऽ ऽ ऽ	। । ऽ	। ऽ ।	। । ऽ	ऽ ऽ ।	ऽ ऽ ।	ऽ
भूयिष्ठं	भवद	क्षिणाप	रिजने	भाग्येष्व	नुत्सेकि	नी
ऽ ऽ ऽ	। । ऽ	। ऽ ।	। । ऽ	ऽ ऽ ।	ऽ ऽ ।	ऽ
यान्त्येवं	गृहिणी	पदंयु	वतयो	वामाःकु	लस्याध	यः
ऽ ऽ ऽ	। । ऽ	। ऽ ।	। । ऽ	ऽ ऽ ।	ऽ ऽ ।	ऽ

(और भी)

दोहा॰ गुरुजन की सेवा करो, सपत्नियों से प्यार ।
अन्य जनों से भी सदा, सादर हो व्यवहार ।।

पति यदि पाते क्रोध हैं, तुम्हें चढ़े न बुखार ।
दास-सेविका के प्रति, कोमल रहो उदार ।।

पति के प्रति अनुकूल हो, मृदु आचार-विचार ।
पति के मत प्रतिकूल को, सह लो सोच-विचार ।।

गृह में सब विध शांति हो, गृहिणी का है काम ।
गर्व-दर्प-छल से परे, कुशल उसी का नाम ।।

📖 त्वया सह गौतमी यास्यति ।

दोहा॰ साथ तुम्हारे गौतमी, आवे पति के देश ।
आवे यदि विपदा कभी, देगी सत् उपदेश ।।

(कण्व ऋषि)

4.19 अभिजनवतो भर्तुः श्लाघ्ये स्थिता गृहिणीपदे
विभवगुरुभिः कृत्यैस्तस्य प्रतिक्षणमाकुला ।
तनयमचिरात्प्राचीवार्कं प्रसूय च पावनं
मम विरहजां न त्वं वत्से शुचं गणयिष्यसि ॥

(हरिणी न स म र स ल ग छंद)

अभिज	नवतो	भर्तुःश्ला	घ्येस्थिता	गृहिणी	पदे
। । ।	। । ऽ	ऽ ऽ ऽ	ऽ । ऽ	। । ऽ	। ऽ
विभव	गुरुभिः	कृत्यैस्त	स्यप्रति	क्षणमा	कुला
। । ।	। । ऽ	ऽ ऽ ऽ	ऽ । ऽ	। । ऽ	। ऽ
तनय	मचिरा	त्प्राचीवा	र्कंप्रसू	यचपा	वनम्
। । ।	। । ऽ	ऽ ऽ ऽ	ऽ । ऽ	। । ऽ	। ऽ
ममवि	रहजां	नत्वंव	त्सेशुचं	गणयि	ष्यसि
। । ।	। । ऽ	ऽ ऽ ऽ	ऽ । ऽ	। । ऽ	। ऽ *

* अंतिम 17-वीं लघु मात्रा गुरु गिनी गई है.

(बेटी शकुन्तले! दुखी मत रहना)

दोहा॰ श्रेष्ठ कुलज दुष्यंत है, हुआ तुम्हें पति प्राप्त ।
तुम रानी उसकी बनो, वधू प्रतिष्ठा व्याप्त ।।

सुत तुमरा सम्राट हो, पूर्व दिशा का सूर्य ।
अक्षर अक्षय स्तुत्य हो, जग में उसका शौर्य ।।

4.20 भूत्वा चिराय चतुरन्तमहीसपत्नी
दौष्यन्तिमप्रतिरथं तनयं निवेश्य ।
भर्त्रा तदर्पितकुटुम्बभरेण सार्धं
शान्ते करिष्यसि पदं पुनराश्रमेऽस्मिन् ॥

(वसंततिलका त भ ज ज ग ग छंद)

भूत्वाचि	रायच	तुरन्त	महीस	पत्नी
ऽ ऽ ।	ऽ । ।	। ऽ ।	। ऽ ।	ऽ ऽ
दौष्यन्ति	मप्रति	रथंत	नयंनि	वेश्य
ऽ ऽ ।	ऽ । ।	। ऽ ।	। ऽ ।	ऽ ऽ *
भर्त्रात	दर्पित	कुटुम्ब	भरेण	सार्धम्
ऽ ऽ ।	ऽ । ।	। ऽ ।	। ऽ ।	ऽ ऽ
शान्तेक	रिष्यसि	पदंपु	नराश्र	मेस्मिन्
ऽ ऽ ।	ऽ । ।	। ऽ ।	। ऽ ।	ऽ ऽ

* अंतिम 14-वीं लघु मात्रा गुरु गिनी गई है

(और, हे शकुन्तले!)

दोहा॰ पृथ्वीपति दुष्यंत की, पटरानी तुम ज्ञात ।
पुत्र तुम्हारा सूर्य-सा, श्रेष्ठ बने सम्राट ।।

राज्य भार फिर सौंप कर, सुत को सह विश्वास ।
आकर आश्रम में इसी, पति सह करो निवास ।।

4.21 शममेष्यति मम शोकः कथं नु वत्से त्वया रचितपूर्वम् ।
उटजद्वारविरूढं नीवारबलिं विलोकयतः ॥

(आर्या गाथा 12-18, 12-15 छंद)

शममे	ष्यतिम	मशोकः		
। । ऽ	। । ।	। ऽ ऽ		12
कथंनु	वत्सेत्व	यारचि	तपूर्वम्	
। ऽ ।	ऽ ऽ ।	ऽ । ।	। ऽ ऽ	18
उटज	द्वारवि	रूढम्		
। । ऽ	ऽ । ।	ऽ ऽ		12
नीवार	बलिंवि	लोकय	तः	
ऽ ऽ ।	। ऽ ।	ऽ । ।	ऽ	15

दोहा॰ गुजरी बातें याद कर, रखो न हृदय विषाद ।

आगे बढ़ना योग्य है, रखो ध्येय को याद ।।

शोक न देता शांति है, ना देत समाधान ।
मैं भी तजूँ वियोग को, तभी मिटे तूफान ।।

पीड़ा मेरे हृदय की, माया पाश सकाम ।
ममता से जा कर परे, लगूँ यज्ञ के काम ।।

4.22 अर्थो हि कन्या परकीय एव तामद्य सम्प्रेष्य परिग्रहीतुः ।
जातो ममायं विशदः प्रकामं प्रत्यर्पितन्यास इवान्तरात्मा ॥

(त्रिष्टुप् 11-11 वैदिक छंद; अथवा इंद्रवज्रा त त ज ग ग छंद)

अर्थोहि	कन्याप	रकीय	एव	
ऽ ऽ ।	ऽ ऽ ।	। ऽ ।	ऽ । *	11 वर्ण
तामद्य	सम्प्रेष्य	परिग्र	हीतुः	
ऽ ऽ ।	ऽ ऽ ।	। ऽ ।	ऽ ऽ	11
जातोम	मायंवि	शदःप्र	कामम्	
ऽ ऽ ।	ऽ ऽ ।	। ऽ ।	ऽ ऽ	11
प्रत्यर्पि	तन्यास	इवान्त	रात्मा	
ऽ ऽ ।	ऽ ऽ ।	। ऽ ।	ऽ ऽ	11

दोहा॰ धन पराया है सुता, पत्नी हो पति-पास ।
जिसका उसको सौंप कर, चिंता हुई विनास ।।

कही धरोहर है सुता, रखी पिता के पास ।
स्वामी को वापस दिए, स्वर्ग पिता का वास ।।

जहाँ बसाए सदन वो, गृहलक्ष्मी कहलाय ।
वह उसका परिवार है, मन कुल का बहलाय ।।

इति चतुर्थोऽङ्कः ।

शकुन्तला पंचम अंक

प्रत्याख्यान

दुष्यंत-शाङ्गरव आलाप

पञ्चमोऽङ्कः ।

(पूर्ववृत्त)

दोहा॰ पटरानी है वसुमती, हंसपदीका प्रीत ।
पटरानी के सामने, प्रीत न पाई जीत ।।

भूल गए राजा उसे, बहुत समय के बाद ।
गाई गीति प्रीत ने, देने उनको याद ।।

प्रीत ने दिया गीत में, शकुन्तला का ख्याल ।
राजा जिसमें भृंग हैं, शकुन्तला है फूल ।।

सुंदरतम यह पद्य है, दो अर्थों का गीत ।
जिसके दूजे अर्थ में, फूल आप है प्रीत ।।

राजा हैं दरबार में, और विदूषक पास ।
नृप बोले माधव्य को, गीत बहुत है खास ।।

(हंसपदीका)

5.1 अभिनवमधुलोलुपस्त्वं तथा परिचुम्ब्य चूतमञ्जरीम् ।
कमलवसतिमात्रनिर्वृतो मधुकर विस्मृतोऽस्येनां कथम् ॥

(अपरवक्त्रा न न र ल ग – न ज ज र छंद)

अहिण	वमहु	लोलुवो	तुमं	तहप	रिचुम्बि	ओचूअ	मञ्जरिम्
। । ।	। । ।	ऽ । ऽ	। ऽ	। । ।	। ऽ ।	। ऽ ।	ऽ । ऽ
कमल	वसइ	मेत्तणि	व्वुदो	महुअ	रविम्ह	रिओसि	णंकहम्

।।।	।।।	ऽ।ऽ	।ऽ	।।।	।ऽ।	।ऽ।	ऽ।ऽ

दोहा॰ भ्रमरराज! तुम लालची, नये पुष्प रस पान ।
आम्र मंजरी चूस कर, भूल गए पहचान ।।

पद्म पुष्प की पंखुड़ी, देती निवास स्थान ।
तुमरा मन संतुष्ट है, जूठे फूल विरान ।।

(राजा)

गूढ़ गीत का जान कर, राजा को अहसास ।
उलाहना मुझको दिया, गा कर गीत झकास ।।

हंसपदीका भट्टिनी, पहले थी मम प्रीत ।
पटरानी अब वसुमती, जो है मेरी मीत ।।

भूल गए नृपराज अब, शकुन्तला की प्रीत ।
दुर्वासा के शाप से, विस्मृत हुआ अतीत ।।

5.2 रम्याणि वीक्ष्य मधुरांश्च निशम्य शब्दान्
पर्युत्सुको भवति यत्सुखितोऽपि जन्तुः ।
तच्चेतसा स्मरति नूनमबोधपूर्वं
भावस्थिराणि जननान्तरसौहृदानि ॥

(वसंततिलका त भ ज ज ग ग छंद)

रम्याणि	वीक्ष्यम	धुरांश्च	निशम्य	शब्दान्
ऽ ऽ ।	ऽ । ।	। ऽ ।	। ऽ ।	ऽ ऽ
पर्युत्सु	कोभव	तियत्सु	खितोपि	जन्तुः
ऽ ऽ ।	ऽ । ।	। ऽ ।	। ऽ ।	ऽ ऽ
तच्चेत	सास्मर	तिनून	मबोध	पूर्वं
ऽ ऽ ।	ऽ । ।	। ऽ ।	। ऽ ।	ऽ ऽ
भावस्थि	राणिज	ननान्त	रसौहृ	दानि
ऽ ऽ ।	ऽ । ।	। ऽ ।	। ऽ ।	ऽ ऽ *

* अंतिम 14-वीं लघु मात्रा गुरु गिनी गई है.

दोहा॰ दुर्वासा ने था दिया, शकुन्तला को शाप ।
क्यों की मुनि को था लगा, कीन्हा उसने पाप ।।

बैठी थी मायूस वो, सँभाल अपनी लाज ।
मुनिवर उसको ना दिखे, न ही सुनी आवाज ।।

भावित हो कर शाप से, भूल गए दुष्यंत ।
शकुन्तला से प्रणय का, स्मरण होगया अंत ।।

याद न आया उस समय, उन्हें प्रणय व्यापार ।
विद्यमान जो हृदय में, बन कर दृढ़ संस्कार ।।

वही विस्मृति जग पड़े, निहार कर प्रिय रूप ।
जब देखेंगे मुंद्रिका, भविष्य में वह भूप ।।

(शकुन्तला अगमन)

5.3 आचार इत्यवहितेन मया गृहीता
या वेत्रयष्टिरवरोधगृहेषु राज्ञः ।
काले गते बहुतिथे मम सैव जाता
प्रस्थानविक्लवगतेरवलम्बनार्था ॥

(वसंततिलका त भ ज ज ग ग छंद)

आचार	इत्यव	हितेन	मयागृ	हीता
ऽ ऽ ।	ऽ । ।	। ऽ ।	। ऽ ।	ऽ ऽ
यावेत्र	यष्टिर	वरोध	गृहेषु	राज्ञः
ऽ ऽ ।	ऽ । ।	। ऽ ।	। ऽ ।	ऽ ऽ
कालेग	तेबहु	तिथेम	मसैव	जाता
ऽ ऽ ।	ऽ । ।	। ऽ ।	। ऽ ।	ऽ ऽ
प्रस्थान	विक्लव	गतेर	वलम्ब	नार्था
ऽ ऽ ।	ऽ । ।	। ऽ ।	। ऽ ।	ऽ ऽ

(कंचुकी)

दोहा॰ राजा के दरबार के, नियमों के अनुसार ।
धारण की थी जो छड़ी, लिबास के आधार; ।।

वही वेत्र अब बन गया, चलने का आलंब ।
वृद्धावस्था में वही, आवश्यक अवलंब ।।

बेंत टेकता कंचुकी, आया नृप के पास ।
सूचित करने, कण्व के, आए हैं जन खास ।।

शयन कक्ष में भूप थे, करत रहे विश्राम ।
प्रजा कर्म के सामने, नृप न करे आराम ।।

(क्यों कि)

5.4 भानुः सकृद्युक्ततुरङ्ग एव रात्रिन्दिवं गन्धवहः प्रयाति ।
शेषः सदैवाहितभूमिभारः षष्ठांशवृत्तेरपि धर्म एषः ॥

(इंद्रवज्रा त त ज ग ग छंद)

भानुःस	कृद्युक्त	तुरङ्ग	एव
ऽ ऽ ।	ऽ ऽ ।	। ऽ ।	ऽ ऽ *
रात्रिन्दि	वंगन्ध	वहःप्र	याति
ऽ ऽ ।	ऽ ऽ ।	। ऽ ।	ऽ ऽ *
शेषःस	दैवाहि	तभूमि	भारः
ऽ ऽ ।	ऽ ऽ ।	। ऽ ।	ऽ ऽ
षष्ठांश	वृत्तेर	पिधर्म	एषः
ऽ ऽ ।	ऽ ऽ ।	। ऽ ।	ऽ ऽ

* अंतिम 11-वीं लघु मात्रा गुरु गिनी गई है.

दोहा॰ रथ के घोड़े सूर्य के, दौड़ रहे अविराम ।
सर्जन के प्रारंभ से, विना किए विश्राम ।।

वायु निरंतर बह रहा, चला स्थान से स्थान ।

शेषनाग धारण करे, धरती बिना थकान ।।

उसी मान से भूप भी, करे प्रजा के कार्य ।
"कर" के बदले कर्म हो, यही धर्म है आर्य ।।

5.5 प्रजाः प्रजाः स्वा इव तन्त्रयित्वा निषेवते श्रान्तमना विविक्तम् ।
यूथानि संचार्य रविप्रतप्तः शीतं दिवा स्थानमिव द्विपेन्द्रः ॥

उपजाति उपेंद्रवज्रा-उपेंद्रवज्रा-इंद्रवज्रा-इंद्रवज्रा छंद (माला छंद)

प्रजाःप्र	जाःस्वाइ	वतन्त्र	यित्वा	
। ऽ ।	ऽ ऽ ।	। ऽ ।	ऽ ऽ	उपेंद्रवज्रा छंद
निषेव	तेश्रान्त	मनावि	विक्तम्	
। ऽ ।	ऽ ऽ ।	। ऽ ।	ऽ ऽ	उपेंद्रवज्रा
यूथानि	संचार्य	रविप्र	तप्तः	
ऽ ऽ ।	ऽ ऽ ।	। ऽ ।	ऽ ऽ	इंद्रवज्रा छंद
शीतंदि	वास्थान	मिवद्वि	पेन्द्रः	
ऽ ऽ ।	ऽ ऽ ।	। ऽ ।	ऽ ऽ	इंद्रवज्रा

दोहा॰ दिनमणि रश्मि समेट कर, कर देता है शाम ।
तभी उसे अवसर मिले, करने को आराम ।।

प्रजा भूप-संतान है, पालन-कर्ता तात ।
समाज की सेवा किए, सेवन तब एकांत ।।

(उसी समय)

दोहा॰ तभी कंचुकी आगया, देने को संदेश ।
बोला, नृपवर! क्या करूँ, चाहूँ मैं आदेश ।।

कण्वाश्रम से आगए, यती स्त्रियों के साथ ।
मिलना चाहे आपसे, प्रभो! जोड़ कर हाथ ।।

लाए हैं संदेश वे, ऋषिवर से कुछ खास ।

161

नृपवर! आज्ञा दीजिए, क्या बोले यह दास ।।

(राजा दुष्यंत)

5.6 औत्सुक्यमात्रमवसाययति प्रतिष्ठा
क्लिश्नाति लब्धपरिपालनवृत्तिरेव ।
नातिश्रमापनयनाय यथा श्रमाय
राज्यं स्वहस्तधृतदण्डमिवातपत्रम् ॥

(वसंततिलका त भ ज ज ग ग छंद)

औत्सुक्य	मात्रम	वसाय	यतिप्र	तिष्ठा
ऽ ऽ ।	ऽ । ।	। ऽ ।	। ऽ ।	ऽ ऽ
क्लिश्नाति	लब्धप	रिपाल	नवृत्ति	रेव
ऽ ऽ ।	ऽ । ।	। ऽ ।	। ऽ ।	ऽ ऽ *
नातिश्र	मापन	यनाय	यथाश्र	माय
ऽ ऽ ।	ऽ । ।	। ऽ ।	। ऽ ।	ऽ ऽ *
राज्यंस्व	हस्तधृ	तदण्ड	मिवात	पत्रम्
ऽ ऽ ।	ऽ । ।	। ऽ ।	। ऽ ।	ऽ ऽ

* अंतिम 14-वीं लघु मात्रा गुरु गिनी गई है.

दोहा॰ अनाधिगत्य के लाभ को, कहा गया है योग ।
रक्षा लब्ध पदार्थ की, क्षेम कहत हैं लोग ।।

अर्जित होता योग से, क्षेम कहा है क्लिष्ट ।
राजा बनना योग है, भोग कहा है शिलष्ट ।।

राजा का दायित्व है, अखिल राज्य का क्षेम ।
कार्यभार नृप का बृहत्, प्रजा जनों से प्रेम ।।

(उसीसमय)

(दो वैतालिक)

दोहा॰ उसी समय पर आगए, दो वैतालिक भाट ।
नृप की स्तुति हैं गा रहे, श्लोक शिल्प का ठाट ।।

(प्रथम भाट)

5.7 स्वसुखनिरभिलाषः खिद्यसे लोकहेतोः
प्रतिदिनमथवा ते वृत्तिरेवंविधैव।
अनुभवति हि मूर्ध्ना पादपस्तीव्रमुष्णं
शमयति परितापं छायया संश्रितानाम् ॥

(मालिनी न न म य य छंद)

स्वसुख	निरभि	लाषःखि	द्यसेलो	कहेतोः
। । ।	। । ।	ऽ ऽ ऽ	। ऽ ऽ	। ऽ ऽ
प्रतिदि	नमथ	वातेवृ	त्तिरेवं	विधैव
। । ।	। । ।	ऽ ऽ ऽ	। ऽ ऽ	। ऽ ऽ *
अनुभ	वतिहि	मूर्ध्नापा	दपस्ती	व्रमुष्णम्
। । ।	। । ।	ऽ ऽ ऽ	। ऽ ऽ	। ऽ ऽ
शमय	तिपरि	तापंछा	ययासं	श्रितानाम्
। । ।	। । ।	ऽ ऽ ऽ	। ऽ ऽ	। ऽ ऽ

* अंतिम 15-वीं लघु मात्रा गुरु गिनी गई है.

(महाराज की जय हो!)

दोहा॰ पादप तप कर प्रति प्रहर, प्रखर धूप में आप ।
प्रदान पथिकन को करे, परछाया बिन-माप ।।

राजा भी उस भाँति से, अपने सुख को मार ।
जनता की चिंता करे, बन सुख का आधार ।।

(द्वितीय भाट)

5.8 नियमयसि विमार्गप्रस्थितानात्तदण्डः
प्रशमयसि विवादं कल्पसे रक्षणाय।
अतनुषु विभवेषु ज्ञातयः सन्तु नाम
त्वयि तु परिसमाप्तं बन्धुकृत्यं प्रजानाम् ॥

(मालिनी न न म य य छंद)

नियम	यसिवि	मार्गप्र	स्थिताना	त्तदण्डः

। । ।	। । ।	ऽ ऽ ऽ	। ऽ ऽ	। ऽ ऽ
प्रशम	यसिवि	वादंक	ल्पसेर	क्षणाय
। । ।	। । ।	ऽ ऽ ऽ	। ऽ ऽ	। ऽ ऽ
अतनु	षुविभ	वेषुज्ञा	तयःस	न्तुनाम
। । ।	। । ।	ऽ ऽ ऽ	। ऽ ऽ	। ऽ ऽ *
त्वयितु	परिस	मात्तंब	न्धुकृत्यं	प्रजानाम्
। । ।	। । ।	ऽ ऽ ऽ	। ऽ ऽ	। ऽ ऽ

* अंतिम 15 वीं लघु मात्रा गुरु गिनी गई है

दोहा॰ वैभव अतुलित हो जहाँ, वहाँ बंधु की भीड़ ।
परिस्थिति विपरीत में, निर्जन होता नीड़ ।।

मधु मँडराती मक्खियाँ, सभी सधन के दास ।
निर्धन का कोई नहीं, भाई होता पास ।।

(परंतु)

दोहा॰ परंतु नृप दुष्यंत का, प्रजा सगा परिवार ।
सबके संकट का सदा, करते स्वयं निवार ।।

संरक्षण सबका सदा, सुख संपति का स्त्रोत ।
सब विध नृप दुष्यंत हैं, सविनय सोज्ज्वल ज्योत ।।

(राजा दुष्यंत)

5.9 किं तावद्व्रतिनामुपोढतपसां विघ्नैस्तपो दूषितं
धर्मारण्यचरेषु केनचिदुत प्राणिष्वसच्चेष्टितम् ।
आहोस्वित्प्रसवो ममापचरितैर्विष्टम्भितो वीरुधा
मित्यारूढबहुप्रतर्कमपरिच्छेदाकुलं मे मनः ॥

(शार्दूलविक्रीडित म स ज स त त ग छंद)

किंताव	द्व्रतिना	मुपोढ	तपसां	विघ्नैस्त	पोदूषि	तम्
ऽ ऽ ऽ	। । ऽ	। ऽ ।	। । ऽ	ऽ ऽ ।	ऽ ऽ ।	ऽ
धर्मार	ण्यचरे	षुकेन	चिदुत	प्राणिष्व	सच्चेष्टि	तम्
ऽ ऽ ऽ	। । ऽ	। ऽ ।	। । ऽ	ऽ ऽ ।	ऽ ऽ ।	ऽ

आहोस्वि	त्प्रसवो	ममाप	चरितै	र्विष्टम्भि	तोवीरु	धा
ऽ ऽ ऽ	। । ऽ	। ऽ ।	। । ऽ	ऽ ऽ ।	ऽ ऽ ।	ऽ
मित्यारू	ढबहु	प्रतर्क	मपरि	च्छेदाकु	लंमेम	नः
ऽ ऽ ऽ	। । ऽ	। ऽ ।	। । ऽ	ऽ ऽ ।	ऽ ऽ ।	ऽ

दोहा॰ **"आश्रमवासी आगए," सुन कर यह संदेश ।**
मन में नृप दुष्यंत के, सृष्ट हुए संदेह ।।

क्या आश्रम को है पुनः, असुर दे रहे ताप ।
यज्ञ तपस्या भंग का, दुष्ट कर रहे पाप ।।

हरिण तपोवन के कहीं, हो न रहे हो त्रस्त ।
वृक्ष-लताएँ तो नहीं, पीड़ा से हैं ग्रस्त ।।

अनेक शंकाएँ हुई, नृप के मन उत्पन्न ।
कैसे ऋषिवर कण्व को, कीन्हा जाय प्रसन्न ।।

(प्रतिहारी)

📖 सुचरितनन्दिन ऋषयो देवं सभाजयितुमागता इति तर्कयामि ।

दोहा॰ **नृप को व्याकुल देख कर, शंका लेकर मात्र ।**
प्रतिहारी बोला, प्रभो! कलपाइये न गात्र ।।

हो सकता है आश्रमी, आए हों साभार ।
मंगल चरित्र आप का, करने को सत्कार ।।

आज्ञा पा कर भूप की, लाने को महमान ।
लेने आया कंचुकी, उनको सह सम्मान ।।

(शार्गरव)

5.10 महाभागः कामं नरपतिरभिन्नस्थितिरसौ
न कश्चिद्वर्णानामपथमपकृष्टोऽपि भजते ।
तथापीदं शश्वत्परिचितविविक्तेन मनसा

जनाकीर्णं मन्ये हुतवहपरीतं गृहमिव ॥

(शिखरिणी य म न स भ ल ग छंद)

महाभा	गःकामं	नरप	तिरभि	न्नस्थिति	रसौ
। ऽ ऽ	ऽ ऽ ऽ	। । ।	। । ऽ	ऽ । ।	। ऽ
नकश्चि	द्वर्णाना	मपथ	मपकृ	ष्टोपिभ	जते
। ऽ ऽ	ऽ ऽ ऽ	। । ।	। । ऽ	ऽ । ।	। ऽ
तथापी	दंशश्व	त्परिचि	तविवि	क्तेनम	नसा
। ऽ ऽ	ऽ ऽ ऽ	। । ।	। । ऽ	ऽ । ।	। ऽ
जनाकी	र्णंमन्ये	हुतव	हपरी	तंगृह	मिव
। ऽ ऽ	ऽ ऽ ऽ	। । ।	। । ऽ	ऽ । ।	। ऽ *

* अंतिम 17-वीं लघु मात्रा गुरु गिनी गई है.

(हे शारद्वत!)

दोहा॰ शार्गंरव ने चित्त की, सुन आवाज, हठात् ।
कहा मुझे है लग रहा, कुछ है गड़बड़ बात ।।

राजा सज्जन श्रेष्ठ हैं, प्रजा जन समझदार ।
फिर अनुभव हो रही, अशुभ चिन्ह फटकार ।।

(शारद्वत)

🕮 ...भवान्पुरप्रवेशादित्थम्भूतः संवृत्तः ।

दोहा॰ शारद्वत ने फिर कहा, आश्रमवासी आप ।
प्रथम बार हो नगर में, अतः चुभ रहा ताप ।।

(और)

5.11 अभ्यक्तमपि स्नातः शुचिरशुचिमिव प्रबुद्ध इव सुप्तम् ।
बद्धमिव स्वैरगतिर्जनमिह सुखसङ्गिनमवैमि ॥

(आर्या गाथा 12-18, 12-15 छंद)

अभ्यक्त	मपिस्ना	तः			
ऽ ऽ ।	। ऽ ऽ	ऽ			12
शुचिर	शुचिमि	वप्रबु	द्धइव	सुप्तम्	

। । ।	। । ।	ऽ । ऽ	। । ।	ऽ ऽ	18
बद्धमि	वस्वैर	गतिः			
ऽ । ।	ऽ ऽ ।	। ऽ			12
जनमि	हसुख	सङ्गिन	मवैमि		
। । ।	। । ।	ऽ । ।	। ऽ । *		15

* अंतिम 27-वीं लघु मात्रा गुरु मानी गई है.

(शारद्वत)

दोहा॰ सुख में जो आसक्त हैं, नगरी वाले लोग ।
वन्य जनों की नजर में, ओछे उनके भोग ।।

आँखें जिसकी है खुली, उसे दिखे सब सुप्त ।
वन में जो स्वातंत्र्य है, नगरी में वह गुप्त ।।

(शार्गंरव)

5.12 भवन्ति नम्रास्तरवः फलागमैर्नवाम्बुभिर्दूरविलम्बिनो घनाः ।
अनुद्धताः सत्पुरुषाः समृद्धिभिः स्वभाव एवैष परोपकारिणाम् ॥

(वंशस्थ ज त ज र छंद)

भवन्ति	नम्रास्त	रवःफ	लागमैः
। ऽ ।	ऽ ऽ ।	। ऽ ।	ऽ । ऽ
नवाम्बु	भिर्दूर	विलम्बि	नोघनाः
। ऽ ।	ऽ ऽ ।	। ऽ ।	ऽ । ऽ
अनुद्ध	ताःसत्पु	रुषाःस	मृद्धिभिः
। ऽ ।	ऽ ऽ ।	। ऽ ।	ऽ । ऽ
स्वभाव	एवैष	परोप	कारिणाम्
। ऽ ।	ऽ ऽ ।	। ऽ ।	ऽ । ऽ

(हे श्रेष्ठ राजपुरोहित!)

दोहा॰ राजा ने हमको दिया, आदर से सम्मान ।
और हमें आलाप का, अवसर किया प्रदान ।।

नृप का प्रशंसनीय है, अद्भुत शिष्टाचार ।
इस से हम नतशीर्ष हैं, पा कर यह उपकार ।।

(जैसे)

दोहा॰ वृक्ष फलों के भार से, झुक जाते हैं नम्र ।
बादल जल के भार से, होजाते हैं निम्न ।।

सज्जन भी समृद्ध जो, विनम्र जिसका भाव ।
परोपकारी लोग का, होता यही स्वभाव ।।

(राजा दुष्यंत)

5.13 का स्विदवगुण्ठनवती नातिपरिस्फुटशरीरलावण्या।
मध्ये तपोधनानां किसलयमिव पाण्डुपत्राणाम् ॥

(आर्या गाथा 12–18, 12–15 छंद)

कास्विद	वगुण्ठ	नवती		
ऽ । ।	। ऽ ।	। । ऽ		12
नातिप	रिस्फुट	शरीर	लावण्या	
ऽ । ।	ऽ । ।	। ऽ ।	ऽ ऽ ऽ	18
मध्येत	पोधना	नाम्		
ऽ ऽ ।	ऽ । ऽ	ऽ		12
किसल	यमिव	पाण्डुप	त्राणाम्	
। । ।	। । ।	ऽ । ऽ	ऽ ऽ	15

(शकुन्तला को देख कर)

दोहा॰ पीले पत्तों में छुपा, किसलय जो है मौन ।
तपस्वियों में सुंदरी, घूँघट में है कौन? ।।

तन थोड़ा सा दिख रहा, यद्यपि ना है स्पष्ट ।
निश्चित लगती है परी, ब्रह्मा ने की सृष्ट ।।

(यद्यपि)

पर नारी को ध्यान से, नहीं देखना ठीक ।
पर नारी माता कही, यही संस्कृति नीक ।।

(फिर)

📖 अपि निर्विघ्नतपसो मुनयः ।

दोहा॰ फिर राजा दुष्यंत ने, पूछी उनसे बात ।
क्या आश्रम निर्विघ्न है, बिना किसी उत्पात ।।

क्या वन के मृग स्वैर हैं, विरहित अत्याचार ।
कोई अब करता नहीं, पशु की वन्य शिकार ।।

(ऋषि लोग)

5.14 कुतो धर्मक्रियाविघ्नः सतां रक्षितरि त्वयि ।
तमस्तपति धर्मांशौ कथमाविर्भविष्यति ॥

(अनुष्टुभ् श्लोक छंद)

कुतोधर्म	क्रियावि	घ्नः	सतांरक्षि	तरित्व	यि
। ऽ ऽ ऽ	। ऽ ऽ	ऽ	। ऽ ऽ ।	। ऽ ।	।
तमस्तप	तिधर्मां	शौ	कथमावि	र्भविष्य	ति
। ऽ । ।	। ऽ ऽ	ऽ	। । ऽ ऽ	। ऽ ।	।

पाद टिप्पणियाँ :

1. इस अनुष्टुभ् छंद के विषम चरण 1 और 3 में पहले चार अक्षरों के बाद य गण (। ऽ ऽ) आने से और सम चरण 2 और 4 में प्रथम चार अक्षरों के पश्चात् ज (। ऽ ।) गण आने से इन चार चरणों के पद्य में श्लोक छंद सिद्ध हुआ है.
2. यथा निम्न तालिका में दर्शित है : प्रथम चरण में य र ग ग गण होने से कुलाधारी छंद प्रयुक्त है; द्वितीय चरण में (और चतुर्थ चरण में) प्रथम मात्रा के बाद न गण अथवा स गण न होने से और चौथे वर्ण के बाद

ज गण आने से यहाँ पथ्यावक्त्र छंद प्रयुक्त है; तृतीय चरण में ज स ज ग गण होने से भांर्गी छंद घटित होता ह.

कुतोध	र्मक्रिया	विघ्नः		
। ऽ ऽ	ऽ । ऽ	ऽ ऽ	य र ग ग	कुलाधारी
सतांर	क्षितरि	त्वयि		
। ऽ ऽ	। । ऽ	। ऽ *	य स ल ग	पथ्यावक्त्र
तमस्त	पतिध	र्मांशौ		
। ऽ ।	। । ऽ	ऽ ऽ	ज स ग ग	भांर्गी छंद
कथमा	विर्भवि	ष्यति		
। । ऽ	ऽ । ऽ	। ऽ *	स र ल ग	पथ्यावक्त्र

* अंतिम 16-वीं लघु मात्रा गुरु गिनी गई है

दोहा॰ ऋषियों ने नृप से कहा, विनयशील हैं आप ।
राजा जब दुष्यंत हैं, कौन करेगा पाप ।।

सज्जन रक्षक आप हैं, धर्मध्वजा रखवार ।
तपता जब आदित्य है, कैसे हो अँधकार ।।

(राजा दुष्यंत)

📖 किमाज्ञापयति भगवान् ।

दोहा॰ कहो, महाऋषि-कण्व ने, क्या भेजा संदेश ।
मेरे पालन के लिए, क्या उनका आदेश? ।।

(शार्गंरव)

📖 यन्मिथःसमयादिमां मदीयां दुहितरं भवानुपायंस्त तन्मया प्रीतिमता युवयोरनुज्ञातम् । कुतः --

(कण्वकथन)

दोहा॰ कण्वशिष्य ने तब कहा, अति आदर के साथ ।
आशा है नृप स्वस्थ हैं, जय जय हे पुरुनाथ! ।।

आश्रम में जब आप थे, करुणानिधे अथाह! ।
शकुन्तला से था किया, गांधर्व विधि विवाह ।।

उस विवाह को तात ने, प्रसन्न मन के साथ ।
दी है अनुमति स्वेच्छया, कन्या देख सनाथ ।।

(क्यों कि ...)

5.15 त्वमर्हतां प्राग्रसरः स्मृतोऽसि नः शकुंतला मूर्तिमती च सत्क्रिया।
समानयंस्तुल्यगुणं वधूवरं चिरस्य वाच्यं न गतः प्रजापतिः॥

(वंशस्थ ज त ज र छंद)

त्वमर्ह	तांप्राग्र	सरःस्मृ	तोसिनः
। ऽ ।	ऽ ऽ ।	। ऽ ।	ऽ । ऽ
शकुंत	लामूर्ति	मतीच	सत्क्रिया
। ऽ ।	ऽ ऽ ।	। ऽ ।	ऽ । ऽ
समान	यंस्तुल्य	गुणंव	धूवरं
। ऽ ।	ऽ ऽ ।	। ऽ ।	ऽ । ऽ
चिरस्य	वाच्यंन	गतःप्र	जापतिः
। ऽ ।	ऽ ऽ ।	। ऽ ।	ऽ । ऽ

(कण्वकथन, मुनिजन बोले)

दोहा॰ पूजनीय जो हैं हमें, अग्रगण्य हैं आप ।
शकुन्तला है सत्क्रिया, पूजा सम निष्पाप ।।

समान गुण के वर-वधू, मिलना है सौभाग्य ।
पावन यह संजोग है, श्लाघा करने योग्य ।।

ब्रह्मा का यह सृजन है, प्रशंसनीय सत्कार्य ।
लौकिक यह संगम नहीं, दैवी कृति अनिवार्य ।।

(और)

दोहा॰ शकुन्तला है गर्भिणी, पिता आप सरकार! ।

धर्मवधू है आपकी, इसे करें स्वीकार ।।

(माता गौतमी)

📖 आर्य किमपि वक्तुकामास्मि। न मे वचनावसरोऽस्ति।

दोहा॰ काण्वकथन के बाद में, ऋषिजन के उपरांत ।
बोली माता गौतमी, मैं कुछ कह दूँ बात? ।।

5.16 नापेक्षितो गुरुजनोऽनया त्वया पृष्टो न बन्धुजनः।
एकैकस्मिन्नेव च चरिते भणामि किमेकैकम्॥

(आर्या गाथा 12-18, 12-15 छंद)

नापेक्षि	तोगुरु	जनः		
ऽ ऽ ।	ऽ । ।	। ऽ		12
अनया	त्वयापृ	ष्टोनब	न्धुजनः	
। । ऽ	। ऽ ऽ	ऽ । ऽ	। । ऽ	18
एकैक	स्मिन्नेव	च		
ऽ ऽ ऽ	ऽ ऽ ।	।		12
चरिते	भणामि	किमेकै	कम्	
। । ऽ	। ऽ ।	। ऽ ऽ	ऽ	15

(माता गौतमी)

दोहा॰ शकुन्तला ने आपसे, जब था किया विवाह ।
अनुमति उसने ली नहीं, न ही किया आगाह ।।

ना ही उसने थी करी, और किसी से बात ।
ना कुछ बतलाया कभी, प्रेमबंध वृत्तांत ।।

अब जब विवाह होगया, तब क्या कह कर लाभ ।
और न मैं कुछ कह सकूँ, और न मुझको लोभ ।।

(राजा दुष्यंत)

📖 किमिदमुपन्यस्तम्।

दोहा॰ नृप असमंजस में पड़े, समझ न पाए बात ।
बोले, यह क्या कह रहे, आप सभी, अज्ञात ।।

(शार्ंगरव)

📖 कथमिदं नाम। भवन्त एव सुतरां लोकवृत्तान्तनिष्णाताः।

दोहा॰ राजन्! बोलो आप क्यों, अनजाने, सरकार! ।
आप न्याय के ईश हैं, फिर क्यों यह व्यवहार? ।।

(शार्ंगरव)

5.17 सतीमपि ज्ञातिकुलैकसंश्रयां जनोऽन्यथा भर्तृमतीं विशङ्कते।
अतः समीपे परिणेतुरिष्यते प्रियाऽप्रिया वा प्रमदा स्वबन्धुभिः॥

(वंशस्थ ज त ज र छंद)

सतीम	पिज्ञाति	कुलैक	संश्रयाम्
। ऽ ।	ऽ ऽ ।	। ऽ ।	ऽ । ऽ
जनोन्य	थाभर्तृ	मतींवि	शङ्कते
। ऽ ।	ऽ ऽ ।	। ऽ ।	ऽ । ऽ
अतःस	मीपेप	रिणेतु	रिष्यते
। ऽ ।	ऽ ऽ ।	। ऽ ।	ऽ । ऽ
प्रियाप्रि	यावाप्र	मदास्व	बन्धुभिः
। ऽ ।	ऽ ऽ ।	। ऽ ।	ऽ । ऽ

(हे नृपराज!)

दोहा॰ सधवा स्त्री यदि सर्वदा, रहे पिता के धाम ।
चाहे जितनी हो सती, होती है बदनाम ।।

लोग कहे व्यभिचारिणी, बुरी नजर से देख ।
कोई कहै कलंकिनी, हिरदय लागे मेख ।।

उसे सगे सब चाहते, रखना पति के पास ।
उसका पति परितुष्ट हो, या हो बहुत उदास ।।

(राजा दुष्यंत)

📖 किमत्रभवती मया परिणीतपूर्वा।

दोहा॰ होकर उनके सामने, शकुन्तला साक्षात् ।
भूल गए दुष्यंत थे, विवाह वाली बात ।।

बोले, क्या मैंने किया, विवाह इनके साथ ।
मैंने परिणय कब किया, कब थे पीले हाथ? ।।

(शार्गरव)

5.18 किं कृतकार्यद्वेषो धर्मं प्रति विमुखता कृतावज्ञा।
मूर्च्छन्त्यमी विकाराः प्रायेणैश्वर्यमत्तेषु॥

(आर्या गाथा 12-18, 12-15 छंद)

किंकृत	कार्यद्वे	षः		
ऽ । ।	ऽ ऽ ऽ	ऽ		12
धर्मंप्र	तिविमु	खताकृ	तावज्ञा	
ऽ ऽ ।	। । ।	। ऽ ।	ऽ ऽ ऽ	18
मूर्च्छन्त्य	मीविका	राः		
ऽ ऽ ।	ऽ । ऽ	ऽ		12
प्रायेणै	श्वर्यम	त्तेषु		
ऽ ऽ ऽ	ऽ । ऽ	ऽ । *		15

* अंतिम लघु मात्र गुरु मानी गई है.

दोहा॰ क्या यह धन का दोष है, क्यों यह चित्त विकार ।
क्यों धर्मात्मा भूप भी, करता असत् विचार ।।

(माता गौतमी)

📖 ...अपनेष्यामि तावत्तेऽवगुण्ठनम्। ततस्त्वां भर्ताभिज्ञास्यति।

दोहा॰ बोली माता गौतमी, बेटी को, सह प्यार ।
एक निमिष के वासते, घूँघट रखो उतार ।।

देखेंगे नृप आपको, तभी पड़ेगा याद ।
रूप शोभना देख कर, दूर हटे अवसाद ।।

(राजा दुष्यंत, स्वगत)

5.19 इदमुपनतमेवं रूपमक्लिष्टकान्ति
प्रथमपरिगृहीतं स्यान्न वेत्यव्यवस्यन् ।
भ्रमर इव विभाते कुन्दमन्तस्तुषारं
न च खलु परिभोक्तुं नापि शक्नोमि हातुम् ॥

(मालिनी न न म य य छंद)

इदमु	पनत	मेवंरू	पमक्लि	ष्टकान्ति
।।।	।।।	ऽऽऽ	।ऽऽ	।ऽऽ *
प्रथम	परिगृ	हीतंस्या	न्नवेत्य	व्यवस्यन्
।।।	।।।	ऽऽऽ	।ऽऽ	।ऽऽ
भ्रमर	इववि	भातेकु	न्दमन्त	स्तुषारम्
।।।	।।।	ऽऽऽ	।ऽऽ	।ऽऽ
नचख	लुपरि	भोक्तुंना	पिशक्नो	मिहातुम्
।।।	।।।	ऽऽऽ	।ऽऽ	।ऽऽ

* अंतिम 15-वीं लघु मात्रा गुरु गिनी गई है.

(शकुन्तला को देख कर)

दोहा॰ देख अतुल सौंदर्य को, त्रिभुवन में जो स्तुत्य ।
राजा भ्रम में पड़ गए, कहाँ छिपा है सत्य ।।

निश्चित मैं ना कर सकूँ, करूँ इसे स्वीकार ।
इतने सुंदर रूप को, या कर दूँ इनकार? ।।

यह महिला है गर्भिणी, मृदुल कुन्द का फूल ।
इसको मैं दुतकार कर, कैसे दूँ मैं शूल ।।

(शार्गंरव)

5.20 कृताभिमर्शामनुमन्यमानः सुतां त्वया नाम मुनिर्विमान्यः ।
मुष्टं प्रतिग्राहयता स्वमर्थं पात्रीकृतो दस्युरिवासि येन ॥

उपजाति उपेंद्रवज्रा-उपेंद्रवज्रा-इंद्रवज्रा-इंद्रवज्रा छंद (माला छंद)

कृताभि	मर्शाम	नुमन्य	मानः	
। ऽ ।	ऽ ऽ ।	। ऽ ।	ऽ ऽ	उपेंद्रवज्रा छंद
सुतांत्व	यानाम	मुनिर्वि	मान्यः	
। ऽ ।	ऽ ऽ ।	। ऽ ।	ऽ ऽ	उपेंद्रवज्रा
मुष्टंप्र	तिग्राह	यतास्व	मर्थम्	
ऽ ऽ ।	ऽ ऽ ।	। ऽ ।	ऽ ऽ	इंद्रवज्रा
पात्रीकृ	तोदस्यु	रिवासि	येन	
ऽ ऽ ।	ऽ ऽ ।	। ऽ ।	ऽ ऽ *	इंद्रवज्रा

* अंतिम 11-वीं लघु मात्रा गुरु गिनी गई है.

(हे राजन्!)

दोहा॰ उपभुक्ता जो आपसे, कण्व की सुता मौन ।
पत्नी है नृप आपकी, समझाएगा कौन ।।

ऋषिवर ने दी मान्यता, उनका यह अपमान ।
अमान्य करना सत्य को, इसमें क्या अभिमान ।।

(शकुन्तला)

📖 इदमवस्थान्तरं गते तादृशेऽनुरागे किं वा स्मारितेन ... ।

दोहा॰ आश्रम के पावित्र्य में, पालित-पोषित नार ।
निष्कपटी को कपट से, ठगा रहे, सरकार! ।।

पुरुकुल के सम्राट भी, करते ऐसा काम ।
करके प्रेम प्रगाढ़ फिर, भोलेपन को थाम ।।

करके पूज्य विवाह फिर, कहना मुझे न याद ।
ऐसा पा कर घात, क्या, कहना उसके बाद? ।।

(राजा दुष्यंत)

📖 कर्णौ विधाय, शान्तं पापम् ।

दोहा॰ कान पकड़ कर भूप ने, कहा शब्द में साफ ।

176
शकुन्तला छंद मीमांसा

ऐसी वाणी मत कहो, कर दो हमको माफ ।।

(राजा)

5.21 व्यपदेशमाविलयितुंकिमीहसे जनमिमं च पातयितुम् ।
कूलंकषेव सिन्धुः प्रसन्नमम्भस्तटतरुं च ॥

(आर्या गाथा 12-18, 12-15 छंद)

व्यपदे	शमावि	लयितुम्			
। । ऽ	। ऽ ।	। । ऽ			12
किमीह	सेजन	मिमंच	पातयि	तुम्	
। ऽ ।	ऽ । ।	। ऽ ।	ऽ । ।	ऽ	18
कूलंक	षेवसि	न्धुः			
ऽ ऽ ।	ऽ । ऽ	ऽ			12
प्रसन्न	मम्भस्त	टतरुं	च		
। ऽ ।	ऽ ऽ ।	। । ऽ	। *		15

* अंतिम लघु मात्रा दीर्घ गिनी गई है.

दोहा॰ शकुन्तले! तुम दे रही, मुझ पर क्यों इलजाम ।
स्वच्छ नीर को मलिन है, करने का यह काम ।।

कलंक अपने वंश पर, देकर तुम बेकार ।
मेरे कुल पर कर रही, क्यों तुम यह अपकार ।।

(शकुन्तला)

📖 ... यदि परमार्थतः परपरिग्रहशङ्किना त्वयैवं प्रवृत्तं तदभिज्ञानेनानेन तवाशङ्कामपनेष्यामि ।

दोहा॰ अंगूठी है आपकी, प्रमाण मेरे पास ।
अभी दिखाऊँ आपको, तब होगा विश्वास ।।

मुंदरी ऊँगली पर न थी, जभी दिखाया हाथ ।
विस्मित हुई शकुन्तला, हैरानी के साथ ।।

(माँ गौतमी)

📖 नूनं ते शक्रावताराभ्यन्तरे शचीतीर्थसलिलं वन्दमानायाः प्रभ्रष्टमङ्गुलीयकम्

दोहा॰ झट से बोली गौतमी, शचितीर्थ के तीर ।

वंदन करते, हो गिरी, शक्रावतार नीर ।।

(राजा, मुस्कुरा कर)

📖 सस्मितम्, इदं तत्प्रत्युत्पन्नमति स्त्रैणमिति यदुच्यते ।

दोहा॰ कहते हैं नारी सदा, होती तुरत जवाब ।

मुख पर उसके हास्य भी, जैसे फूल गुलाब ।।

(राजा दुष्यंत)

5.22 स्त्रीणामशिक्षितपटुत्वममानुषीषु
संदृश्यते किमुत याः प्रतिबोधवत्यः ।
प्रागन्तरिक्षगमनास्त्वमपत्यजातम
न्यैर्द्विजैः
परभृताः खलु पोषयन्ति ॥

(वसंततिलका त भ ज ज ग ग छंद)

स्त्रीणाम	शिक्षित	पटुत्व	ममानु	षीषु
ऽ ऽ ।	ऽ । ।	। ऽ ।	। ऽ ।	ऽ ऽ *
संदृश्य	तेकिमु	तयाःप्र	तिबोध	वत्यः
ऽ ऽ ।	ऽ । ।	। ऽ ।	। ऽ ।	ऽ ऽ
प्रागन्त	रिक्षग	मनास्त्व	मपत्य	जातम्
ऽ ऽ ।	ऽ । ।	। ऽ ।	। ऽ ।	ऽ ऽ
अन्यैर्द्वि	जैःपर	भृताःख	लुपोष	यन्ति
ऽ ऽ ।	ऽ । ।	। ऽ ।	। ऽ ।	ऽ ऽ *

* अंतिम लघु मात्रा दीर्घ गिनी गई है।

(हे तापसी!)

दोहा॰ स्त्री की प्राकृत चतुरता, खग में देखी जाय ।

क्या कहने फिर नार जो, सरस्वती कहलाय ।।

कोयल के शावक यथा, पालन करते काग ।

मेनका ने शकुन्तला, वन में दी थी त्याग ।।

178

(राजा)

5.23 मय्येव विस्मरणदारुणचित्तवृत्तौ
वृत्तं रहः प्रणयमप्रतिपद्यमाने ।
भेदाद्भ्रुवोः कुटिलयोरतिलोहिताक्ष्या
भग्नं शरासनमिवातिरुषा स्मरस्य ॥

(वसंततिलका त भ ज ज ग ग छंद)

मय्येव	विस्मर	णदारु	णचित्त	वृत्तौ
ऽ ऽ ।	ऽ । ।	। ऽ ।	। ऽ ।	ऽ ऽ
वृत्तंर	हःप्रण	यमप्र	तिपद्य	माने
ऽ ऽ ।	ऽ । ।	। ऽ ।	। ऽ ।	ऽ ऽ
भेदाद्भ्रु	वोःकुटि	लयोर	तिलोहि	ताक्ष्या
ऽ ऽ ।	ऽ । ।	। ऽ ।	। ऽ ।	ऽ ऽ
भग्नंश	रासन	मिवाति	रुषास्म	रस्य
ऽ ऽ ।	ऽ । ।	। ऽ ।	। ऽ ।	ऽ ऽ *

* अंतिम लघु मात्रा दीर्घ गिनी गई है.

दोहा॰ विस्मृत करना सत्य को, अनुचित मेरा भाव ।
प्रणय पुराना भूल कर, मेरा परुष स्वभाव ।।

जिसके वजह शकुन्तला, क्षुब्ध हुई है लाल ।
भौंहें उसकी हैं चढ़ी, सोजिश उसके गाल ।।

(शार्गरव)

5.24 अतः परीक्ष्य कर्तव्यं विशेषात्संगतं रहः ।
अज्ञातहृदयेष्वेवं वैरीभवति सौहृदम् ॥

(अनुष्टुभ् श्लोक छंद)

अतःपरी	क्ष्यकर्त	व्यं		विशेषात्सं	गतंर	हः
। ऽ । ऽ	। ऽ ऽ	ऽ		। ऽ ऽ ऽ	। ऽ ।	ऽ
अज्ञातहृ	दयेष्वे	वं		वैरीभव	तिसौहृ	दम्
ऽ ऽ । ।	। ऽ ऽ	ऽ		ऽ ऽ । ।	। ऽ ।	ऽ

पाद टिप्पणियाँ :

1. इस अनुष्टुभ् छंद के विषम चरण 1 और 3 में पहले चार अक्षरों के बाद य गण (। ऽ ऽ) आने से और सम चरण 2 और 4 में प्रथम चार अक्षरों के पश्चात् ज (। ऽ ।) गण आने से इन चार चरणों के पद्य में श्लोक छंद सिद्ध हुआ है.
2. यथा निम्न तालिका में दर्शित है : प्रथम चरण में ज र ग ग गण होने से यशस्करी छंद प्रयुक्त है; द्वितीय चरण में य र ल ग गण प्रयुक्त होने से भाषा छंद हुआ है; तृतीय चरण में त स ग ग गण होने से श्यामा छंद है और चतुर्थ चरण में प्रथम मात्रा के बाद न गण अथवा स गण न होने से और चौथे वर्ण के बाद ज गण आने से यहाँ पथ्यावक्त्रा छंद प्रयुक्त है.

अतःप	रीक्ष्यक	र्तव्यम्		
। ऽ ।	ऽ । ऽ	ऽ ऽ	ज र ग ग	यशस्करी छंद
विशेषा	त्संगतं	रहः		
। ऽ ऽ	ऽ । ऽ	। ऽ	य र ल ग	भाषा छंद
अज्ञात	हृदये	ष्वेवम्		
ऽ ऽ ।	। । ऽ	ऽ ऽ	त स ग ग	श्यामा छंद
वैरीभ	वतिसौ	हृदम्		
ऽ ऽ ।	। । ऽ	। ऽ	त स ल ग	पथ्यावक्त्रा

(कण्वशिष्य)

दोहा॰ अतः कहा है शास्त्र में, छानबीन दरकार ।
विवाह के संबंध को, करना सोच विचार ।।

जिसका चरित्र कुल तथा, जाना शील स्वभाव ।
ज्ञात किया है पूर्णतः, उससे परिणय भाव ।।

(और)

5.25 आ जन्मनः शाठ्यमशिक्षितो यस्तस्याप्रमाणं वचनं जनस्य।
परातिसंधानमधीयते यैर्विद्येति ते सन्तु किलाप्तवाचः ॥

उपजाति इंद्रवज्रा-इंद्रवज्रा उपेंद्रवज्रा-इंद्रवज्रा छंद (शाला छंद)

आजन्म	नःशाठ्य	मशिक्षि	तोयः	
ऽ ऽ ।	ऽ ऽ ।	। ऽ ।	ऽ ऽ	इंद्रवज्रा छंद
तस्याप्र	माणंव	चनंज	नस्य	
ऽ ऽ ।	ऽ ऽ ।	। ऽ ।	ऽ ऽ *	इंद्रवज्रा
पराति	संधान	मधीय	तेयैः	
। ऽ ।	ऽ ऽ ।	। ऽ ।	ऽ ऽ	उपेंद्रवज्रा
विद्येति	तेसन्तु	किलाप्त	वाचः	
ऽ ऽ ।	ऽ ऽ ।	। ऽ ।	ऽ ऽ	इंद्रवज्रा छंद

* अंतिम 11-वीं लघु मात्रा गुरु गिनी गई है.

दोहा॰ प्रामाणिक आजन्म जो, असत्य जिन्हें न ज्ञात ।
सत्य वचन वे जानते, विशुद्ध उनकी जात ।।

(अब)

दोहा॰ पहुँचाया संदेश है, कण्व तात का आज ।
चलो लौट कर हम चलें, पूर्ण हमारा काज ।।

(और भी)

5.26 तदेषा भवतः कान्ता त्यज वैनां गृहाण वा।
उपपन्ना हि दारेषु प्रभुता सर्वतोमुखी ॥

(अनुष्टुभ् श्लोक छंद)

तदेषाभ	वतःका	न्ता	त्यजवैनां	गृहाण	वा
। ऽ ऽ ।	। ऽ ऽ	ऽ	। । ऽ ऽ	। ऽ ।	ऽ
उपपन्ना	हिदारे	षु	प्रभुतास	र्वतोमु	खी
। । ऽ ऽ	। ऽ ऽ	ऽ	। । ऽ ऽ	। ऽ ।	ऽ

पाद टिप्पणियाँ :

1. इस अनुष्टुभ् छंद के विषम चरण 1 और 3 में पहले चार अक्षरों के बाद य गण (। ऽ ऽ) आने से और सम चरण 2 और 4 में प्रथम चार अक्षरों के पश्चात् ज (। ऽ ।) गण आने से इन चार चरणों के पद्य में श्लोक छंद सिद्ध हुआ है.
2. यथा निम्न तालिका में दर्शित है : प्रथम चरण में य स ग ग गण होने से मनोला छंद प्रयुक्त है; द्वितीय चरण में (और चतुर्थ चरण में) स र ल ग गण आने से शुकलुप्त छंद प्रयुक्त है; तृतीय चरण में स र ग ल गण होने से वलीकेन्दु छंद घटित है.

तदेषा	भवतः	कान्ता		
। ऽ ऽ	। । ऽ	ऽ ऽ	य स ग ग	मनोला छंद
त्यजवै	नांगृहा	णवा		
। । ऽ	ऽ । ऽ	। ऽ	स र ल ग	शुकलुप्त
उपप	न्नाहिदा	रेषु		
। । ऽ	ऽ । ऽ	ऽ ।	स र ग ल	वलीकेन्दु
प्रभुता	सर्वतो	मुखी		
। । ऽ	ऽ । ऽ	। ऽ	स र ल ग	शुकलुप्त

दोहा॰ शकुन्तला तव दार है, ग्रहण करें या त्याग ।
पत्नी तव अर्धांगिनी, स्वामी उसे सुहाग ।।

(और आगे)

(शकुन्तला वेपते।)

5.27 यदि यथा वदति क्षितिपस्तथा त्वमसि किं पितुरुत्कुलया त्वया।
अथ तु वेत्सि शुचि व्रतमात्मनः पतिकुले तव दास्यमपि क्षमम् ॥

(द्रुतविलंबित न भ भ र छंद)

यदिय	थावद	तिक्षिति	पस्तथा
। । ।	ऽ । ।	ऽ । ।	ऽ । ऽ

त्वमसि	किंपितु	रुत्कुल	यात्वया
। । ।	ऽ । ।	ऽ । ।	ऽ । ऽ
अथतु	वेत्सिशु	चिव्रत	मात्मनः
। । ।	ऽ । ।	ऽ । ।	ऽ । ऽ
पतिकु	लेतव	दास्यम	पिक्षमम्
। । ।	ऽ । ।	ऽ । ।	ऽ । ऽ

दोहा॰ यदि नृप तुमको त्याग दे, कुलकलंकिनी नाम ।
पितु के तुम ना आ सको, तुम्हें न पितु का धाम ।।

शीलवती हो तुम अगर, पर्याय तुम्हारे पास ।
पति के गृह में तुम करो, दासी बन कर वास ।।

(राजा दुष्यंत)

5.28 कुमुदान्येव शशाङ्कः सविता बोधयति पङ्कजान्येव।
वशिनां हि परपरिग्रहसंश्लेषपराङ्मुखी वृत्तिः॥

(आर्या गाथा 12-18, 12-15 छंद)

कुमुदा	न्येवश	शाङ्कः		
। । ऽ	ऽ । ।	ऽ ऽ		12
सविता	बोधय	तिपङ्क	जान्येव	
। । ऽ	ऽ । ।	। ऽ ।	ऽ ऽ । *	18
वशिनां	हिपर	परिग्र	ह	
। । ऽ	। । ।	। ऽ ।	।	12
संश्लेष	पराङ्मु	खीवृत्तिः		
ऽ ऽ ।	। ऽ ।	ऽ ऽ ऽ		15

* अंतिम लघु मात्रा दीर्घ गिनी गई है.

दोहा॰ विकसित करता कुमुद को, शीतल चंद्र प्रकाश ।
कुसुमित करता कमल को, सूर्य युक्त आकाश ।।

इंद्रजीत नर के लिए, पर स्त्री मातु समान ।

सभी स्त्रियों का सर्वदा, करता है सम्मान ।।

5.29 मूढः स्यामहमेषा वा वदेन्मिथ्येति संशये ।
दारत्यागी भवाम्याहो परस्त्रीस्पर्शपांसुलः ॥

(अनुष्टुभ् श्लोक छंद)

मूढःस्याम	हमेषा	वा	वदेन्मिथ्ये	तिसंश	ये
ऽ ऽ ऽ ।	। ऽ ऽ	ऽ	। ऽ ऽ ऽ	। ऽ ।	ऽ
दारत्यागी	भवाम्या	हो	परस्त्रीस्प	र्शपांसु	लः
ऽ ऽ ऽ ऽ	। ऽ ऽ	ऽ	। ऽ ऽ ऽ	। ऽ ।	ऽ

पाद टिप्पणियाँ :

1. इस अनुष्टुभ् छंद के विषम चरण 1 और 3 में पहले चार अक्षरों के बाद य गण (। ऽ ऽ) आने से और सम चरण 2 और 4 में प्रथम चार अक्षरों के पश्चात् ज (। ऽ ।) गण आने से इन चार चरणों के पद्य में श्लोक छंद सिद्ध हुआ है.
2. यथा निम्न तालिका में दर्शित है : प्रथम और तृतीय चरण में पहले वर्ण के बाद न गण अथवा स गण नहीं आने से और चतुर्थ वर्ण के आगे य गण आने से वक्त्र छंद विद्यमान है; द्वितीय चरण में और चतुर्थ चरण में य र ल ग गण आने से भाषा छंद हुआ है.

मूढःस्या	महमे	षावा		
ऽ ऽ ऽ	। । ऽ	ऽ ऽ	म स ग ग	वक्त्र छंद
वदेन्मि	थ्येतिसं	शये		
। ऽ ऽ	ऽ । ऽ	। ऽ	य र ल ग	भाषा छंद
दारत्या	गीभवा	म्याहो		
ऽ ऽ ऽ	ऽ । ऽ	ऽ ऽ	म र ग ग	वक्त्र छंद
परस्त्री	स्पर्शपां	सुलः		
। ऽ ऽ	ऽ । ऽ	। ऽ	य र ल ग	भाषा छंद

दोहा॰ अब भी विवेकहीन हूँ, अवितथ से अनभिज्ञ ।

या मम सत्य विवेक है, और विचार अभिज्ञ ।।

शकुन्तला को छोड़ कर, करूँ त्याग का पाप ।
या पर स्त्री को छेड़ कर, बनूँ पातकी आप ।।

(राजपुरोहित)

📖 ...चेत् त्वं साधुभिरादिष्टपूर्वः प्रथममेव चक्रवर्तिनं पुत्रं जनयिष्यसीति ... ।

दोहा॰ नृप का विभ्रम जान कर, देने अपनी राय ।
राजपुरोहित ने कहा, सुनें एक पर्याय ।।

(पर्याय)

दोहा॰ शकुन्तला को महल में, दिया जाय निवास ।
जब तक उसका पुत्र हो, तब तक रख विश्वास ।।

अगर पुत्र का जन्म हो, राजचिन्ह के साथ ।
रानी का पद दें उसे, गौराव से, पुरुनाथ! ।।

अगर न हो दौहित्र वो, चक्रवर्ती कुमार ।
शकुन्तला को भेज दें, पिता कण्व के द्वार ।।

(राजा दुष्यंत)

दोहा॰ सुन कर उस प्रस्ताव को, आशीर्वाद अनंत ।
शकुन्तला को दे दिए, प्रसन्न थे दुष्यंत ।।

(आश्रमवासी लोग)

दोहा॰ आश्रमवासी लोग भी, पा कर मन को चैन ।
लौट गए आनंद से, जब भी बीती रैन ।।

(राजपुरोहित)

5.30 स्त्रीसंस्थानं चाप्सरस्तीर्थमारादुत्क्षिप्यैनां ज्योतिरेकं जगाम ॥

(शालिनी म त त ग ग छंद)

स्त्रीसंस्था	नंचाप्स	रस्तीर्थ	मारा

ऽ ऽ ऽ	ऽ ऽ ।	ऽ ऽ ।	ऽ ऽ
दुत्क्षिप्यै	नांज्योति	रेकंज	गाम
ऽ ऽ ऽ	ऽ ऽ ।	ऽ ऽ ।	ऽ ऽ *

* अंतिम 11-वीं लघु मात्रा गुरु गिनी गई है.

दोहा॰ आश्रमवासी जब गए, अपने आश्रम लौट ।
शकुन्तला रोने लगी, पा कर मन को चोट ।।

कहा पुरोहित ने उसे, चलो दिखाऊँ खास ।
राजमहल में कक्ष वो, जहाँ तिहारा वास ।।

चलते-चलते होगई, एक अचानक बात ।
प्रकट होगई अप्सरा, तेजोमय था गात ।।

शकुन्तला के साथ वो, ओझल हुई हठात् ।
शकुन्तला को लेगई, देवी अपने साथ ।।

(राजा दुष्यंत)

5.31 कामं प्रत्यादिष्टां स्मरामि न परिग्रहं मुनेस्तनयाम् ।
बलवत्तु दूयमानं प्रत्याययतीव मां हृदयम् ॥

(आर्या गाथा 12-18, 12-15 छंद)

कामंप्र	त्यादिष्टाम्				
ऽ ऽ ऽ	ऽ ऽ ऽ				12
स्मरामि	नपरि	ग्रहंमु	नेस्तन	याम्	
। ऽ ।	। । ऽ	। ऽ ।	ऽ । ।	ऽ	18
बलव	त्तुदूय	मानम्			
। । ऽ	। ऽ ।	ऽ ऽ			12
प्रत्याय	यतीव	मांहृद	यम्		
ऽ ऽ ।	। ऽ ।	ऽ । ।	ऽ		15

दोहा॰ स्मरण होगया भूप को, दुर्वासा का शाप ।

बोले, मैंने है किया, अनजाने में पाप ।।

इति पञ्चमोऽङ्कः ।

शकुन्तला छठा अंक

प्रश्चाताप

राजा दुष्यंत का शोक

षष्ठोऽङ्कः ।

(पूर्ववृत्त)

दोहा॰ शकुन्तला थी हो गई, जब से अंतर्धान ।
भूप हुए अस्वस्थ थे, मन में था तूफान ।।

तभी नगर में एक दिन, पड़ा हुआ था शोर ।
मुखिया थानेदार ने, "पकड़ा है इक चोर" ।।

सिपाहियों ने चोर को, पूछा तू है कौन ।
बोले, उसको पीट कर, तेरा मुँह क्यों मौन ।।

(मछुआ)

दोहा॰ मछियारा हूँ मैं, प्रभो!, मछुआ मेरा नाम ।
माँस मीन का बेचना, परंपरागत काम ।।

📖 ...अहं शक्रावताराभ्यन्तरवासी धीवरः ।

दोहा॰ चोरी मेरा काम ना, मैं हूँ इज्जतदार ।
धीवर हूँ मैं कर्म से, जीवन का आधार ।।

शक्रावतार तीर्थ में, रहता हूँ, सरकार! ।
उसी नीर के मीन पर, जीता मम परिवार ।।

(धीवर)

6.1 सहजं किल यद्विनिन्दितं न खलु तत्कर्म विवर्जनीयम् ।
पशुमारणकर्मदारुणोऽनुकम्पामृदुरेव श्रोत्रियः ॥

(आर्या उद्गाथा 12–18, 12–18 छंद)

सहजं	किलय	द्विनिन्दि			
। । ऽ	। । ऽ	। ऽ ।			12
तंनख	लुतत्क	र्मविव	र्जनीयम्		
ऽ । ।	। ऽ ऽ	। । ऽ	। ऽ ऽ		18
पशुमा	रणक	र्मदारु			
। । ऽ	। । ऽ	। ऽ ।			12
णोनुक	म्पामृदु	रेवश्रो	त्रियः		
ऽ । ऽ	ऽ । ।	ऽ ऽ ऽ	। ऽ		18

दोहा॰ किया कर्म जो धर्म के, चतुर्वर्ण अनुसार ।
वह ना जाना गौण है, स्वभाव के अधार ।।

स्वाभाविक उस कार्य को, तजो न कह कर हीन ।
बतलाते यह शास्त्र हैं, रहो उसी में लीन ।।

(एक सिपाही)

दोहा॰ चोरी करके रौब से, हमें दे रहा ज्ञान ।
मृत्यु दंड देंगे इसे, तब देगा ये ध्यान ।।

दूजे ने पहना दिया, उसको वध का वेश ।
गल में माला डाल कर, बाँधे उसके केश ।।

📖 ...अङ्गुलीयकदर्शनमस्य विमर्शयितव्यम् । राजकुलमेव गच्छामः ।

दोहा॰ चलो ले चलें अब इसे, राजा के दरबार ।
राजा मुंद्री देख कर, डालें इसको मार ।।

(राजदरबार में)

दोहा॰ खड़ा किया दरबार में, उसको रस्सी बाँध ।
लटक रहा था मौत का, बोझा उसके काँध ।।

राजा ने उसको कहा, क्या है तेरा दोष ।
धीवर बोला, हे प्रभो! मैं बिलकुल निर्दोष ।।

मैं मछुआ हूँ जनम से, परंपरागत काम ।
शक्रावतार तीर्थ है, पवित्र मेरा धाम ।।

शचीतीर्थ के नीर में, पकड़ रहा था मीन ।
उस दिन मेरे जाल में, फँसी मछलियाँ तीन ।।

रोहू झष जो थी बड़ी, काटा मैंने पेट ।
भीतर निकली अंगूठी, अद्भुत था आखेट ।।

गया बेचने मुंदरी, परखैया के पास ।
मुझे पकड़ कर लेगए, प्रभो! आपके दास ।।

(और)

दोहा॰ मुझे मृत्यु का दंड है, दिया उन्हों ने आज ।
विवरण मेरा है यही, न्याय करो, पुरुराज! ।।

सुन कर धीवर का कहा, नृप को आया ज्ञात ।
यही मुझे माँ गौतमी, बता चुकी है बात ।।

राजमुद्रिका देख कर, नृप के नैनन नीर ।
दी है मैंने भूल से, शकुन्तला को पीर ।।

🕮 एष भर्त्राङ्गुलीयकमूल्यसम्मितः प्रसादोऽपि दापितः।

दोहा॰ पछता कर नृप ने दिया, प्रतिवादी को छोड़ ।
धन मुंद्री के दाम का, दिया साथ में जोड़ ।।

मुंद्री नृप को मिल गई, पूर्ण सचाई साथ ।
शकुन्तला को खो दिया, दुखी हुए पुरुनाथ ।।

🕮 ...मुहूर्तं प्रकृतिगम्भीरोऽपि पर्यश्रुनयन आसीत्।

दोहा॰ आँसू पूरित हो गए, पुरुराजा के नैन ।
बोल न पाई और कुछ, स्तब्ध होगई बैन ।।

(उधर, प्रमदनवन में)

दोहा॰ प्रमदनवन उद्यान में, सानुमती सुरनार ।
परी मेनका की सखी, आयी थी इस बार ।।

राजा की दो दासियाँ, करने लगी बखान ।
सानुमती थी सुन रही, होकर अंतर्धान ।।

(पहली सखी)

6.2 आताम्रहरितपाण्डुर जीवितं सत्यं वसन्तमासस्य ।
दृष्टोऽसि चूतकोरक ऋतुमङ्गल त्वां प्रसादयामि ॥

आतम्महरिअपण्डुर जीविद सत्तं वसन्तमासस्स ।
दिट्ठो सि चूदकोरअ उदुमंगल तुमं पसाएमि ।।

(आर्या गाथा 12–18, 12–15 छंद)

आतम्म	हरिअ	पण्डुर		
ऽ ऽ ।	। । ।	ऽ । ।		12
जीविदं	सत्तंव	सन्तमा	सस्स	
ऽ । ऽ	ऽ ऽ ।	ऽ । ऽ	ऽ ।	18
दिट्ठोसि	चूदको	रअ		
ऽ ऽ ।	ऽ । ऽ	। ।		12
उदुमं	गलतु	मंपसा	एमि	
। । ऽ	। । ।	ऽ । ऽ	ऽ ।	15

(वसंत ऋतु)

दोहा॰ वसंत ऋतु का काल है, आम्र वृक्ष पर मौर ।
लाल–हरे कुछ श्वेत हैं, मोर पंख की तौर ।।

निसर्ग सुंदर है सजा, कुसुमाकर परिणाम ।

मंगल ऋतु की देवता, सादर तुम्हें प्रणाम ।।

(दूसरी सखी)

6.3 त्वमसि मया चूताङ्कुर दत्तः कामाय गृहीतधनुषे ।
पथिकजनयुवतिलक्ष्यः पञ्चभ्योधिकः शरो भव ॥

(आर्या गाथा 12-18, 12-15 छंद)

त्वमसि	मयाचू	ताङ्कुर		
। । ।	। ऽ ऽ	ऽ । ।		12
दत्तःका	मायगृ	हीतध	नुषे	
ऽ ऽ ऽ	ऽ । ।	ऽ । ।	। ऽ	17
पथिक	जनयु	वतिल	क्ष्यः	
। । ।	। । ।	। । ऽ	ऽ	12
पञ्चभ्यो	धिकःश	रोभव		
ऽ ऽ ऽ	। ऽ ।	ऽ । ऽ *		15

* अंतिम लघु मात्रा गुरु गिनी गई है.

दोहा॰ आम्रवृक्ष-की-मंजरी! ललनाओं-की-प्राण! ।
पाँच शरों के मदन के, सर्वश्रेष्ठ तुम बाण ।।

शकुन्तला के गमन का, सब पर है आघात ।
वसंत ऋतु भी है दुखी, भटकी है हर बात ।।

(और)

6.4 चूतानां चिरनिर्गतापि कलिका बध्नाति न स्वं रजः
सन्नद्धं यदपि स्थितं कुरबकं तत्कोरकावस्थया ।
कण्ठेषु स्खलितं गतेऽपि शिशिरे पुंस्कोकिलानां रुतं
शङ्के संहरति स्मरोऽपि चकितस्तूणार्धकृष्टं शरम् ॥

(शार्दूलविक्रीडित म स ज स त त ग छंद)

चूतानां	चिरनि	र्गतापि	कलिका	बध्नाति	नस्वंर	जः
ऽ ऽ ऽ	। । ऽ	। ऽ ।	। । ऽ	ऽ ऽ ।	ऽ ऽ ।	ऽ
सन्नद्धं	यदपि	स्थितंकु	रबकं	तत्कोर	कावस्थ	या

ऽ ऽ ऽ	। । ऽ	। ऽ ।	। । ऽ	ऽ ऽ ।	ऽ ऽ ।	ऽ
कण्ठेषु	स्खलितं	गतेपि	शिशिरे	पुंस्कोकि	लानांरु	तम्
ऽ ऽ ऽ	। । ऽ	। ऽ ।	। । ऽ	ऽ ऽ ।	ऽ ऽ ।	ऽ
शङ्केसं	हरति	स्मरोपि	चकित	स्तूणार्ध	कृष्टंश	रम्
ऽ ऽ ऽ	। । ऽ	। ऽ ।	। । ऽ	ऽ ऽ ।	ऽ ऽ ।	ऽ

दोहा॰ खिले आम्र पर बौर हैं, मगर उन्हें न पराग ।
बहार कुरबक पुष्प का, किधर गया है भाग ।।

बीत गया है शिशिर भी, मगर न कोयल कूक ।
केका है मुख में रुकी, पीक हुई है मूक ।।

तरकस में कंदर्प के, फँसे हुए हैं बाण ।
कर न पा रहा मदन है, प्रेमी का कल्याण ।।

(कंचुकी)

दोहा॰ जब से मुंद्री है मिली, दीप्त हुआ परिताप ।
सत्य जान कर हो रहा, नृप को पश्चाताप ।।

(कंचुकी)

6.5 रम्यं द्वेष्टि यथा पुरा प्रकृतिभिर्न प्रत्यहं सेव्यते
शय्याप्रान्तविवर्तनैर्विगमयत्युन्निद्र एव क्षपाः ।
दाक्षिण्येन ददाति वाचमुचितामन्तःपुरेभ्यो यदा
गोत्रेषु स्खलितस्तदा भवति च व्रीडाविलक्षश्चिरम् ॥

(शार्दूलविक्रीडित म स ज स त त ग छंद)

रम्यंद्वे	ष्टियथा	पुराप्र	कृतिभि	र्नप्रत्य	हंसेव्य	ते
ऽ ऽ ऽ	। । ऽ	। ऽ ।	। । ऽ	ऽ ऽ ।	ऽ ऽ ।	ऽ
शय्याप्रा	न्तविव	र्तनैर्वि	गमय	त्युन्निद्र	एवक्ष	पाः
ऽ ऽ ऽ	। । ऽ	। ऽ ।	। । ऽ	ऽ ऽ ।	ऽ ऽ ।	ऽ
दाक्षिण्ये	नददा	तिवाच	मुचिता	मन्तःपु	रेभ्योय	दा
ऽ ऽ ऽ	। । ऽ	। ऽ ।	। । ऽ	ऽ ऽ ।	ऽ ऽ ।	ऽ

गोत्रेषु	स्खलित	स्तदाभ	वतिच	व्रीडावि	लक्षश्चि	रम्
ऽ ऽ ऽ	। । ऽ	। ऽ ।	। । ऽ	ऽ ऽ ।	ऽ ऽ ।	ऽ

दोहा॰ राजा पश्चाताप में, डूबे हैं दिन-रात ।
मंत्रीगण से आजकल, करते हैं कम बात ।।

जनता से मिलते नहीं, ना करते संवाद ।
रोचक चीजें भी उन्हें, लगती नहीं सवाद ।।

बिस्तर पर भी करवटें, बदलें सारी रात ।
रानी जो भी संग हो, शकुन्तला की बात ।।

आता है जब ध्यान में, की है मैंने चूक ।
लज्जा से कुछ देर तक, हो जाते हैं मूक ।।

(कंचुकी)

6.6 प्रत्यादिष्टविशेषमण्डनविधिर्वामप्रकोष्ठार्पितं
बिभ्रत्काञ्चनमेकमेव वलयं श्वासोपरक्ताधरः ।
चिन्ताजागरणप्रतान्तनयनस्तेजोगुणादात्मनः
संस्कारोल्लिखितो महामणिरिव क्षीणोऽपि नालक्ष्यते ॥

(शार्दूलविक्रीडित म स ज स त त ग छंद)

प्रत्यादि	ष्टविशे	षमण्ड	नविधि	र्वामप्र	कोष्ठार्पि	तम्
ऽ ऽ ऽ	। । ऽ	। ऽ ।	। । ऽ	ऽ ऽ ।	ऽ ऽ ।	ऽ
बिभ्रत्का	ञ्चनमे	कमेव	वलयं	श्वासोप	रक्ताध	रः
ऽ ऽ ऽ	। । ऽ	। ऽ ।	। । ऽ	ऽ ऽ ।	ऽ ऽ ।	ऽ
चिन्ताजा	गरण	प्रतान्त	नयन	स्तेजोगु	णादात्म	नः
ऽ ऽ ऽ	। । ऽ	। ऽ ।	। । ऽ	ऽ ऽ ।	ऽ ऽ ।	ऽ
संस्कारो	ल्लिखितो	महाम	णिरिव	क्षीणोपि	नालक्ष्य	ते
ऽ ऽ ऽ	। । ऽ	। ऽ ।	। । ऽ	ऽ ऽ ।	ऽ ऽ ।	ऽ

दोहा॰ राजभूषण त्याग कर, करके खिन्न विवेक ।
केवल बाएँ हाथ पर, पहना कंगन एक ।।

साँस उष्ण है चल रही, अधर हुए हैं लाल ।
रात-रात भर जाग कर, लोचन हुए गुलाल ।।

शरीर दुर्बल होगया, मुख पर फिर भी तेज ।
काम भोग में रस नहीं, विलास से परहेज ।।

राजा का दुख सोच कर, शकुन्तला को कष्ट ।
सानुमती अदृश्य ही, देख रही थी स्पष्ट ।।

(राजा दुष्यंत)

6.7 प्रथमं सारङ्गाक्ष्या प्रियया प्रतिबोध्यमानमपि सुप्तम् ।
अनुशयदुःखायेदं हतहृदयं सम्प्रति विबुद्धम् ॥

(आर्या गाथा 12-18, 12-15 छंद)

प्रथमं	सारङ्गा	क्ष्या			
। । ऽ	ऽ ऽ ऽ	ऽ			12
प्रियया	प्रतिबो	ध्यमान	मपिसु	प्तम्	
। । ऽ	। । ऽ	। ऽ ।	। । ऽ	ऽ	18
अनुश	यदुःखा	येदम्			
। । ।	। ऽ ऽ	ऽ ऽ			12
हतहृ	दयंस	म्प्रतिवि	बुद्धम्		
। । ।	। ऽ ऽ	। । ।	ऽ ऽ		15

दोहा॰ मुझे जगाती है सदा, मृगनयनी की याद ।
हृदय भरा अनुताप से, पाया हुआ विषाद ।।

(राजा दुष्यंत)

6.8 मुनिसुताप्रणयस्मृतिरोधिना मम च मुक्तमिदं तमसा मनः ।
मनसिजेन सखे प्रहरिष्यता धनुषि चूतशरश्च निवेशितः ॥

(द्रुतविलंबित न भ भ र छंद)

मुनिसु	ताप्रण	यस्मृति	रोधिना

। । ।	ऽ । ।	ऽ । ।	ऽ । ऽ
ममच	मुक्तमि	दंतम	सामनः
। । ।	ऽ । ।	ऽ । ।	ऽ । ऽ
मनसि	जेनस	खेप्रह्	रिष्यता
। । ।	ऽ । ।	ऽ । ।	ऽ । ऽ
धनुषि	चूतश	रश्चनि	वेशितः
। । ।	ऽ । ।	ऽ । ।	ऽ । ऽ

(हे विदूषक!)

दोहा॰ नृप बोले माधव्य को, अब हूँ भ्रम से मुक्त ।
शकुन्तला के प्रेम से, हृदय हुआ है युक्त ।।

स्मरण हो गई है मुझे, शकुन्तला से प्रीत ।
प्रणय काल की याद भी, रति से भरा अतीत ।।

कामदेव करने लगा, अब है बाण प्रहार ।
शकुन्तला कैसी सुने, मेरी आर्त पुकार ।।

(विदूषक)

दोहा॰ देख उदासी भूप की, देने उन्हें रुझान ।
कहा उन्हें माधव्य ने, चलो चलें उद्यान ।।

माधवी-लता-कुंज में, चतुरिका के हाथ ।
शकुन्तला का चित्र है, देखेंगे पुरुनाथ ।।

चित्र देख कर भूप के, नैनन छलका नीर ।
शकुन्तला की याद में, होकर बहुत अधीर ।।

(राजा दुष्तंत।

6.9 इतः प्रत्यादेशात्स्वजनमनुगन्तुं व्यवसिता
स्थिता तिष्ठेत्युच्चैर्वदति गुरुशिष्ये गुरुसमे।
पुनर्दृष्टिं बाष्पप्रसरकलुषामर्पितवती मयि

क्रूरे यत्तत्सविषमिव शल्यं दहति माम् ॥

(शिखरिणी य म न स भ ल ग छंद)

इतःप्र	त्यादेशा	त्स्वजन	मनुग	न्तुंव्यव	सिता
। ऽ ऽ	ऽ ऽ ऽ	। । ।	। । ऽ	ऽ । ।	। ऽ
स्थिताति	छेत्युच्चै	र्वदति	गुरुशि	ष्येगुरु	समे
। ऽ ऽ	ऽ ऽ ऽ	। । ।	। । ऽ	ऽ । ।	। ऽ
पुनर्दृ	ष्टिंबाष्प	प्रसर	कलुषा	मर्पित	वती
। ऽ ऽ	ऽ ऽ ऽ	। । ।	। । ऽ	ऽ । ।	। ऽ
मयिक्रू	रेयत्त	त्सविष	मिवश	ल्यंदह	तिमाम्
। ऽ ऽ	ऽ ऽ ऽ	। । ।	। । ऽ	ऽ । ।	। ऽ

दोहा॰ उस दिन मुझ पर रूठ कर, डाली नजर कठोर ।
उसने मेरे हृदय पर, घाव कर दिया घोर ।।

उसको अस्वीकार कर, मैंने कीन्हा पाप ।
अग्नि पश्चाताप की, मुझे जलाती आप ।।

मुझको घायल कर रहे, तीक्ष्ण विरह के बाण ।
शकुन्तला के याद में, निकल रहे हैं प्राण ।।

मुझको लगता है, उसे, परी लेगई स्वर्ग ।
जाकर माता से मिली, इंद्रलोक के वर्ग ।।

(सानुमती)

दोहा॰ सानुमती थी सुन रही, और रही थी देख ।
मंडप के पीछे छिपी, मन में रखती लेख ।।

शकुन्तला को जा कर कहे, आखों देखा हाल ।
बोलेगी जा कर मिलो, राजा से तत्काल ।।

(माधव्य)

(हे राजन्!)

दोहा॰ शकुन्तला ने अगर ली, अपनी माँ की ओट ।
हाल आपका जान कर, आवेगी वह लौट ।।

(राजा दुष्यंत)

6.10 स्वप्नो नु माया नु मतिभ्रमो नु क्लिष्टं नु तावत्फलमेव पुण्यम् ।
असन्निवृत्त्यै तदतीतमेते मनोरथा नाम तटप्रपाताः

उपजाति इंद्रवज्रा-इंद्रवज्रा-उपेंद्रवज्रा-उपेंद्रवज्रा छंद (रामा छंद)

स्वप्नोनु	मायानु	मतिभ्र	मोनु	
ऽ ऽ ।	ऽ ऽ ।	। ऽ ।	ऽ ऽ *	इंद्रवज्रा
क्लिष्टंनु	तावत्फ	लमेव	पुण्यम्	
ऽ ऽ ।	ऽ ऽ ।	। ऽ ।	ऽ ऽ	इंद्रवज्रा
असन्नि	वृत्त्यैत	दतीत	मेते	
। ऽ ।	ऽ ऽ ।	। ऽ ।	ऽ ऽ	उपेंद्रवज्रा
मनोर	थानाम	तटप्र	पाताः	
। ऽ ।	ऽ ऽ ।	। ऽ ।	ऽ ऽ	उपेंद्रवज्रा

* अंतिम 11-वीं लघु मात्रा गुरु गिनी गई है.

(हे विदूषक!)

दोहा॰ शकुन्तला से प्रणय क्या, सपने की थी बात? ।
या वह माया जाल था, या भ्रम का आघात? ।।

या वह मेरा पुण्य था, जिसका फल था स्वल्प ।
करने को साकार वो, क्या है कहो विकल्प ।।

या हम दो तट सरित के, चलते रहते संग ।
मगर न मिलते हैं कभी, जीवित रहे उमंग ।।

(विदूषक)

दोहा॰ मिलना खोयी मुद्रिका, मछुआरे के पास ।
पुनर्मिलाप प्रमाण है, नृप! रखिये विश्वास ।।

(राजा दुष्यंत)

6.11 तव सुचरितमङ्गुलीय नूनं प्रतनु ममेव विभाव्यते फलेन ।
अरुणनखमनोहरासु तस्याश्च्युतमसि लब्धपदं यदङ्गुलीषु ॥

(पुष्पिताग्रा न न र य – न ज ज र ग छंद)

तवसु	चरित	मङ्गुली	यनूनं		
। । ।	। । ।	ऽ । ऽ	। ऽ ऽ		कामदत्ता छंद
प्रतनु	ममेव	विभाव्य	तेफले	न	
। । ।	। ऽ ।	। ऽ ।	ऽ । ऽ	ऽ *	अचल छंद
अरुण	नखम	नोहरा	सुतस्याः		
। । ।	। । ।	ऽ । ऽ	। ऽ ऽ		कामदत्ता छंद
च्युतम	सिलब्ध	पदंय	दङ्गुली	षु	
। । ।	। ऽ ।	। ऽ ।	ऽ । ऽ	ऽ *	अचल छंद

* अंतिम 25-वीं लघु मात्रा गुरु मानी गई है.

अचल छंद को सुवक्त्रा छंद और मृगेंदैमुख छंद भी कहा जाता है.

दोहा॰ शकुन्तला के हाथ पर, पा कर सुंदर स्थान ।
च्युत हो कर तुम, मुद्रिके! गिरी, कहाँ था ध्यान? ।।

न्यून लग रहा, मुद्रिके!, मुझे तुमरा पुण्य ।
तुमरा भी दुर्भाग्य है, जैसे मेरा शून्य ।।

(राजा दुष्यंत)

6.12 एकैकमत्र दिवसे दिवसे मदीयं नामाक्षरं गणय गच्छसि यावदन्तम् ।
तावत्प्रिये मदवरोधगृहप्रवेशं नेता जनस्तव समीपमुपैष्यतीति ॥

(वसंततिलका त भ ज ज ग ग छंद)

एकैक	मत्रदि	वसेदि	वसेम	दीयम्
ऽ ऽ ।	ऽ । ।	। ऽ ।	। ऽ ।	ऽ ऽ
नामाक्ष	रंगण	यगच्छ	सियाव	दन्तम्
ऽ ऽ ।	ऽ । ।	। ऽ ।	। ऽ ।	ऽ ऽ

तावत्प्रि	येमद	वरोध	गृहप्र	वेशम्
ऽ ऽ ।	ऽ । ।	। ऽ ।	। ऽ ।	ऽ ऽ
नेताज	नस्तव	समीप	मुपैष्य	तीति
ऽ ऽ ।	ऽ । ।	। ऽ ।	। ऽ ।	ऽ ऽ *

* अंतिम 14-वीं लघु मात्रा गुरु गिनी गई है.

दोहा० **शकुन्तला को था कहा, रहो न अधिक उदास ।**
ले आऊँगा मैं तुम्हें, जल्दी अपने पास ।।

मुंद्री पर जो है लिखा, पढ़ो रोज इक वर्ण ।
लेने भेजूँ दास मैं, पढ़ने तक संपूर्ण ।।

पढ़ न सकी थी पूर्ण वो, खो जाने से पूर्व ।
कैसा यह दुर्भाग्य है, लगता मुझे अपूर्व ।।

(राजा दुष्यंत)

6.13 कथं नु तं बन्धुरकोमलाङ्गुलिं करं विहायासि निमग्नमम्भसि ।
अचेतनं नाम गुणं न लक्षयेन्मयैव कस्मादवधीरिता प्रिया ॥

(वंशस्थ ज त ज र छंद)

कथंनु	तंबन्धु	रकोम	लाङ्गुलिम्
। ऽ ।	ऽ ऽ ।	। ऽ ।	ऽ । ऽ
करंवि	हायासि	निमग्न	मम्भसि
। ऽ ।	ऽ ऽ ।	। ऽ ।	ऽ । ऽ *
अचेत	नंनाम	गुणंन	लक्षयेत्
। ऽ ।	ऽ ऽ ।	। ऽ ।	ऽ । ऽ
मयैव	कस्माद	वधीरि	ताप्रिया
। ऽ ।	ऽ ऽ ।	। ऽ ।	ऽ । ऽ

* अंतिम 12-वीं लघु मात्रा गुरु गिनी गई है.

(हे मुद्रिके!)

दोहा० **सुंदर उँगली से गिरी, मुंद्री तुम दुर्भाग ।**
वस्तु अचेतन तुम, अतः, तुम्हें नहीं अनुराग ।।

चेतन होकर भी मुझे, हुआ नहीं संज्ञान ।
शकुन्तला के सत्य को, नहीं सका पहिचान ।।

6.14 यद्यत्साधु न चित्रे स्यात्क्रियते तत्तदन्यथा।
तथापि तस्या लावण्यं रेखया किञ्चिदन्वितम् ॥

(अनुष्टुभ् छंद)

यद्यत्साधु	नचित्रे	स्या	त्क्रियतेत	त्तदन्य	था
ऽ ऽ ऽ ।	। ऽ ऽ	ऽ	। । ऽ ऽ	। ऽ ।	ऽ
तथापित	स्यालाव	ण्यं	रेखयाकि	ञ्चिदन्वि	तम्
। ऽ । ऽ	ऽ ऽ ऽ	ऽ	ऽ । ऽ ऽ	। ऽ ।	ऽ

पाद टिप्पणियाँ :

1. इस अनुष्टुभ् छंद के विषम चरण 1 और 3 में पहले चार अक्षरों के बाद य गण (। ऽ ऽ) नहीं आने से सम चरण 2 और 4 में प्रथम चार अक्षरों के पश्चात् ज (। ऽ ।) गण आ कर भी इन चार चरणों के पद्य में श्लोक छंद सिद्ध नहीं हुआ है.
2. यथा निम्न तालिका में दर्शित है : प्रथम चरण में म स ग ग गण होने से पहले अक्षर के आगे न गण अथवा स गण नहीं है और चौथे अक्षर के आगे य गण है अत: यहाँ वक्त्र छंद प्रयुक्त है; द्वितीय चरण में स र ल ग गण होने से शलुकलुप्ता छंद है और चतुर्थ चरण में र र ल ग गण होने से हेमरूप छंद होता है.

यद्यत्सा	धुनचि	त्रेस्यात्		
ऽ ऽ ऽ	। । ऽ	ऽ ऽ	म स ग ग	वक्त्र छंद
क्रियते	तत्तद	न्यथा		
। । ऽ	ऽ । ऽ	। ऽ	स र ल ग	शलुकलुप्ता
तथापि	तस्याला	वण्यं		
। ऽ ।	ऽ ऽ ऽ	ऽ ऽ	ज म ग ग	
रेखया	किञ्चिद	न्वितम्		

ऽ । ऽ	ऽ । ऽ	। ऽ	र र ल ग	हेमरूप

(सानुमती अप्सरा)

दोहा॰ सानुमती को चित्र से, हुआ यही अहसास ।
शकुन्तला ही है खड़ी, मानो नृप के पास ।।

(राजा दुष्यंत की चित्रकारी)

दोहा॰ चित्र बनाया भूप ने, लगता यथा सजीव ।
रही चित्र में है त्रुटि, सुंदर रूप अतीव ।।

(हे विदूषक!)

दोहा॰ केवल आशय चित्र का, दरसाता है चित्र ।
सुषमा चित्रित चित्र में, हो न सके, मम मित्र! ।।

(राजा दुष्यंत)

6.15 स्विन्नाङ्गुलिविनिवेशो रेखाप्रान्तेषु दृश्यते मलिनः ।
अश्रु च कपोलपतितं दृश्यमिदं वर्णिकोच्छ्वासात् ॥

(आर्या गाथा 12-18, 12-15 छंद)

स्विन्नाङ्गु	लिविनि	वेशः		
ऽ ऽ ।	। । ।	ऽ ऽ		12
रेखाप्रा	न्तेषुदृ	श्यतेम	लिनः	
ऽ ऽ ऽ	ऽ । ऽ	। ऽ ।	। ऽ	18
अश्रुच	कपोल	पतितम्		
ऽ । ।	। ऽ ।	। । ऽ		12
दृश्यमि	दंवर्णि	को-च्छ्वा-सात्		
ऽ । ।	ऽ ऽ ।	ऽ ऽ ऽ		15

दोहा॰ रेखाओं पर चित्र की, स्वेद बिंदु अभिज्ञान ।
रंग-फूल-कर-गाल पर, होत अश्रु का ज्ञान ।।

(राजा दुष्यंत)

शकुन्तला छठा अंक

6.16 साक्षात्प्रियामुपगतामपहाय पूर्वं चित्रार्पितां पुनरिमां बहु मन्यमानः ।
स्त्रोतोवहां पथि निकामजलामतीत्य जातः सखे प्रणयवान्मृगतृष्णिकायाम् ॥

(वसंततिलका त भ ज ज ग ग छंद)

साक्षात्प्रि	यामुप	गताम	पहाय	पूर्वं
ऽ ऽ ।	ऽ । ।	। ऽ ।	। ऽ ।	ऽ ऽ
चित्रार्पि	तांपुन	रिमांब	हुमन्य	मानः
ऽ ऽ ।	ऽ । ।	। ऽ ।	। ऽ ।	ऽ ऽ
स्त्रोतोव	हांपथि	निकाम	जलाम	तीत्य
ऽ ऽ ।	ऽ । ।	। ऽ ।	। ऽ ।	ऽ ऽ *
जातःस	खेप्रण	यवान्मृ	गतृष्णि	कायाम्
ऽ ऽ ।	ऽ । ।	। ऽ ।	। ऽ ।	ऽ ऽ

* अंतिम 14-वीं लघु मात्रा गुरु गिनी गई है.

(हे मित्र!)

दोहा॰ नृप बोले माधव्य को, विडंबना है घोर ।
मिली हुई साक्षात् जो, दिया उसी को छोड़ ।।

चित्र बना कर अब उसे, समझ रहा हूँ ठीक ।
भरी निर्झरी पार कर, मृगजल पीऊँ नीक ।।

मृगतृष्णा से ना बुझे, प्यासे मृग की प्यास ।
चित्र बना कर चित्रिता, शकुन्तला की आस ।।

(सानुमती)

दोहा॰ जिस-जिस सुंदर स्थान में, शकुन्तला का प्यार ।
उन सबको संपूर्ण तुम, करो भूप! साकार ।।

(और)

6.17 कार्या सैकतलीनहंसमिथुना स्त्रोतोवहा मालिनी
पादास्तामभितो निषण्णहरिणा गौरीगुरोः पावनाः ।

203
शकुन्तला छंद मीमांसा

शाखालम्बितवल्कलस्य च तरोर्निर्मातुमिच्छाम्यधः
शृङ्गे कृष्णमृगस्य वामनयनं कण्डूयमानां मृगीम् ॥
(शार्दूलविक्रीडित म स ज स त त ग छंद)

कार्यासै	कतली	नहंस	मिथुना	स्रोतोव	हामालि	नी
ऽ ऽ ऽ	। । ऽ	। ऽ ।	। । ऽ	ऽ ऽ ।	ऽ ऽ ।	ऽ
पादास्ता	मभितो	निषण्ण	हरिणा	गौरीगु	रोःपाव	नाः
ऽ ऽ ऽ	। । ऽ	। ऽ ।	। । ऽ	ऽ ऽ ।	ऽ ऽ ।	ऽ
शाखाल	म्बितव	ल्कलस्य	चतरो	र्निर्मातु	मिच्छाम्य	धः
ऽ ऽ ऽ	। । ऽ	। ऽ ।	। । ऽ	ऽ ऽ ।	ऽ ऽ ।	ऽ
शृङ्गेकृ	ष्णमृग	स्यवाम	नयनं	कण्डूय	मानांमृ	गीम्
ऽ ऽ ऽ	। । ऽ	। ऽ ।	। । ऽ	ऽ ऽ ।	ऽ ऽ ।	ऽ

(हे राजा दुष्यंत!)

दोहा॰ चित्रित हो नद मालिनी, तट पर जिसके रेत ।
जिस पर सुंदर हंसिनी, बैठी हंस समेत ।।

दोनों तट पर सरित के, पावन खड़े पहाड़ ।
पहाड़ पर मृग हिरण हैं, तरु-बेली की आड़ ।।

शाखाओं पर पेड़ कीं, लटके वल्कल वस्त्र ।
नीचे काले हरिण हैं, ऐसा दृश्य पवित्र ।।

एक हरिण खुजला रहा, सुंदर हरिणी नैन ।
धीरे-धीरे श्रृंग से, हरिणी पाती चैन ।।

विनय और सुकुमारता, रहे चित्र में दृष्ट ।
सही दृश्य वनवास का, करे चित्त संतुष्ट ।।

(राजा दुष्यंत)

6.18 कृतं न कर्णार्पितबन्धनं सखे शिरीषमागण्डविलम्बिकेसरम् ।
न वा शरच्चन्द्रमरीचिकोमलं मृणालसूत्रं रचित स्तनान्तरे ॥
(वंशस्थ ज त ज र छंद)

कृतंन	कर्णार्पि	तबन्ध	नंसखे
। ऽ ।	ऽ ऽ ।	। ऽ ।	ऽ । ऽ
शिरीष	मागण्ड	विलम्बि	केसरम्
। ऽ ।	ऽ ऽ ।	। ऽ ।	ऽ । ऽ
नवाश	रच्चन्द्र	मरीचि	कोमलम्
। ऽ ।	ऽ ऽ ।	। ऽ ।	ऽ । ऽ
मृणाल	सूत्रंर	चितस्त	नान्तरे
। ऽ ।	ऽ ऽ ।	। ऽ ।	ऽ । ऽ

दोहा॰ दिखाया नहीं चित्र में, शिरस कर्ण–का–फूल ।
लटक रहे हों गाल पर, जिसके केसर स्थूल ।।

ना ही चित्रित है यहाँ, पद्म पुष्प का हार ।
दो उरजों के बीच में, नहीं हार की तार ।।

(विदूषक)

📖 ...कुसुमरसपाटच्चरस्तत्रभवत्या वदनकमलमभिलङ्घते मधुकरः ।

दोहा॰ देखो नटखट भृंग वो, स्वभाव के अनुसार ।
शकुन्त के मुखकमल का, रस चूसने उतार ।।

(राजा दुष्यंत)

(हे भृंगराज)

दोहा॰ प्रेमी पुष्प पराग के, तुम्हें पद्म से प्रीत ।
शकुन्तला पर, भ्रमर! क्यों, तुमरा कहो प्रतीत ।।

(और)

6.19 एषा कुसुमनिषण्णा तृषितापि सती भवन्तमनुरक्ता ।
प्रतिपालयति मधुकरी न खलु मधु विना त्वया पिबति ॥

(आर्या गाथा 12–18, 12–15 छंद)

एषाकु	सुमनि	षण्णा			
ऽ ऽ ।	। । ।	ऽ ऽ			12

तृषिता	पिसती	भवन्त	मनुर	क्ता	
। । ऽ	। । ऽ	। ऽ ।	। । ऽ	ऽ	18
प्रतिपा	लयति	मधुक	री		
। । ऽ	। । ।	। । ।	ऽ		12
नखलु	मधुवि	नात्वया	पिबति		
। । ।	। । ।	ऽ । ऽ	। । । *		15

* अंतिम 27-वीं लघु मात्रा गुरु गिनी गई है.

दोहा॰ भ्रमरी है उस पुष्प पर, तकत तिहारी बाट ।
भ्रमर! तुमरे संग वो, मधुरस लेगी बाँट ।।

(और भी)

6.20 अक्लिष्टबालतरुपल्लवलोभनीयं पीतं मया सदयमेव रतोत्सवेषु ।
बिम्बाधरं स्पृशसि चेद्भ्रमर प्रियायास्त्वां कारयामि कमलोदरबन्धनस्थम् ॥

(वसंततिलका त भ ज ज ग ग छंद)

अक्लिष्ट	बालत	रुपल्ल	वलोभ	नीयम्
ऽ ऽ ।	ऽ । ।	। ऽ ।	। ऽ ।	ऽ ऽ
पीतंम	यासद	यमेव	रतोत्स	वेषु
ऽ ऽ ।	ऽ । ।	। ऽ ।	। ऽ ।	ऽ ऽ *
बिम्बाध	रंस्पृश	सिचेद्भ्र	मरप्रि	यायाः
ऽ ऽ ।	ऽ । ।	। ऽ ।	। ऽ ।	ऽ ऽ
त्वांकार	यामिक	मलोद	रबन्ध	नस्थम्
ऽ ऽ ।	ऽ । ।	। ऽ ।	। ऽ ।	ऽ ऽ

* अंतिम 14-वीं लघु मात्रा गुरु गिनी गई है.

(हे भ्रमर!)

दोहा॰ मेरा कहा न मान कर, भ्रमर! अगर तुम और ।
शकुन्तला के अधर को, चूमोगे, चितचोर! ।।

तुम्हें पकड़ कर मैं करूँ, पद्म पुष्प में बंद ।
शकुन्तला मेरी सखी, मेरी रति का छंद ।।

शकुन्तला के चित्र को, कल्पित कर साक्षात् ।
मुझे मिले आनंद है, करते-करते बात ।।

(माधव्य)

(हे नृप दुष्यंत!)

दोहा॰ मगर कहा माधव्य ने, करना मुझको माफ ।
यह तो केवल चित्र है, देख रहे हम साफ ।।

और कहा माधव्य ने, सुंदर होकर चित्र ।
असली कहाना चित्र को, लगता मुझे विचित्र ।।

(राजा दुष्यंत)

6.21 दर्शनसुखमनुभवतः साक्षादिव तन्मयेन हृदयेन ।
स्मृतिकारिणा त्वया मे पुनरपि चित्रीकृता कान्ता ॥

(आर्या गाथा 12-81, 12-15 छंद)

दर्शन	सुखम	नुभव	तः	
ऽ । ।	। । ।	। । ।	ऽ	12
साक्षादि	वतन्म	येनहृ	दयेन	
ऽ ऽ ।	। ऽ ।	ऽ । ।	। ऽ । *	18
स्मृतिका	रिणात्व	यामे		
। । ऽ	। ऽ ।	ऽ ऽ		12
पुनर	पिचित्री	कृताका	न्ता	
। । ।	। ऽ ऽ	। ऽ ऽ	ऽ	15

* अंतिम लघु मात्रा दीर्घ गिनी गई है

दोहा॰ दिखती मुझको चित्र में, शकुन्तला साक्षात् ।
करके अनुभव दर्श का, होती मुलाकात ।।

शकुन्तला के चित्र को, कह कर केवल चित्र ।
तुमने उसको चित्र ही, बना दिया है, मित्र! ।।

(राजा दुष्यंत)

6.22 प्रजागरात्खिलीभूतस्तस्याः स्वप्ने समागमः ।
बाष्पस्तु न ददात्येनां द्रष्टुं चित्रगतामपि ॥

(अनुष्टुभ् श्लोक छंद)

प्रजागरा	त्खिलीभू	त	स्तस्याःस्वप्ने	समाग	मः
।ऽ।ऽ	।ऽऽ	ऽ	ऽऽऽऽ	।ऽ।	ऽ
बाष्पस्तुन	ददात्ये	नां	द्रष्टुंचित्र	गताम	पि
ऽऽ।।	।ऽऽ	ऽ	ऽऽऽ।	।ऽ।	।

पाद टिप्पणियाँ :

1. इस अनुष्टुभ् छंद के विषम चरण 1 और 3 में पहले चार अक्षरों के बाद य गण (।ऽऽ) आने से और सम चरण 2 और 4 में प्रथम चार अक्षरों के पश्चात् ज (।ऽ।) गण आने से इन चार चरणों के पद्य में श्लोक छंद सिद्ध हुआ है।

2. यथा निम्न तालिका में दर्शित है : प्रथम चरण में ज र ग ग गण होने से यशस्करी छंद प्रयुक्त है; द्वितीय चरण में म र ल ग गण होने से क्षमा छंद युक्त होता ह; तृतीय चरण में त स ग ग गण होने से श्यामा छंद हुआ है और चतुर्थ चरण में प्रथम मात्रा के बाद न गण अथवा स गण न होने से और चौथे वर्ण के बाद ज गण आने से यहाँ पथ्यावक्त्र छंद प्रयुक्त है।

प्रजाग	रात्खिली	भूत		
।ऽ।	ऽ।ऽ	ऽऽ	ज र ग ग	यशस्करी
स्तस्याःस्व	प्रेसमा	गमः		
ऽऽऽ	ऽ।ऽ	।ऽ	म र ल ग	क्षमा छंद
बाष्पस्तु	नददा	त्येनां		
ऽऽ।	।।ऽ	ऽऽ	त स ग ग	श्यामा छंद
द्रष्टुंचि	त्रगता	मपि		

शकुन्तला छठा अंक

ऽ ऽ ऽ	। । ऽ	। ऽ *	म स ल ग	पथावक्त्र

* अंतिम 16-वीं लघु मात्रा गुरु गिनी गई है

दोहा॰ चित्र बता कर चित्र को, मुझे दिया तू कष्ट ।
चित्रित चित्रा चित्र की, कर दी तुमने नष्ट ।।

अब नैनन के नीर से, दिखता चित्र न स्पष्ट ।
अब हो मुझे शकुन्तला, सपने में ही दृष्ट ।।

(राजा दुष्यंत)

6.23 येन येन वियुज्यन्ते प्रजाः स्निग्धेन बन्धुना ।
स स पापादृते तासां दुष्यन्त इति घुष्यताम् ॥

(अनुष्टुभ् श्लोक छंद)

येनयेन	वियुज्य	न्ते	प्रजाःस्निग्धे	नबन्धु	ना
ऽ । ऽ ।	। ऽ ऽ	ऽ	। ऽ ऽ ऽ	। ऽ ।	ऽ
ससपापा	दृतेता	सां	दुष्यन्तइ	तिघुष्य	ताम्
। । ऽ ऽ	। ऽ ऽ	ऽ	ऽ ऽ । ।	। ऽ ।	ऽ

पाद टिप्पणियाँ :

1. इस अनुष्टुभ् छंद के विषम चरण 1 और 3 में पहले चार अक्षरों के बाद य गण (। ऽ ऽ) आने से और सम चरण 2 और 4 में प्रथम चार अक्षरों के पश्चात् ज (। ऽ ।) गण आने से इन चार चरणों के पद्य में श्लोक छंद सिद्ध हुआ है.
2. यथा निम्न तालिका में दर्शित है : प्रथम चरण में र स ग ग गण होने से मनोला छंद है; द्वितीय चरण में य र ल ग गण होने से भाषा छंद युक्त है; तृतीय चरण में स र ग ग गण होने से परिधारा छंद घटित है और चतुर्थ चरण में प्रथम मात्रा के बाद न गण अथवा स गण न होने से और चौथे वर्ण के बाद ज गण आने से यहाँ पथ्यावक्त्र छंद प्रयुक्त है.

209
शकुन्तला छंद मीमांसा

येनये	नवियु	ज्यन्ते		
ऽ । ऽ	। । ऽ	ऽ ऽ	र स ग ग	मनोला छंद
प्रजाःस्त्रि	ग्धेनब	न्धुना		
। ऽ ऽ	ऽ । ऽ	। ऽ	य र ल ग	भाषा छंद
ससपा	पादृते	तासाम्		
। । ऽ	ऽ । ऽ	ऽ ऽ	स र ग ग	परिधारा छंद
दुष्यन्त	इतिघु	ष्यताम्		
ऽ ऽ ।	। । ऽ	। ऽ	त स ल ग	पथ्यावक्त्र छंद

दोहा॰ जिसका प्रियजन है गया, उसका रक्षक भूप ।
प्रिय जब जाए भूप का, राजा दुखी अनूप ।।

(राजा दुष्यंत)

6.24 संरोपितेऽप्यात्मनि धर्मपत्नी त्यक्ता मया नाम कुलप्रतिष्ठा ।
कल्पिष्यमाणा महते फलाय वसुंधरा काल इवोप्तबीजा ॥

उपजाति इंद्रवज्रा-इंद्रवज्रा-इंद्रवज्रा-उपेंद्रवज्रा छंद (बाला छंद)

संरोपि	तेप्यात्म	निधर्म	पत्नी	
ऽ ऽ ।	ऽ ऽ ।	। ऽ ।	ऽ ऽ	इंद्रवज्रा
त्यक्ताम	यानाम	कुलप्र	तिष्ठा	
ऽ ऽ ।	ऽ ऽ ।	। ऽ ।	ऽ ऽ	इंद्रवज्रा
कल्पिष्य	माणाम	हतेफ	लाय	
ऽ ऽ ।	ऽ ऽ ।	। ऽ ।	ऽ ऽ *	इंद्रवज्रा
वसुंध	राकाल	इवोप्त	बीजा	
। ऽ ।	ऽ ऽ ।	। ऽ ।	ऽ ऽ	उपेंद्रवज्रा

* अंतिम 11-वीं लघु मात्रा गुरु गिनी गई है.

दोहा॰ बोया मैंने बीज था, मगर होगई भूल ।
वधू गर्भिणी त्याग कर, खोया कुल का फूल ।।

(राजा दुष्यंत)

6.25 अस्मात्परं बत यथाश्रुति सम्भृतानि को नः कुले निवपनानि नियच्छतीति ।

नूनं प्रसूतिविकलेन मया प्रसिक्तं धौताश्रुशेषमुदकं पितरः पिबन्ति ॥

(वसंततिलका त भ ज ज ग ग छंद)

अस्मात्प	रंबत	यथाश्रु	तिसम्भृ	तानि
ऽ ऽ ।	ऽ । ।	। ऽ ।	। ऽ ।	ऽ ऽ *
कोनःकु	लेनिव	पनानि	नियच्छ	तीति
ऽ ऽ ।	ऽ । ।	। ऽ ।	। ऽ ।	ऽ ऽ *
नूनंप्र	सूतिवि	कलेन	मयाप्र	सिक्तम्
ऽ ऽ ।	ऽ । ।	। ऽ ।	। ऽ ।	ऽ ऽ
धौताश्रु	शेषमु	दकंपि	तरःपि	बन्ति
ऽ ऽ ।	ऽ । ।	। ऽ ।	। ऽ ।	ऽ ऽ *

* अंतिम 14-वीं लघु मात्रा गुरु गिनी गई है.

दोहा॰ कुल का दीपक पुत्र है, जिसके बिन अँधकार ।
निपुत्र यदि मैं रह गया, कौन करे संस्कार ।।

पुरु कुल का इस वंश में, दीपक मैं दुष्यंत ।
शकुन्तला आए बिना, होगा कुल का अंत ।।

(राजा दुष्यंत)

6.26 अहन्यहन्यात्मन एव तावज्ज्ञातुं प्रमादस्खलितं न शक्यम् ।
प्रजासु कः केन पथा प्रयातीत्यशेषतो वेदितुमस्ति शक्तिः ॥

उपजाति उपेंद्रवज्रा-इंद्रवज्रा-उपेंद्रवज्रा-उपेंद्रवज्रा छंद (ऋद्धि छंद)

अहन्य	हन्यात्म	नएव	तावत्	
। ऽ ।	ऽ ऽ ।	। ऽ ।	ऽ ऽ	उपेंद्रवज्रा
ज्ञातुंप्र	मादस्ख	लितंन	शक्यम्	
ऽ ऽ ।	ऽ ऽ ।	। ऽ ।	ऽ ऽ	इंद्रवज्रा
प्रजासु	कःकेन	पथाप्र	याती-	
। ऽ ।	ऽ ऽ ।	। ऽ ।	ऽ ऽ	उपेंद्रवज्रा
त्यशेष	तोवेदि	तुमस्ति	शक्तिः	
। ऽ ।	ऽ ऽ ।	। ऽ ।	ऽ ऽ	उपेंद्रवज्रा

दोहा॰ हो कर नृप अति सबल भी, जागरूक भी भूप ।
सकल प्रजा की विपद का, जान न पाए रूप ।।

(विदूषक)

दोहा॰ तभी अचानक आ गया, योद्धा "मातलि" नाम ।
मार–पीट करने लगा, छेड़ दिया संग्राम ।।

इंद्र सारथी मातलि, किया आक्रमण घोर ।
सभी ओर था मच गया, "हमें बचाओ शोर" ।।

सुनी खबर जब समर की, ले कर अपना तीर ।
भूप दुष्यंत चल पड़े, युद्ध भूमि पर वीर ।।

(राजा दुष्यंत)

6.27 एष त्वामभिनवकण्ठशोणितार्थी शार्दूलः पशुमिव हन्मि चेष्टमानम् ।
आर्तानां भयमपनेतुमात्तधन्वा दुष्यन्तस्तव शरणं भवत्विदानीम् ॥

(प्रहर्षिणी म न ज र ग छंद)

एषत्वा	मभिन	वकण्ठ	शोणिता	र्थी
ऽ ऽ ऽ	। । ।	। ऽ ।	ऽ । ऽ	ऽ
शार्दूलः	पशुमि	वहन्मि	चेष्टमा	नम्
ऽ ऽ ऽ	। । ।	। ऽ ।	ऽ । ऽ	ऽ
आर्तानां	भयम	पनेतु	मात्तध	न्वा
ऽ ऽ ऽ	। । ।	। ऽ ।	ऽ । ऽ	ऽ
दुष्यन्त	स्तवश	रणंभ	वत्विदा	नीम्
ऽ ऽ ऽ	। । ।	। ऽ ।	ऽ । ऽ	ऽ

दोहा॰ टूट पड़ा वह सारथी, माधव्य पर प्रचंड ।
राजा ने शर मार कर, दिया दुष्ट को दंड ।।

(राजा दुष्यंत)

6.28 यो हनिष्यति वध्यं त्वां रक्ष्यं रक्षिष्यति द्विजम् ।

हंसो हि क्षीरमादत्ते तन्मिश्रा वर्जयत्यपः ॥

(अनुष्टुभ् श्लोक छंद)

योहनिष्य	तिवध्यं	त्वां	रक्ष्यंरक्षि	ष्यतिद्वि	जम्
ऽ । ऽ ।	। ऽ ऽ	ऽ	ऽ ऽ ऽ ऽ	। ऽ ।	ऽ
हंसोहिक्षी	रमाद	त्ते	तन्मिश्राव	र्जयत्य	पः
ऽ ऽ ऽ ऽ	। ऽ ऽ	ऽ	ऽ ऽ ऽ ऽ	। ऽ ।	ऽ

पाद टिप्पणियाँ :

1. इस अनुष्टुभ् छंद के विषम चरण 1 और 3 में पहले चार अक्षरों के बाद य गण (। ऽ ऽ) आने से और सम चरण 2 और 4 में प्रथम चार अक्षरों के पश्चात् ज (। ऽ ।) गण आने से इन चार चरणों के पद्य में श्लोक छंद सिद्ध हुआ है.
2. यथा निम्न तालिका में दर्शित है : प्रथम चरण में र स ग ग गण होने से गाथ छंद प्रयुक्त है; द्वितीय और चतुर्थ चरण में म र ल ग गण आने से क्षमा छंद है और तृतीय चरण में म र ग ग गण आकर पहले अक्षर के बाद न ही न गण है न स गण है और चौथे वर्ण के बाद य गण आने से यहाँ वक्त्र छंद प्रयुक्त है.

योहनि	ष्यतिव	ध्यंत्वाम्		
ऽ । ऽ	। । ऽ	ऽ ऽ	र स ग ग	गाथ छंद
रक्ष्यंर	क्षिष्यति	द्विजम्		
ऽ ऽ ऽ	ऽ । ऽ	। ऽ	म र ल ग	क्षमा छंद

हंसोहि	क्षीरमा	दत्ते		
ऽ ऽ ऽ	ऽ । ऽ	ऽ ऽ	म र ग ग	वक्त्र छंद
तान्मिश्रा	वर्जय	त्यपः		
ऽ ऽ ऽ	ऽ । ऽ	। ऽ	म र ल ग	क्षमा छंद

दोहा॰ राजा के उन बाण में, भरा दोहरा भाव ।

मातलि को भी च्युत किया, माधव्य का बचाव ।।

यथा पारखी हंस वो, प्राशन करके दूध ।
नीर शुद्ध को छोड़ता, शोषण कर हर बूँद ।।

(मातलि)

6.29 कृता शरव्यं हरिणा तवासुराः शरासनं तेषु विकृष्यतामिदम् ।
प्रसादसौम्यानि सतां सुहृज्जने पतन्ति चक्षूंषि न दारुणाः शराः ॥

(वंशस्थ ज त ज र छंद)

कृताश	रव्यंह	रिणात	वासुराः
। ऽ ।	ऽ ऽ ।	। ऽ ।	ऽ । ऽ
शरास	नंतेषु	विकृष्य	तामिदम्
। ऽ ।	ऽ ऽ ।	। ऽ ।	ऽ । ऽ
प्रसाद	सौम्यानि	सतांसु	हृज्जने
। ऽ ।	ऽ ऽ ।	। ऽ ।	ऽ । ऽ
पतन्ति	चक्षूंषि	नदारु	णाःशराः
। ऽ ।	ऽ ऽ ।	। ऽ ।	ऽ । ऽ

(हे राजन्!)

दोहा॰ परास्त हो कर सारथी, बना भूप–हितकार ।
बोला, मुझको इंद्र ने, भेजा है, सरकार! ।।

असुर मारने हैं हमें, करना है सुर–त्राण ।
काम इस तरह दोहरा, करें आपके बाण ।।

📖 अस्ति कालनेमिप्रसूतिर्दुर्जयो नाम दानवगणः ।

दोहा॰ दुर्जय नामक असुर है, कालनेमि संतान ।
हिरणकशिपु का पुत्र था, कालनेमि तूफान ।।

सौ सिर, सौ कर प्राप्त थे, और प्राप्त वरदान ।
कालनेमि को विष्णु ने, मार किया कल्याण ।।

नारद मुनि ने थी कही, कथा युद्ध की पूर्व ।
सुनी सभी ने पूर्ण थी, रोमांच की अपूर्व ।।

(मातलि)

6.30 सख्युस्ते स किल शतक्रतोरजय्य स्तस्य त्वं रणशिरसि स्मृतो निहन्ता ।
उच्छेत्तुं प्रभवति यन्न सप्तसप्तिस्तन्नैशं तिमिरमपाकरोति चन्द्रः ॥

(प्रहर्षिणी म न ज र ग छंद)

सख्युस्ते	सकिल	शतक्र	तोरज	य्यः
ऽ ऽ ऽ	। । ।	। ऽ ।	ऽ । ऽ	ऽ
तस्यत्वं	रणशि	रसिस्मृ	तोनिह	न्ता
ऽ ऽ ऽ	। । ।	। ऽ ।	ऽ । ऽ	ऽ
उच्छेत्तुं	प्रभव	तियन्न	सप्तस	प्तिः
ऽ ऽ ऽ	। । ।	। ऽ ।	ऽ । ऽ	ऽ
तन्नैशं	तिमिर	मपाक	रोतिच	न्द्रः
ऽ ऽ ऽ	। । ।	। ऽ ।	ऽ । ऽ	ऽ

दोहा॰ दुर्जयराक्षस के असुर, हैं इंद्र से अजेय ।
अतः बुलाया आपको, सार्थक करने ध्येय ।।

रात्री के अँधकार का, करने पूर्ण विनाश ।
सूर्य जहाँ असमर्थ है, समर्थ चंद्र प्रकाश ।।

ना सूरज ना दीप भी, करे निशा का अंत ।
निशाचरों का नाश है, कर सकते दुष्यंत ।।

ना ही सुर, न सुरेंद्र भी, ना सुर–सैन्य अनंत ।
प्राप्त कर सके विजय जो, पा सकते दुष्यंत ।।

(मातलि)

6.31 ज्वलति चलितेन्धनोऽग्निर्विप्रकृतः पन्नगः फणां कुरुते ।
प्रायः स्वं महिमानं क्षोभात्प्रतिपद्यते हि जनः ॥

(आर्या गाथा 12-18, 12-15 छंद)

ज्वलति	चलिते	न्धनोग्निः		
। । ।	। । ऽ	। ऽ ऽ		12
विप्रकृ	तःपन्न	गःफणां	कुरुते	
ऽ । ।	ऽ ऽ ।	ऽ । ऽ	। । ऽ	18
प्रायःस्वं	महिमा	नम्		
ऽ ऽ ऽ	। । ऽ	ऽ		12
क्षोभात्प्र	तिपद्य	तेहिज	नः	
ऽ ऽ ।	। ऽ ।	ऽ । ।	ऽ	15

दोहा॰ हिला-डुला कर काष्ठ को, होत प्रखर है आग ।
छेड़-छाड़ से नाग का, फन पड़ता है जाग ।।

शूर-वीर जो शाँत है, स्वावलंबी स्वभाव ।
पा कर वह उत्तेजना, करता प्रकट प्रभाव ।।

शाँत मनस् दुष्यंत थे, वियोग दुःख उदास ।
छेड़ उन्हें दुर्जेय ने, कीन्हा आत्मविनाश ।।

(राजा दुष्यंत)

6.32 त्वन्मतिः केवला तावत् परिपालयतु प्रजाः ।
अधिज्यमिदमन्यस्मिन्कर्मणि व्यापृतं धनुः ॥

(अनुष्टुभ् श्लोक छंद)

त्वन्मतिःके	वलाता	व	त्परिपाल	यतुप्र	जाः
ऽ । ऽ ऽ	। ऽ ऽ	ऽ	। । ऽ ।	। ऽ ।	ऽ
अधिज्यमि	दमन्य	स्मि	न्कर्मणिव्या	पृतंध	नुः
। ऽ । ।	। ऽ ऽ	ऽ	ऽ । ऽ ऽ	। ऽ ।	ऽ

पाद टिप्पणियाँ :

1. इस अनुष्टुभ् छंद के विषम चरण 1 और 3 में पहले चार अक्षरों के

बाद य गण (। ऽ ऽ) आने से और सम चरण 2 और 4 में प्रथम चार अक्षरों के पश्चात् ज (। ऽ ।) गण आने से इन चार चरणों के पद्य में श्लोक छंद सिद्ध हुआ है.

2. यथा निम्न तालिका में दर्शित है : प्रथम चरण में र र ग ग गण होने से पद्ममाला छंद प्रयुक्त है; द्वितीय चरण में स स ल ग गण आने से कलिला छंद प्रयुक्त है; तृतीय चरण में ज स ग ग गण होने से यहाँ भांर्गी छंद होता है और चतुर्थ चरण र र ल ग गण का होने से हेमरूप छंद युक्त है.

त्वन्मतिः	केवला	तावत्		
ऽ । ऽ	ऽ । ऽ	ऽ ऽ	र र ग ग	पद्ममाला
परिपा	लयतु	प्रजाः		
। । ऽ	। । ऽ	। ऽ	स स ल ग	कलिला
अधिज्य	मिदम	न्यस्मिन्		
। ऽ ।	। । ऽ	ऽ ऽ	ज स ग ग	भांर्गी छंद
कर्मणि	व्यापृतं	धनुः		
ऽ । ऽ	ऽ । ऽ	। ऽ	र र ल ग	हेमरूप छंद

दोहा॰ पाने जय दुर्जेय पर, सौंप दिया अधिकार ।
पिशुन नाम के सचिव को, राजा ने व्यवहार ।।

जब तक मैं हूँ समर में, करो प्रजा के काम ।
आता हूँ मैं जीत कर, इंद्रदेव के नाम ।।

इति षष्ठो अङ्कः ।

सप्तम अंक
पुनर्मिलन
शकुन्तला से पुनः मिलन

सप्तमोऽङ्कः।

(मातलि)

7.1 प्रथमोपकृतं मरुत्वतः प्रतिपत्त्या लघु मन्यते भवान्।
गणयत्यवदानविस्मितो भवतः सोऽपि न सत्क्रियागुणान्॥

(सुंदरी स स ज भ त ज र छंद)

प्रथमो	पकृतं	मरुत्व	तःप्रति	पत्त्याल	घुमन्य	तेभवान्
। । ऽ	। । ऽ	। ऽ ।	ऽ । ।	ऽ ऽ ।	। ऽ ।	ऽ । ऽ
गणय	त्यवदा	नविस्मि	तोभव	तःसोपि	नसत्क्रि	यागुणान्
। । ऽ	। । ऽ	। ऽ ।	ऽ । ।	ऽ ऽ ।	। ऽ ।	ऽ । ऽ

दोहा॰ **सुन कर वार्ता विजय की, और असुर संहार ।**
स्वर्ग में किया इंद्र ने, राजा का सत्कार ।।

पर्व में कहे इंद्र ने, राजा को आभार ।
दियी विदाई भूप को, समेत शिष्टाचार ।।

वापस रथ में लौटते, बोला मातलि बात ।
किया मान है इंद्र ने, प्रमोद के पश्चात् ।।

देख आपकी वीरता, बहुत इंद्र को गर्व ।
स्वामी ने आदर दिया, करके प्रयत्न सर्व ।।

इंद्र के लिए आपने, कीन्हा काम महान ।
धरती से अब स्वर्ग तक, हुआ आपका नाम ।।

(राजा दुष्यंत)

दोहा॰ ठीक कहा है, मातलि! गौरव हुआ महान ।
अपने आसन पर मुझे, दिया इंद्र ने स्थान ।।

(राजा दुष्यंत)

7.2 अन्तर्गतप्रार्थनमन्तिकस्थं जयन्तमुद्वीक्ष्य कृतस्मितेन ।
आमृष्टवक्षोहरिचन्दनाङ्का मन्दारमाला हरिणा पिनद्धा ॥

उपजाति इंद्रवज्रा-उपेंद्रवज्रा-इंद्रवज्रा-इंद्रवज्रा छंद (वाणी छंद)

अन्तर्ग	तप्रार्थ	नमन्ति	कस्थम्	
ऽ ऽ ।	ऽ ऽ ।	। ऽ ।	ऽ ऽ	इंद्रवज्रा
जयन्त	मुद्वीक्ष्य	कृतस्मि	तेन	
। ऽ ।	ऽ ऽ ।	। ऽ ।	ऽ ऽ *	उपेंद्रवज्रा
आमृष्ट	वक्षोह	रिचन्द	नाङ्का	
ऽ ऽ ।	ऽ ऽ ।	। ऽ ।	ऽ ऽ	इंद्रवज्रा
मन्दार	मालाह	रिणापि	नद्धा	
ऽ ऽ ।	ऽ ऽ ।	। ऽ ।	ऽ ऽ	इंद्रवज्रा

* अंतिम 11-वीं लघु मात्रा गुरु गिनी गई है.

(इंद्रपुत्र जयंत)

दोहा॰ माला पहनाने मुझे, आया जभी जयंत ।
उसके पहले इंद्र का, उबला हर्ष अनंत ।।

हरिचंदन से युक्त जो, हार पुष्प मंदार ।
मुझे पिनाया शक्र ने, निज वक्ष से उतार ।।

(मातलि)

7.3 सुखपरस्य हरेरुभयैः कृतं त्रिदिवमुद्धृतदानवकण्टकम् ।
तव शरैरधुना नतपर्वभिः पुरुषकेसरिणश्च पुरा नखैः ॥

(द्रुतविलंबित न भ भ र छंद)

सुखप	रस्यह	रेरुभ	यैःकृतं
। । ।	ऽ । ।	ऽ । ।	ऽ । ऽ

त्रिदिव	मुद्धृत	दानव	कण्टकम्
। । ।	ऽ । ।	ऽ । ।	ऽ । ऽ
तवश	रैरधु	नानत	पर्वभिः
। । ।	ऽ । ।	ऽ । ।	ऽ । ऽ
पुरुष	केसरि	णश्चपु	रानखैः
। । ।	ऽ । ।	ऽ । ।	ऽ । ऽ

दोहा॰ द्विविध प्रभावी आपके, "झुकी-गाठ" के बाण ।
प्रत्यंचा से निकल कर, लेते दानव प्राण ।।

पुरा काल नरसिंह के, जैसे थे नख शस्त्र ।
वैसे ही अब आपके, घातक हैं शर अस्त्र ।।

(राजा दुष्यंत)

7.4 सिध्यन्ति कर्मसु महत्स्वपि यन्नियोज्याः
सम्भावनागुणमवेहि तमीश्वराणाम् ।
किं वाऽभविष्यदरुणस्तमसां विभेत्ता
तं चेत्सहस्रकिरणो धुरि नाकरिष्यत् ॥

(वसंततिलका त भ ज ज ग ग छंद)

सिध्यन्ति	कर्मसु	महत्स्व	पियन्नि	योज्याः
ऽ ऽ ।	ऽ । ।	। ऽ ।	। ऽ ।	ऽ ऽ
सम्भाव	नागुण	मवेहि	तमीश्व	राणाम्
ऽ ऽ ।	ऽ । ।	। ऽ ।	। ऽ ।	ऽ ऽ
किंवाभ	विष्यद	रुणस्त	मसांवि	भेत्ता
ऽ ऽ ।	ऽ । ।	। ऽ ।	। ऽ ।	ऽ ऽ
तंचेत्स	हस्रकि	रणोधु	रिनाक	रिष्यत्
ऽ ऽ ।	ऽ । ।	। ऽ ।	। ऽ ।	ऽ ऽ

दोहा॰ योद्धा करता युद्ध में, जो भी यश है प्राप्त ।
गौरव सब उस विजय का, स्वामी गहे समस्त ।।

अरुण रथी का रथ जभी, नष्ट करे अँधकार ।
तिमिरविनाशक शीर्ष पर, सूरज का अधिकार ।।

सूरज यदि ना अरुण को, देता सारथि स्थान ।
अरुण कहाँ अँधकार का, कर सकता अवसान? ।।

(मातलि)

7.5 विच्छित्तिशेषैः सुरसुन्दरीणां वर्णैरमी कल्पलतांशुकेषु ।
विचिन्त्य गीतक्षममर्थजातं दिवौकसस्त्वच्चरितं लिखन्ति ॥

उपजाति इंद्रवज्रा–इंद्रवज्रा–उपेंद्रवज्रा–उपेंद्रवज्रा छंद (रामा छंद)

विच्छित्ति	शेषैःसु	रसुन्द	रीणाम्	
S S ।	S S ।	। S ।	S S	इंद्रवज्रा
वर्णैर	मीकल्प	लतांशु	केषु	
S S ।	S S ।	। S ।	S S *	इंद्रवज्रा
विचिन्त्य	गीतक्ष	ममर्थ	जातम्	
। S ।	S S ।	। S ।	S S	उपेंद्रवज्रा
दिवौक	सस्त्वच्च	रितंलि	खन्ति	
। S ।	S S ।	। S ।	S S *	उपेंद्रवज्रा

* अंतिम 11-वीं लघु मात्रा गुरु गिनी गई है.

(हे राजन्!)

दोहा० हे राजन्! वे देखिये, देव-देवता संघ ।
गेय पद्य हैं गा रहे, विविध राग के रंग ।।

कल्पवृक्ष के रेशमी, वस्त्रों पर सानंद ।
चरित आपका लिख रहे, रच कर नाना छंद ॥

सप्त प्रसाधन दिव्य से, बेल-बूटे सुरेख ।
सुरसुंदरियाँ गठ रही, नृप गरिमा के लेख ।।

(राजा दुष्यंत)

📖 मातले! असुरसम्प्रहारोत्सुकेन पूर्वेद्युर्दिवमधिरोहता मया न लक्षितः

221

स्वर्गमार्गः । कतमस्मिन्मरुतां पथि वर्तामहे ।

दोहा॰ राजा बोले, मातलि! जब हम आए स्वर्ग ।
करने आक्रम असुर पर, देख रहा था भर्ग ॥

उत्कण्ठा से युद्ध की, मैंने दिया न ध्यान ।
आए हम किस मार्ग से, कहाँ हमारा यान ॥

वापस हम किस मार्ग से, जाना हो निर्भीक ।
सात पवन के मार्ग हैं, हमें कौनसा ठीक? ॥

(मातलि)

7.6 त्रिस्रोतसं वहति यो गगनप्रतिष्ठां ज्योतींषि वर्तयति च प्रविभक्तरश्मिः ।
तस्य द्वितीयहरिविक्रमनिस्तमस्कं वायोरिमं परिवहस्य वदन्ति मार्गम् ॥

(वसंततिलका त भ ज ज ग ग छंद)

त्रिस्रोत	संवह	तियोग	गनप्र	तिष्ठाम्
ऽ ऽ ।	ऽ । ।	। ऽ ।	। ऽ ।	ऽ ऽ
ज्योतींषि	वर्तय	तिचप्र	विभक्त	रश्मिः
ऽ ऽ ।	ऽ । ।	। ऽ ।	। ऽ ।	ऽ ऽ
तस्यद्वि	तीयह	रिविक्र	मनिस्त	मस्कम्
ऽ ऽ ।	ऽ । ।	। ऽ ।	। ऽ ।	ऽ ऽ
वायोरि	मंपरि	वहस्य	वदन्ति	मार्गम्
ऽ ऽ ।	ऽ । ।	। ऽ ।	। ऽ ।	ऽ ऽ

दोहा॰ तीन स्रोत में जो बहे, "भोगवती" है नाम ।
गंगा वह आकाश की, "परिवह" जिसका धाम ॥

परिवह वायु वरेण्य है, वही हमारा मार्ग ।
सप्तर्षिचक्र को करे, धारण वही सुमार्ग ॥

नारायण ने जब लिया, वामन का अवतार ।
द्वितीय पद विन्यास से, नष्ट हुआ अँधकार ॥

उस ही उज्ज्वल मार्ग का, "परिवह"जाना नाम ।

"वायुमार्ग" जाना वही, लें हम, जाने धाम ।।

(राजा दुष्यंत)

📖 मातले! अतः खलु सबाह्यान्तःकरणो ममान्तरात्मा प्रसीदति रथाङ्ग-मवलोक्य, मेघपदवीमवतीर्णौ स्वः ।

दोहा॰ कहा भूप ने, मातले! रथ के पहिये देख ।
लगता रथ है जा रहा, अधः उतर कर मेघ ।।

अमृतमय इस वायु से, पुलकित देह तमाम ।
श्वास-श्वास में हो रहा, प्रसन्न आत्माराम ।।

(राजा दुष्यंत)

7.7 अयमरविवरेभ्यश्चातकैर्निष्पतद्भिर्हरिभिरचिरभासां तेजसा चानुलिप्तैः ।
गतमुपरि घनानां वारिगर्भोदराणां पिशुनयति रथस्ते शीकरक्लिन्ननेमिः ॥

(मालिनी न न म य य छंद)

अयम	रविव	रेभ्यश्चा	तकैर्नि	ष्पतद्भिः
। । ।	। । ।	ऽ ऽ ऽ	। ऽ ऽ	। ऽ ऽ
हरिभि	रचिर	भासांते	जसाचा	नुलिप्तैः
। । ।	। । ।	ऽ ऽ ऽ	। ऽ ऽ	। ऽ ऽ
गतमु	परिघ	नानांवा	रिगर्भो	दराणाम्
। । ।	। । ।	ऽ ऽ ऽ	। ऽ ऽ	। ऽ ऽ
पिशुन	यतिर	थस्तेशी	करक्लि	न्ननेमिः
। । ।	। । ।	ऽ ऽ ऽ	। ऽ ऽ	। ऽ ऽ

दोहा॰ रथचक्रों की परिधि है, जल के तुषार व्याप्त ।
विद्युतगति के अश्व हैं, नमी मेघ से प्राप्त ।।

चातक देखो पी रहे, रथ से उड़े तुषार ।
जो पीते नभ नीर हैं, कभी न भू-जल धार ।।

(राजा दुष्यंत)

7.8 शैलानामवरोहतीव शिखरादुन्मज्जतां मेदिनी
पर्णाभ्यन्तरलीनतां विजहति स्कन्धोदयात्पादपाः ।
संतानैस्तनुभावनष्टसलिला व्यक्तिं भजन्त्यापगाः
केनाप्युत्क्षिपतेव पश्य भुवनं मत्पार्श्वमानीयते ॥

(शार्दूलविक्रीडित म स ज स त त ग छंद)

शैलाना	मवरो	हतीव	शिखरा	दुन्मज्ज	तांमेदि	नी
ऽ ऽ ऽ	। । ऽ	। ऽ ।	। । ऽ	ऽ ऽ ।	ऽ ऽ ।	ऽ
पर्णाभ्य	न्तरली	नतांवि	जहति	स्कन्धोद	यात्पाद	पाः
ऽ ऽ ऽ	। । ऽ	। ऽ ।	। । ऽ	ऽ ऽ ।	ऽ ऽ ।	ऽ
संतानै	स्तनुभा	वनष्ट	सलिला	व्यक्तिंभ	जन्त्याप	गाः
ऽ ऽ ऽ	। । ऽ	। ऽ ।	। । ऽ	ऽ ऽ ।	ऽ ऽ ।	ऽ
केनाप्यु	त्क्षिपते	वपश्य	भुवनं	मत्पार्श्व	मानीय	ते
ऽ ऽ ऽ	। । ऽ	। ऽ ।	। । ऽ	ऽ ऽ ।	ऽ ऽ ।	ऽ

दोहा॰ गगनचुंबी पहाड़ हैं, लगते कितने पास ।
लगे शिखर गिरि के हमें, छूने करत प्रयास ।।

पृथ्वी सुंदर लग रही, नभ से विशाल गोल ।
नैनन को रमणीय है, दृश्य दिखे अनमोल ।।

शिखर हरे हैं लग रहे, वृक्ष सघन सब ओर ।
पृथ्वी लगती है ढ़की, हरित गिलिम की तौर ।।

वृक्ष तने जो थे छिपे, घन पत्तों के बीच ।
कुछ-कुछ अब दिखने लगे, तरु के बीचोबीच ।।

नदियाँ अब दिखने लगी, पतली सर्पाकार ।
भूमंडल है आ रहा, निकट समीर सवार ।।

(हेमकूट पर्वत)

दोहा॰ नृप ने पूछा, मातलि! इस गिरि का क्या नाम ।
पूरब से पश्चिम तना, है किसका यह धाम? ।।

(मातलि)

दोहा॰ हेमकूट यह शैल है, सिद्ध तपस्या स्थान ।
हिमगिरि पर कैलास तक, पर्वत यही प्रधान ।।

(मातलि)

7.9 स्वायम्भुवान्मरीचेर्यः प्रबभूव प्रजापतिः ।
सुरासुरगुरुः सोऽत्र सपत्नीकस्तपस्यति ॥

(अनुष्टुभ् श्लोक छंद)

स्वायम्भुवा	न्मरीचे	र्यः	प्रबभूव	प्रजाप	तिः
ऽ ऽ । ऽ	। ऽ ऽ	ऽ	। । ऽ ऽ	। ऽ ।	ऽ
सुरासुर	गुरुःसो	त्र	सपत्नीक	स्तपस्य	ति
। ऽ । ।	। ऽ ऽ	।	। ऽ ऽ ऽ	। ऽ ।	ऽ

पाद टिप्पणियाँ :

1. इस अनुष्टुभ् छंद के विषम चरण 1 और 3 में पहले चार अक्षरों के बाद य गण (। ऽ ऽ) आने से और सम चरण 2 और 4 में प्रथम चार अक्षरों के पश्चात् ज (। ऽ ।) गण आने से इन चार चरणों के पद्य में श्लोक छंद सिद्ध हुआ है.
2. यथा निम्न तालिका में दर्शित है : प्रथम चरण में त र ग ग गण होने से विभा छंद प्रयुक्त है; द्वितीय चरण में स र ल ग गण आने से यहाँ शलुकलुप्ता छंद प्रयुक्त है; तृतीय चरण में ज स ग ल गण होने से यहाँ भांर्गी छंद घटित है और चतुर्थ चरण में य र ल ल गण होने से भाषा छंद है.

स्वायम्भु	वान्मरी	चेर्यः		
ऽ ऽ ।	ऽ । ऽ	ऽ ऽ	त र ग ग	विभा छंद
प्रबभू	वप्रजा	पतिः		

। । ऽ	ऽ । ऽ	। ऽ	स र ल ग	शलुकलुप्ता
सुरासु	रगुरुः	सोत्र		
। ऽ ।	। । ऽ	ऽ ।	ज स ग ग ल	भांर्गी छंद
सपत्नी	कस्तप	स्यति		
। ऽ ऽ	ऽ । ऽ	। । *	य र ल ग	भाषा छंद

* अंतिम 16-वीं लघु मात्रा गुरु गिनी गई है

दोहा॰ यहाँ तपस्या कर रहे, कश्यप मरीचिपुत्र ।
देव-दानवों के पिता, ब्रह्माजी के पौत्र ।।

राजा बोले, मातले! चल कर करें प्रणाम ।
दर्शन कश्यप-अदिति के, जा कर उनके धाम ।।

(राजा दुष्यंत)

7.10 उपोढशब्दा न रथाङ्गनेमयः प्रवर्तमानं न च दृश्यते रजः ।
अभूतलस्पर्शतयाऽनिरुद्धतस्तवावतीर्णोऽपि रथो न लक्ष्यते ॥

(वंशस्थ ज त ज र छंद)

उपोढ	शब्दान	रथाङ्ग	नेमयः
। ऽ ।	ऽ ऽ ।	। ऽ ।	ऽ । ऽ
प्रवर्त	मानंन	चदृश्य	तेरजः
। ऽ ।	ऽ ऽ ।	। ऽ ।	ऽ । ऽ
अभूत	लस्पर्श	तयानि	रुद्धतः
। ऽ ।	ऽ ऽ ।	। ऽ ।	ऽ । ऽ
तवाव	तीर्णोपि	रथोन	लक्ष्यते
। ऽ ।	ऽ ऽ ।	। ऽ ।	ऽ । ऽ

दोहा॰ नभ से धरती पर रुका, मातलि का जब यान ।
ना पहियों के स्पर्श का, शब्द सुन सके कान ।।

ना रथचक्रों से उड़ी, तनिक कहीं भी धूल ।
ना रुकना जाना गया, जैसे गिरता फूल ।।

ना कोई झटका लगा, ना कोई आवाज ।
यान रुका है की नहीं, कर न सके अंदाज ।।

यही इंद्र के यान की, विशेष लगती बात ।
भाग रहा है की रुका, नहीं हो सके ज्ञात ।।

कोई ध्वनि ना स्पंदना, ना कोई आघात ।
शाँत स्तब्ध सुखमय लगे, घोड़े हो कर सात ।।

कहा भूप दुष्यंत ने, मातलि! रथि गुणवान्! ।
कश्यप आश्रम है कहाँ, निर्जन लगता स्थान ।।

(मातलि)

7.11 वल्मीकार्धनिमग्नमूर्तिरुरसा संदष्टसर्पत्वचा
कण्ठे जीर्णलताप्रतानवलयेनात्यर्थसम्पीडितः ।
अंसव्यापि शकुन्तनीडनिचितं बिभ्रज्जटामण्डलं
यत्र स्थाणुरिवाचलो मुनिरसावभ्यर्कबिम्बं स्थितः ॥

(शार्दूलविक्रीडित म स ज स त त ग छंद)

वल्मीका	र्धनिम	ग्नमूर्ति	रुरसा	संदष्ट	सर्पत्व	चा
ऽ ऽ ऽ	। । ऽ	। ऽ ।	। । ऽ	ऽ ऽ ।	ऽ ऽ ।	ऽ
कण्ठेजी	र्णलता	प्रतान	वलये	नात्यर्थ	सम्पीडि	तः
ऽ ऽ ऽ	। । ऽ	। ऽ ।	। । ऽ	ऽ ऽ ।	ऽ ऽ ।	ऽ
अंसव्या	पिशकु	न्तनीड	निचितं	बिभ्रज्ज	टामण्ड	लम्
ऽ ऽ ऽ	। । ऽ	। ऽ ।	। । ऽ	ऽ ऽ ।	ऽ ऽ ।	ऽ
यत्रस्था	णुरिवा	चलोमु	निरसा	वभ्यर्क	बिम्बंस्थि	तः
ऽ ऽ ऽ	। । ऽ	। ऽ ।	। । ऽ	ऽ ऽ ।	ऽ ऽ ।	ऽ

दोहा॰ ठूँठे जैसा है जहाँ, निश्चल ऋषि का ध्यान ।
नीड़ जटाओं में बने, पंछी करत उड़ान ।।

बिमोट दीमक के बने, शरीर पर अर्धांग ।
जड़ें लताएँ-पेड़ की, लिपटी हैं ऊर्ध्वांग ।।

मुख पूरब में है किया, अरुणोदय की ओर ।
आश्रम ऋषि का है वहीं, वही अदिति का ठौर ।।

(राजा दुष्यंत।

दोहा॰ कश्यप–आश्रम में खड़े, करके उन्हें प्रणाम ।
बोले, ऋषिवर आपका, स्वर्गतुल्य है स्थान ।।

7.12 प्राणानामनिलेन वृत्तिरुचिता सत्कल्पवृक्षे वने
तोये काञ्चनपद्मरेणुकपिशे धर्माभिषेकक्रिया ।
ध्यानं रत्नशिलातलेषु विबुधस्त्रीसन्निधौ संयमो
यत्काङ्क्षन्ति तपोभिरन्यमुनयस्तस्मिंस्तपस्यन्त्यमी ॥

(शार्दूलविक्रीडित म स ज स त त ग छंद)

प्राणाना	मनिले	नवृत्ति	रुचिता	सत्कल्प	वृक्षेव	ने
ऽ ऽ ऽ	। । ऽ	। ऽ ।	। । ऽ	ऽ ऽ ।	ऽ ऽ ।	ऽ
तोयेका	ञ्चनप	द्मरेणु	कपिशे	धर्माभि	षेकक्रि	या
ऽ ऽ ऽ	। । ऽ	। ऽ ।	। । ऽ	ऽ ऽ ।	ऽ ऽ ।	ऽ
ध्यानंर	त्नशिला	तलेषु	विबुध	स्त्रीसन्नि	धौसंय	मः
ऽ ऽ ऽ	। । ऽ	। ऽ ।	। । ऽ	ऽ ऽ ।	ऽ ऽ ।	ऽ
यत्काङ्क्ष	न्तितपो	भिरन्य	मुनय	स्तस्मिंस्त	पस्यन्त्य	मी
ऽ ऽ ऽ	। । ऽ	। ऽ ।	। । ऽ	ऽ ऽ ।	ऽ ऽ ।	ऽ

(कश्यप ऋषि)

दोहा॰ राजा ने देखे वहाँ, कल्पवृक्ष उद्यान ।
वायु किए भक्षण, चले, ऋषि का जीवन यान ।।

सुवर्ण–पद्म पराग के, जल से धार्मिक स्नान ।
रत्नशिला पर बैठ कर, मगन लगाते ध्यान ।।

रह कर परियों के निकट, संयम सदा अभंग ।
इंद्रिय–निग्रह हैं किए, जप–तप कभी न भंग ।।

(राजा दुष्यंत)

दे कर अनुमति सूत को, भेजा उसे तुरंत ।

कहने ऋषि मारीचि को, "आए नृप दुष्यंत" ।।

अशोक तरु की छाँव में, बैठे जब दुष्यंत ।
घटी बात आश्चर्य की, देने शुभ दृष्टांत ।।

(राजा दुष्यंत)

7.13 मनोरथाय नाशंसे किं बाहो स्पन्दसे वृथा ।
पूर्वावधीरितं श्रेयो दुःखं हि परिवर्तते ॥

(अनुष्टुभ् श्लोक छंद)

मनोरथा	यनाशं	से	किंबाहोस्प	न्दसेवृ	था
। ऽ । ऽ	। ऽ ऽ	ऽ	ऽ ऽ ऽ ऽ	। ऽ ।	ऽ
पूर्वावधी	रितंश्रे	यो	दुःखंहिप	रिवर्त	ते
ऽ ऽ । ऽ	। ऽ ऽ	ऽ	ऽ ऽ । ।	। ऽ ।	ऽ

पाद टिप्पणियाँ :

1. इस अनुष्टुभ् छंद के विषम चरण 1 और 3 में पहले चार अक्षरों के बाद य गण (। ऽ ऽ) आने से और सम चरण 2 और 4 में प्रथम चार अक्षरों के पश्चात् ज (। ऽ ।) गण आने से इन चार चरणों के पद्य में श्लोक छंद सिद्ध हुआ है.
2. यथा निम्न तालिका में दर्शित है : प्रथम चरण में ज र ग ग गण होने से यशस्करी छंद प्रयुक्त है; द्वितीय चरण में म र ल ग गण होने से क्षमा छंद हुआ है; तृतीय चरण में त र ग ग गण होने से यहाँ विभा छंद घटित है और चतुर्थ चरण में त स ल ग गण में चौथे वर्ण के बाद ज गण आने से यहाँ पथ्यावक्त्र छंद प्रयुक्त है.

मनोर	थायना	शंसे		
। ऽ ।	ऽ । ऽ	ऽ ऽ	ज र ग ग	यशस्करी छंद

किंबाहो	स्पन्दसे	वृथा		
ऽ ऽ ऽ	ऽ । ऽ	। ऽ	म र ल ग	क्षमा छंद
पूर्वाव	धीरितं	श्रेयो		
ऽ ऽ ।	ऽ । ऽ	ऽ ऽ	त र ग ग	विभा छंद
दुःखंहि	परिव	र्तते		
ऽ ऽ ।	। । ऽ	। ऽ	त स ल ग	पथ्यावक्त्र छंद

दोहा॰ भुजा भूप की दाहिनी, देने शुभ संकेत ।
फड़कने लगी ज्ञापने, संदेश अभिप्रेत ।।

पता चला ना भूप को, क्या हो सकती बात ।
मैंने जो चाही कभी, वही हुई अज्ञात ।।

उसकी ना संभावना, मिलने की दो बार ।
हो न सके उससे कभी, अब तो नैना चार ।।

(उतने में)

📖 अये को नु खल्वयमनुबध्यमानस्तपस्विनीभ्यामबालसत्त्वो बालः ।

दोहा॰ उतने में नृप को दिखा, बालक एक अनूप ।
कौन है शिशु वीर ये, सोचने लगे भूप ।।

(राजा दुष्यंत)

7.14 अर्धपीतस्तनं मातुरामर्दक्लिष्टकेसरम् ।
प्रक्रीडितुं सिंहशिशुं बलात्कारेण कर्षति ॥

(अनुष्टुभ् छंद)

अर्धपीत	स्तनंमा	तु	रामर्दक्लि	ष्टकेस	रम्
ऽ । ऽ ऽ	। ऽ ऽ	।	ऽ ऽ ऽ ऽ	। ऽ ।	ऽ
प्रक्रीडितुं	सिंहशि	शुं	बलात्कारे	णकर्ष	ति
। ऽ । ऽ	ऽ । ।	ऽ	। ऽ ऽ ऽ	। ऽ ।	ऽ *

* अंतिम 16-वीं लघु मात्रा गुरु गिनी गई है

पाद टिप्पणियाँ :

1. इस अनुष्टुभ् छंद के तीसरे चरण में पहले चार अक्षरों के बाद य गण (। ऽ ऽ) नहीं आने से इस चार चरणों के पद्य में श्लोक छंद सिद्ध नहीं हुआ है.
2. यथा निम्न तालिका में दर्शित है : प्रथम चरण में र र ग ल गण होने से यशस्करी छंद प्रयुक्त है; द्वितीय चरण में म र ल ल गण होने से क्षमा छंद हुआ है; तृतीय चरण में त त ल ग गण होने से यहाँ गर्भ छंद घटित होता है और चतुर्थ चरण में य र ल ल गण होने से भाषा छंद युक्त होता है.

अर्धपी	तस्तनं	मातु		
ऽ । ऽ	ऽ । ऽ	ऽ ।	र र ग ल	यशस्करी छंद
रामर्द	क्लिष्टके	सरम्		
ऽ ऽ ऽ	ऽ । ऽ	। ऽ	म र ल ग	क्षमा छंद
प्रक्रीडि	तुंसिंह	शिशुं		
ऽ ऽ ।	ऽ ऽ ।	। ऽ	त त ल ग	गर्भ छंद
बलात्का	रेणक	र्षति		
। ऽ ऽ	ऽ । ऽ	। ऽ *	य र ल ज	भाषा छंद

* अंतिम 16-वीं लघु मात्रा गुरु गिनी गई है

(बालक सर्वदमन)

दोहा॰ शावक को जब सिंहनी, पिला रही थी दूध ।
यह बालक उस सिंह को, खींच रहा था दूर ।।

बालक यह डरता नहीं, खेंच रहा आयाला ।
शावक के उस सिंह के, बिगड़ रहे हैं बाल ।।

सर्वदमन शुभ नाम का, बालक यह बलवान ।
पराक्रमी निर्भीक है, नृप दुष्यंत समान ।।

📖 जृम्भस्व सिंह दन्तांस्ते गणयिष्ये ।

दोहा॰ बालक बोला सिंह को, खोलो अपने गाल ।

मुख में कितने दंत हैं, गिनूँ हाथ को डाल ।।

(राजा दुष्यंत)

📖 किं नु खलु बालेऽस्मिन्नौरस इव पुत्रे स्निह्यति मे मनः । नूनमनपत्यता मां वत्सलयति ।

दोहा॰ इस बालक को देख कर, मुझको क्यों आभास ।
जैसे मेरा पुत्र हो, करत स्नेह अरदास ।।

मेरी वारिसहीनता, कलपाती मम देह ।
मेरे हिरदय से वही, लगा रही है स्नेह ।।

(राजा दुष्यंत)

7.15 महतस्तेजसो बीजं बालोऽयं प्रतिभाति मे ।
स्फुलिङ्गावस्थया वह्निरेधापेक्ष इव स्थितः ॥

(अनुष्टुभ् श्लोक छंद)

महतस्ते	जसोबी	जं	बालोयंप्र	तिभाति	मे
। । ऽ ऽ	। ऽ ऽ	ऽ	ऽ ऽ ऽ ।	। ऽ ।	ऽ
स्फुलिङ्गाव	स्थयाव	ह्निन	रेधापेक्ष	इवस्थि	तः
। ऽ ऽ ऽ	। ऽ ऽ	।	ऽ ऽ ऽ ।	। ऽ ।	ऽ

पाद टिप्पणियाँ :

1. इस अनुष्टुभ् छंद के विषम चरण 1 और 3 में पहले चार अक्षरों के बाद य गण (। ऽ ऽ) आने से और सम चरण 2 और 4 में प्रथम चार अक्षरों के पश्चात् ज (। ऽ ।) गण आने से इन चार चरणों के पद्य में श्लोक छंद सिद्ध हुआ है.
2. यथा निम्न तालिका में दर्शित है : प्रथम चरण में स र ग ग गण होने से परिधारा छंद प्रयुक्त है; द्वितीय चरण में (और चतुर्थ चरण में) चौथे वर्ण के बाद ज गण आने से यहाँ पथ्यावक्त्र छंद प्रयुक्त है और तृतीय चरण में य र ग ल गण होने से यहाँ सुचंद्रभा छंद है.

महत	स्तेजसो	बीजम्		
। । ऽ	ऽ । ऽ	ऽ ऽ	स र ग ग	परिधारा छंद
बालोयं	प्रतिभा	तिमे		
ऽ ऽ ऽ	। । ऽ	। ऽ	म स ल ग	पथ्यावक्त्र छंद
स्फुलिङ्गा	वस्थया	वह्नि		
ऽ ऽ ऽ	ऽ । ऽ	ऽ ।	य र ग ल	सुचंद्रभा छंद
रेधापे	क्षइव	स्थितः		
ऽ ऽ ऽ	। । ऽ	। ऽ	म स ल ग	पथ्यावक्त्र छंद

दोहा॰ महातेज का बीज ये, बालक वीर्य स्वरूप ।
दावानल के आग की, चिनगारी का रूप ।।

समीप जाकर भूप ने, देखे शिशु पद-हाथ ।
चिन्ह देख कर मांगलिक, अवाक् थे पुरुनाथ ।।

अँगुलियाँ कर की घनी, अंकुश अंकित हाथ ।
धनुष चिन्ह भी था बना, पद्म-चक्र के साथ ।।

कर-पग लक्षण देख कर, और देख ललाट ।
लगा चक्रवर्ती बने, राजा यह सम्राट ।।

(और)

7.16 प्रलोभ्यवस्तुप्रणयप्रसारितो विभाति जालग्रथिताङ्गुलिः करः ।
अलक्ष्यपत्रान्तरमिद्धरागया नवोषसा भिन्नमिवैकपङ्कजम् ॥

(वंशस्थ ज त ज र छंद)

प्रलोभ्य	वस्तुप्र	णयप्र	सारितः
। ऽ ।	ऽ ऽ ।	। ऽ ।	ऽ । ऽ
विभाति	जालग्र	थिताङ्गु	लिःकरः
। ऽ ।	ऽ ऽ ।	। ऽ ।	ऽ । ऽ
अलक्ष्य	पत्रान्त	रमिद्ध	रागया
। ऽ ।	ऽ ऽ ।	। ऽ ।	ऽ । ऽ

नवोष	साभिन्न	मिवैक	पङ्कजम्
। ऽ ।	ऽ ऽ ।	। ऽ ।	ऽ । ऽ

दोहा॰ कर फैलाया सामने, अभिलाषा के संग ।
घनी सुग्रथित उँगलियाँ, लाल-गुलाबी रंग ।।

बालक का कर देख कर, जैसा कमल ललाम ।
जिसकी कोमल पँखुड़ी, अद्वितीय अभिराम ।।

लक्षण जिस पर थे सजे, हस्तरेखा स्वरूप ।
जाना नृप दुष्यंत ने, यह है भावी भूप ।।

(मृत्तिका मयूर)

दोहा॰ दासी ने शिशु को दिया, जब मिट्टी का मोर ।
खिड़खिड़ कर हँसने लगा, बालक वह चितचोर ।।

नटखट राजकुमार को, लेलूँ अपनी गोद ।
करूँ लाड़ अब पुत्रवत्, राजा के मन मोद ।।

(राजा दुष्यंत)

7.17 आलक्ष्यदन्तमुकुलाननिमित्तहासैरव्यक्तवर्णरमणीयवचःप्रवृत्तीन् ।
अङ्काश्रयप्रणयिनस्तनयान्वहन्तो धन्यास्तदङ्गरजसा मलिनीभवन्ति ॥

(वसंततिलका त भ ज ज ग ग छंद)

आलक्ष्य	दन्तमु	कुलान	निमित्त	हासैः
ऽ ऽ ।	ऽ । ।	। ऽ ।	। ऽ ।	ऽ ऽ
अव्यक्त	वर्णर	मणीय	वचःप्र	वृत्तीन्
ऽ ऽ ।	ऽ । ।	। ऽ ।	। ऽ ।	ऽ ऽ
अङ्काश्र	यप्रण	यिनस्त	नयान्व	हन्तो
ऽ ऽ ।	ऽ । ।	। ऽ ।	। ऽ ।	ऽ ऽ
धन्यास्त	दङ्गर	जसाम	लिनीभ	वन्ति
ऽ ऽ ।	ऽ । ।	। ऽ ।	। ऽ ।	ऽ ऽ *

* अंतिम 14-वीं लघु मात्रा गुरु गिनी गई है.

दोहा॰ बालक जब था हँस पड़ा, चमका अंकुर दंत ।
और तोलले बोल से, गदगद थे दुष्यंत ।।

लालायित था लाड़ला, चढ़ने नृप की गोद ।
उसके पद की धूल से, नृप को मिला प्रमोद ।।

(राजा दुष्यंत)

7.18 एवमाश्रमविरुद्धवृत्तिना संयमः किमिति जन्मतस्त्वया ।
सत्त्वसंश्रय सुखोऽपि दूष्यते कृष्णसर्पशिशुनेव चन्दनः ॥

(रथोद्धता र न र ल ग छंद)

एवमा	श्रमवि	रुद्धवृ	त्तिना
ऽ । ऽ	। । ।	ऽ । ऽ	। ऽ
संयमः	किमिति	जन्मत	स्त्वया
ऽ । ऽ	। । ।	ऽ । ऽ	। ऽ
सत्त्वसं	श्रयसु	खोपिदू	ष्यते
ऽ । ऽ	। । ।	ऽ । ऽ	। ऽ
कृष्णस	र्पशिशु	नेवच	न्दनः
ऽ । ऽ	। । ।	ऽ । ऽ	। ऽ

दोहा॰ बालक को नृप ने कहा, सहित पितावत् प्यार ।
आश्रम के प्रतिकूल है, सुत! तुमरा आचार ।।

संग मृगादिक के पले, सर्वभूत से प्रेम ।
तक्षक चंदन वृक्ष का, जैसे करता क्षेम ।।

तुमरी आकृति कह रही, तुम नहि ऋषि के पुत्र ।
लक्षण तुमरे कह रहे, तुम हो राजसुपुत्र ।।

(राजा दुष्यंत)

7.19 अनेन कस्यापि कुलाङ्कुरेण स्पृष्टस्य गात्रेषु सुखं ममैवम् ।

कां निर्वृतिं चेतसि तस्य कुर्याद्यस्यायमङ्कात्कृतिनः प्ररूढः ॥

उपजाति उपेंद्रवज्रा-इंद्रवज्रा-इंद्रवज्रा-इंद्रवज्रा छंद (कीर्ति छंद)

अनेन	कस्यापि	कुलाङ्कु	रेण	
। ऽ ।	ऽ ऽ ।	। ऽ ।	ऽ ऽ *	उपेंद्रवज्रा
स्पृष्टस्य	गात्रेषु	सुखंम	मैवम्	
ऽ ऽ ।	ऽ ऽ ।	। ऽ ।	ऽ ऽ	इंद्रवज्रा
कांनिर्वृ	तिंचेत	सितस्य	कुर्यात्	
ऽ ऽ ।	ऽ ऽ ।	। ऽ ।	ऽ ऽ	इंद्रवज्रा
यस्याय	मङ्कात्कृ	तिनःप्र	रूढः	
ऽ ऽ ।	ऽ ऽ ।	। ऽ ।	ऽ ऽ	इंद्रवज्रा

* अंतिम 11-वीं लघु मात्रा गुरु गिनी गई है

दोहा॰ केवल इसके स्पर्श ने, दिया मुझे यों मोद ।
जितना सुख उसको दिया, जन्मा यह जिस गोद ।।

(तपस्विनी दासी)

📖 अस्य बालकस्य तेऽपि संवादिन्याकृतिरिति विस्मिताऽस्मि ।
अपरिचितस्यापि तेऽप्रतिलोमः संवृत्त इति ।

दोहा॰ शिशु को नृप की गोद में, प्रसन्नचित्त निहार ।
दासी बोली भूप को, लगता पुत्र तिहार ।।

गढ़न आपसे मिल रही, परस्पर सम स्वरूप ।
रंग-रूप अरु नक्श से, लगता यह भी भूप ।।

देखा शिशु ने आपको, यद्यपि पहली बार ।
फिर भी हैं आराम से, आप इसे स्वीकार ।।

(राजा दुष्यंत)

दोहा॰ सुन कर दासी का कहा, नृप के मन सुविचार ।
क्या यह मेरा अंश है, पुरुवंशीय कुमार! ।।

(राजा दुष्यंत)

7.20 भवनेषु रसाधिकेषु पूर्वं क्षितिरक्षार्थमुशन्ति ये निवासम् ।
नियतैकयतिव्रतानि पश्चात्तरुमूलानि गृहीभवन्ति तेषाम् ॥

(मालभारिणी स स ज ग ग-स भ र य छंद)

भवने	षुरसा	धिकेषु	पूर्वम्
। । ऽ	। । ऽ	। ऽ ।	ऽ ऽ
क्षितिर	क्षार्थमु	शन्तिये	निवासम्
। । ऽ	ऽ । ।	ऽ । ऽ	। ऽ ऽ
नियतै	कयति	व्रतानि	पश्चात्
। । ऽ	। । ऽ	। ऽ ।	ऽ ऽ
तरुमू	लानिगृ	हीभव	न्तितेषाम्
। । ऽ	ऽ । ।	ऽ । ऽ	। ऽ ऽ

दोहा॰ भवनों में रहते युवा, गृहस्थाश्रमी लोग ।
वृद्धावस्था में उन्हें, वानप्रस्थ का भोग ।।

यति का व्रत लेकर उन्हें, वृक्ष छाँव आवास ।
पौरव कुल का व्रत यही, वन में उन्हें निवास ।।

(दासी तपस्विनी)

📖 यथा भद्रमुखो भणति । अप्सरःसम्बन्धेनास्य जनन्यत्र देवगुरोस्तपोवने प्रसूता ।

दोहा॰ दासी ने नृप से कहा, ऋषि सुत यह न कुमार ।
ऋषि आश्रम में जन्म कर, मिले इसे सुविचार ।।

नानी इसकी अप्सरा, माता है सुखधाम ।
जन्मा आश्रम में इसी, सर्वदमन है नाम ।।

पिता ने किया त्याग था, माता का निष्पाप ।
कश्यप-आश्रम में मिला, उसे सुकून अमाप ।।

(राजा दुष्यंत, स्वगत)

📖 इयं खलु कथा मामेव लक्ष्यीकरोति। यदि तावदस्य शिशोर्मातरं नामतः पृच्छामि।

दोहा॰ लगता दासी कह रही, मेरी ही है बात ।
फिर भी पूछूँ, कौन हैं, इसके माता-तात ।।

(दासी तपस्विनी)

(मिट्टी के मोर उद्देश्य)

दोहा॰ देखो बालक! रूप यह, शकुन्त का मनहार ।
बालक बोला, ना दिखी, मेरी माँ इस पार ।।

(राजा दुष्यंत)

दोहा॰ बालक है भ्रम पा गया, सुन कर शब्द "शकुन्त" ।
शकुन्तला माँ तो नहीं? इस शिशु की गुणवंत ।।

(रक्षासूत्र)

📖 अलमावेगेन। नन्विदमस्य सिंहशावविमर्दात्परिभ्रष्टम्।

दोहा॰ उतने में नीचे गिरा, शिशु का रक्षासूत्र ।
उठा लिया वह भूप ने, ज्यों ही चीखा पुत्र ।।

दासी बोली मत छुओ, मौली पर है मंत्र ।
मातु-पिता को छोड़ कर, कोई छुए न सूत्र ।।

किसी अन्य के स्पर्श से, मौली बनती साँप ।
साँप ना बना सूत्र वो, नृप को लगा न शाप ।।

दासी ने वह देख कर, सूत्र का चमत्कार ।
शकुन्तला को दे दिया, संपूर्ण समाचार ।।

(शकुन्तला)

दोहा॰ सुन कर शुभ वृत्तांत वो, शकुन्तला को आस ।
लगता है नृप आगए, उसे हुआ विश्वास ।।

घोर तपों से कृश हुई, शकुन्तला थी मौन ।
स्वयं देखने आगई, नृप हैं, या है कौन ।।

(पुनर्मिलन)

7.21 वसने परिधूसरे वसाना नियमक्षाममुखी धृतैकवेणिः ।
अतिनिष्करुणस्य शुद्धशीला मम दीर्घं विरहव्रतं बिभर्ति ॥

(मालभारिणी स स ज ग ग - स भ र य छंद)

वसने	परिधू	सरेव	साना
। । ऽ	। । ऽ	। ऽ ।	ऽ ऽ
नियम	क्षाममु	खीधृतै	कवेणिः
। । ऽ	ऽ । ।	ऽ । ऽ	। ऽ ऽ
अतिनि	ष्करुण	स्यशुद्ध	शीला
। । ऽ	। । ऽ	। ऽ ।	ऽ ऽ
ममदी	र्घंविर	हव्रतं	बिभर्ति
। । ऽ	ऽ । ।	ऽ । ऽ	। ऽ ऽ

(राजा दुष्यंत)

दोहा॰ शकुन्तला को देख कर, पहने वस्त्र पुराण ।
दुबली पतली सी हुई, दुखमय नृप के प्राण ।।

केवल वेणी एक में, विना किसी शृंगार ।
शकुन्तला को देख कर, नृप पर शोक प्रहार ।।

(शकुन्तला)

📖 पश्चात्तापविवर्णं राजानं दृष्ट्वा, न खल्वार्यपुत्र इव ।

दोहा॰ राजा को भी देख कर, विरही दैन्य स्वरूप ।
शकुन्तला मन सोचती, यह ना लगते भूप ।।

मेरे मंगल पुत्र को, उठाए हुए गोद ।
कौन अमंगल पुरुष ये, मना रहा है मोद? ।।

(राजा दुष्यंत)

📖 प्रिये क्रौर्यमपि मे त्वयि प्रयुक्तमनुकूलपरिणामं संवृत्तं ...

दोहा॰ क्रूर कृत्य मैंने किया, प्रिये! तुम्हारे साथ ।
क्षमस्व हो मम दोष ये, विनति करे पुरुनाथ ।।

(शकुन्तला)

📖 परित्यक्तमत्सरेणानुकम्पितास्मि दैवेन । आर्यपुत्रः खल्वेषः ।

दोहा॰ द्वेष छोड़ कर आज ये, खड़े यहाँ पर नम्र ।
आर्यपुत्र पतिदेव हैं, मैं भी रहूँ विनम्र ।।

(राजा दुष्यंत)

7.22 स्मृतिभिन्नमोहतमसो दिष्ट्या प्रमुखे स्थितासि मे सुमुखि ।
उपरागान्ते शशिनः समुपगता रोहिणी योगम् ॥

(आर्या गाथा 12-18, 12-15 छंद)

स्मृतिभि	न्नमोह	तमसः		
। । ऽ	। ऽ ।	। । ऽ		12
दिष्ट्याप्र	मुखेस्थि	तासिमे	सुमुखि	
ऽ ऽ ।	। ऽ ।	ऽ । ऽ	। । । *	18
उपरा	गान्तेश	शिनः		
। । ऽ	ऽ ऽ ।	। ऽ		12
समुप	गतारो	हिणीयो	गम्	
। । ।	। ऽ ऽ	। ऽ ऽ	ऽ	15

* अंतिम 30-वीं लघु मात्रा गुरु मानी गई है.

(हे सुंदरी शकुन्तले!)

दोहा॰ आज खड़ी हो सामने, यह सौभाग्य हमार ।
विमुक्त हम अज्ञान से, दूर हुआ अँधकार ।।

यथा ग्रहण के अंत में, प्राप्त चंद्र की ज्योत ।
प्रिया चंद्र की रोहिणी, लब्ध चंद्र को होत ।।

पुनर्मिलन हमरा प्रिये! आज हुआ संपन्न ।
चंद्र-चंद्रिका एक हैं, विरह हुआ उच्छिन्न ।।

(राजा दुष्यंत)

7.23 बाष्पेण प्रतिषिद्धेऽपि जयशब्दे जितं मया ।
यत्ते दृष्टमसंस्कारपाटलोष्ठपुटं मुखम् ॥

(अनुष्टुभ् श्लोक छंद)

बाष्पेणप्र	तिषिद्धे	पि	जयशब्दे	जितंम	या
ऽ ऽ ऽ ।	। ऽ ऽ	।	। । ऽ ऽ	। ऽ ।	ऽ
यत्तेदृष्ट	मसंस्का	र	पाटलोष्ठ	पुटंमु	खम्
ऽ ऽ ऽ ।	। ऽ ऽ	।	ऽ । ऽ ।	। ऽ ।	ऽ

पाद टिप्पणियाँ :

1. इस अनुष्टुभ् छंद के विषम चरण 1 और 3 में पहले चार अक्षरों के बाद य गण (। ऽ ऽ) आने से और सम चरण 2 और 4 में प्रथम चार अक्षरों के पश्चात् ज (। ऽ ।) गण आने से इन चार चरणों के पद्य में श्लोक छंद सिद्ध हुआ है.
2. यथा निम्न तालिका में दर्शित है : प्रथम और तृतीय चरण में म स ग ल गण होकर पहले वर्ण के आगे न गण तथा स गण न होकर चौथे वर्ण के आगे य गण होने से यहाँ वक्त्रा छंद हुआ है; द्वितीय चरण में स र ल ग गन होने से शलुकलुप्ता छंद घटित है और चतुर्थ चरण में चौथे वर्ण के बाद ज गण आने से यहाँ पथ्यावक्त्रा छंद प्रयुक्त है.

बाष्पेण	प्रतिषि	द्धेपि		
ऽ ऽ ऽ	। । ऽ	ऽ ।	म स ग ल	वक्त्रा छंद
जयश	ब्देजितं	मया		
। । ऽ	ऽ । ऽ	। ऽ	स र ल ग	शलुकलुप्ता
यत्तेदृ	ष्टमसं	स्कार		

ऽ ऽ ऽ	। । ऽ	ऽ ।	म स ग ल	वक्त्र छंद
पाटलो	ष्ठपुटं	मुखम्		
ऽ । ऽ	। । ऽ	। ऽ	र स ल ग	पथ्यावक्त्र

दोहा॰ मुख से मैं कह ना सका, भर आया था कण्ठ ।
विजय प्राप्त अब होगया, देख लाल तव ओंठ ।।

जयतु! जयतु! अब कह सकूँ, दूर हुआ अवरोध ।
आँसू अब हैं रुक गए, होकर सत्य सुबोध ।।

(सर्वदमन)

दोहा॰ देख प्रेम का दृश्य वो, बालक जो था मौन ।
बोला, कुतुहल से, कहो, माँ यह सज्जन कौन? ।।

माता बोली पुत्र को, वत्स! तुम्हें वरदान ।
पूछो अपने भाग्य से, तब पाओगे जान ।।

(राजा दुष्यंत)

7.24 सुतनु हृदयात्प्रत्यादेशव्यलीकमपैतु ते
किमपि मनसः सम्मोहो मे तदा बलवानभूत् ।
प्रबलतमसामेवम्प्रायाः शुभेषु हि वृत्तयः
स्रजमपि शिरस्यन्धः क्षिप्तां धुनोत्यहिशङ्कया ॥

(हरिणी न स म र स ल ग छंद)

सुतनु	हृदया	त्प्रत्यादे	शव्यली	कमपै	तुते
। । ।	। । ऽ	ऽ ऽ ऽ	ऽ । ऽ	। । ऽ	। ऽ
किमपि	मनसः	सम्मोहो	मेतदा	बलवा	नभूत्
। । ।	। । ऽ	ऽ ऽ ऽ	ऽ । ऽ	। । ऽ	। ऽ
प्रबल	तमसा	मेवम्प्रा	याःशुभे	षुहिवृ	त्तयः
। । ।	। । ऽ	ऽ ऽ ऽ	ऽ । ऽ	। । ऽ	। ऽ
स्रजम	पिशिर	स्यन्धःक्षि	प्तांधुनो	त्यहिश	ङ्कया
। । ।	। । ऽ	ऽ ऽ ऽ	ऽ । ऽ	। । ऽ	। ऽ

(शकुन्तला के पैरों में गिर कर)

दोहा॰ शकुन्तला की शरण में, छू कर चरणन नाथ ।
बोले, पाप क्षमस्व हो, स्निग्ध हृदय के साथ ॥

परित्याग मैंने किया, वह था मम अज्ञान ।
जानबूझ कर ना हुआ, मुझसे तव अवमान ॥

जब आती दुर्घट घटी, मति खाती है मार ।
शुभ पर सत्ता अशुभ की, अधर्म का अधिकार ॥

होनी जब भी हानि हो, आते गलत विचार ।
हरदम विनाश काल में, होता मनोविकार ॥

शंका आवे स्वजन पर, बैरी लगता मीत ।
हित भी तब हानि लगे, सुजन लगे विपरीत ॥

(शकुन्तला)

📖 उत्तिष्ठत्वार्यपुत्रः ...

दोहा॰ शकुन्तला दुष्यंत को, बोली "उठिये आर्य!" ।
मुझको ऐसा फल दिया, मेरा ही गत कार्य ॥

भूप दयामय आप ने, कीन्हा निर्दय काम ।
यथा समय प्रतिफल तथा, भाग्य इसी का नाम ॥

(राजा दुष्यंत)

7.25 मोहान्मया सुतनु पूर्वमुपेक्षितस्ते
यो बद्धबिन्दुरधरं परिबाधमानः ।
तं तावदाकुटिलपक्ष्मविलग्नमद्य
बाष्पं प्रमृज्य विगतानुशयो भवेयम् ॥

(वसंततिलका त भ ज ज ग ग छंद)

मोहान्म	यासुत	नुपूर्व	मुपेक्षि	तस्ते

ऽ ऽ ।	ऽ । ।	। ऽ ।	। ऽ ।	ऽ ऽ
योबद्ध	बिन्दुर	धरंप	रिबाध	मानः
ऽ ऽ ।	ऽ । ।	। ऽ ।	। ऽ ।	ऽ ऽ
तंताव	दाकुटि	लपक्ष्म	विलग्न	मद्य
ऽ ऽ ।	ऽ । ।	। ऽ ।	। ऽ ।	ऽ ऽ *
बाष्पंप्र	मृज्यवि	गतानु	शयोभ	वेयम्
ऽ ऽ ।	ऽ । ।	। ऽ ।	। ऽ ।	ऽ ऽ

* अंतिम लघु मात्रा दीर्घ मानी गई है.

दोहा० **शकुन्तले! हे सुंदरी! पा कर वह अज्ञान ।**
त्याग तुम्हारा कर दिया, और किया अपमान ।।

नीर तुम्हारे नैन से, बह कर गीले गाल ।
आँसू पी कर रह गए, अधर तिहारे लाल ।।

अब मैं तुमरी पलक के, अश्रु बिंदु को पोंछ ।
पछतावे से मुक्त हूँ, यही रहा हूँ सोच ।।

(शकुन्तला)

📖 ...इदं तदङ्गुलीयकम् ।

दोहा० **देख मुद्रिका भूप की, शकुन्तला को याद ।**
मुझे दिखी ये आज है, बहुत दिनों के बाद ।।

ऐन समय पर खो गई, जब था इसका काम ।
अब मैं इसका क्या करूँ, मुझे न इसका दाम ।।

इसको रखिये आप ही, मुझको किया निरास ।
अब इसके आशीष पर, मुझे नहीं विश्वास ।।

(राजा दुष्यंत)

📖 ...मातले न खलु विदितोऽयमाखण्डलेन वृत्तान्तः स्यात् ।

दोहा॰ राजा बोले, मातले! आज हुआ जो प्राप्त ।
खबर मिली जब इंद्र को, हर्ष हुआ क्या व्याप्त? ।।

(मातलि)

📖 किमीश्वराणां परोक्षम्। एत्वायुष्मान्। भगवान्मारीचस्ते दर्शनं वितरति।

दोहा॰ उनको क्या अज्ञात है, जो सर्वत्र सुजान ।
दर्शन देने आरहे, कश्यप ऋषि भगवान ।।

(मातलि)

7.26 पुत्रस्य ते रणशिरस्ययमग्रयायी
दुष्यन्त इत्यभिहितो भुवनस्य भर्ता।
चापेन यस्य विनिवर्तितकर्म जातं
तत्कोटिमत्कुलिशमाभरणं मघोनः॥

(वसंततिलका त भ ज ज ग ग छंद)

पुत्रस्य	तेरण	शिरस्य	यमग्र	यायी
ऽ ऽ ।	ऽ । ।	। ऽ ।	। ऽ ।	ऽ ऽ
दुष्यन्त	इत्यभि	हितोभु	वनस्य	भर्ता
ऽ ऽ ।	ऽ । ।	। ऽ ।	। ऽ ।	ऽ ऽ
चापेन	यस्यवि	निवर्ति	तकर्म	जातम्
ऽ ऽ ।	ऽ । ।	। ऽ ।	। ऽ ।	ऽ ऽ
तत्कोटि	मत्कुलि	शमाभ	रणंम	घोनः
ऽ ऽ ।	ऽ । ।	। ऽ ।	। ऽ ।	ऽ ऽ

(कश्यप-अदिति)

दोहा॰ बोला मातलि अदिति को, पुत्र तिहारा इंद्र ।
सुर-असुर के युद्ध में, विजयी बना सुरेंद्र ।।

मुदित हुए हैं आप औ, ऋषि कश्यप भगवान ।
पुत्र तिहारे इंद्र ने, पाया विजय महान ।।

(और)

दानव दुर्जय दुष्ट पर, चला नहीं ब्रह्मास्त्र ।
रण पर नृप दुष्यंत थे, चला रहे शर अस्त्र ।।

जिनके दैवी धनुष ने, विजय किया संपन्न ।
और किया है इंद्र का, स्वर्गलोक प्रसन्न ।।

इंद्रवज्र अब रह गया, बन कर भूषण मात्र ।
त्रिभुवन रक्षा के लिए, नृप के शर हैं पात्र ।।

(राजा दुष्यंत)

7.27 प्राहुर्द्वादशधा स्थितस्य मुनयो यत्तेजसः कारणं
भर्तारं भुवनत्रयस्य सुषुवे यद्यज्ञभागेश्वरम् ।
यस्मिन्नात्मभवः परोऽपि पुरुषश्चक्रे भवायास्पदं
द्वन्द्वं दक्षमरीचिसम्भवमिदं तत्स्रष्टुरेकान्तरम् ॥

(शार्दूलविक्रीडित म स ज स त त ग छंद)

प्राहुर्द्वा	दशधा	स्थितस्य	मुनयो	यत्तेज	सःकार	णम्
ऽ ऽ ऽ	। । ऽ	। ऽ ।	। । ऽ	ऽ ऽ ।	ऽ ऽ ।	ऽ
भर्तारं	भुवन	त्रयस्य	सुषुवे	यद्यज्ञ	भागेश्व	रम्
ऽ ऽ ऽ	। । ऽ	। ऽ ।	। । ऽ	ऽ ऽ ।	ऽ ऽ ।	ऽ
यस्मिन्ना	त्मभवः	परोपि	पुरुष	श्चक्रेभ	वायास्प	दम्
ऽ ऽ ऽ	। । ऽ	। ऽ ।	। । ऽ	ऽ ऽ ।	ऽ ऽ ।	ऽ
द्वन्द्वंद	क्षमरी	चिसम्भ	वमिदं	तत्स्रष्टु	रेकान्त	रम्
ऽ ऽ ऽ	। । ऽ	। ऽ ।	। । ऽ	ऽ ऽ ।	ऽ ऽ ।	ऽ

(हे मातलि!)

दोहा॰ माता बारह रुद्र की, देवी अदिति सुजान ।
सोता सूरज-तेज के, कश्यप ऋषि भगवान ।।

पिता-मातु हैं इंद्र के, कश्यप-अदिति महान ।
मुनिजन उनको पूजते, देकर बहु सम्मान ।।

अदिति अंगजा दक्ष की, कश्यप मारीच पुत्र ।

उनके दो सुर पुत्र हैं, शंकर-विष्णु अमुत्र ।।

(हे अदिति-कश्यप प्रभो!)

दोहा॰ सेवक मैं देवेंद्र का, करता तुम्हें प्रणाम ।
पालक बन कर भूमि का, करता सबका त्राण ।।

(शकुन्तला)

दोहा॰ चरण वंदना मैं करूँ, पति औ सुत के साथ ।
भगवन कश्यप-अदिति को, युगल जोड़ कर हाथ ।।

(कश्यप ऋषि)

7.28 आखण्डलसमो भर्ता जयन्तप्रतिमः सुतः ।
आशीरन्या न ते योग्या पौलोमीसदृशी भव ॥

(अनुष्टुभ् श्लोक छंद))

आखण्डल	समोभ	र्ता	जयन्तप्र	तिमःसु	तः
ऽ ऽ । ।	। ऽ ऽ	ऽ	। ऽ ऽ ।	। ऽ ।	ऽ
आशीरन्या	नतेयो	ग्या	पौलोमीस	दृशीभ	व
ऽ ऽ ऽ ऽ	। ऽ ऽ	ऽ	ऽ ऽ ऽ ।	। ऽ ।	।

पाद टिप्पणियाँ :

1. इस अनुष्टुभ् छंद के विषम चरण 1 और 3 में पहले चार अक्षरों के बाद य गण (। ऽ ऽ) आने से और सम चरण 2 और 4 में प्रथम चार अक्षरों के पश्चात् ज (। ऽ ।) गण आने से इन चार चरणों के पद्य में श्लोक छंद सिद्ध हुआ है.
2. यथा निम्न तालिका में दर्शित है : प्रथम चरण में त स ग ग गण होने से श्यामा छंद है; द्वितीय चरण में (और चतुर्थ चरण में) चौथे वर्ण के बाद ज गण आने से यहाँ पथ्यावक्त्र छंद प्रयुक्त है; तृतीय चरण में म र ग ग गण होकर पहले वर्ण के आगे न गण तथा स गण न होकर चौथे वर्ण के आगे य गण होने से यहाँ वक्त्र छंद हुआ है.

आखण्ड	लसमो	भर्ता		
ऽ ऽ ।	। । ऽ	ऽ ऽ	त स ग ग	श्यामा छंद
जयन्त	प्रतिमः	सुतः		
। ऽ ऽ	। । ऽ	। ऽ	य स ल ग	पथ्यावक्त्र
आशीर	न्यानते	योग्या		
ऽ ऽ ऽ	ऽ । ऽ	ऽ ऽ	म र ग ग	वक्त्र छंद
पौलोमी	सदृशी	भव		
ऽ ऽ ऽ	। । ऽ	। ऽ *	म स ल ग	पथावक्त्र

* अंतिम 15-वीं लघु मात्रा गुरु गिनी गई है

दोहा॰ बेटी शकुन्तले! तुम्हें, पति है मिला महान ।
पति तुमरा दुष्यंत है, पावन इंद्र समान ॥

कश्यप ऋषि ने फिर कहा, बेटी! तुमरा पुत्र ।
जयंत जैसा, इंद्र के, सर्वदमन है पात्र ॥

शकुन्तले! तुम भी बनो, शची समान प्रधान ।
और तुम्हें क्या दे सकूँ, वरिष्ठ मैं वरदान? ॥

मातु अदिति ने फिर दिया, मंगल आशीर्वाद ।
पुत्री! तुम सेवा करो, सुत की पति के बाद ॥

(कश्यप ऋषि)

7.29 दिष्ट्या शकुंतला साध्वी सदपत्यमिदं भवान् ।
श्रद्धा वित्तं विधिश्चेति त्रितयं तत्समागतम् ॥

(अनुष्टुभ् श्लोक छंद)

दिष्ट्याशकुं	तलासा	ध्वी	सदपत्य	मिदंभ	वान्
ऽ ऽ । ऽ	। ऽ ऽ	ऽ	। । ऽ ।	। ऽ ।	ऽ
श्रद्धावित्तं	विधिश्चे	ति	त्रितयंत	त्समाग	तम्
ऽ ऽ ऽ ऽ	। ऽ ऽ	ऽ	। । ऽ ऽ	। ऽ ।	ऽ

पाद टिप्पणियाँ :

1. इस अनुष्टुभ् छंद के विषम चरण 1 और 3 में पहले चार अक्षरों के बाद य गण (। ऽ ऽ) आने से और सम चरण 2 और 4 में प्रथम चार अक्षरों के पश्चात् ज (। ऽ ।) गण आने से इन चार चरणों के पद्य में श्लोक छंद सिद्ध हुआ है.

2. यथा निम्न तालिका में दर्शित है : प्रथम चरण में त र ग ग गण होने से विभा छंद प्रयुक्त है; द्वितीय चरण में स स ल ग गण होने से यहाँ कलिला छंद होता है; तृतीय चरण में म र ग ग गण होने से और चतुर्थ वर्ण के बाद य गण होने से यहाँ वक्त्रा छंद घटित है और चतुर्थ चरण में स र ल ग गण होने से शलुकलुप्ता छंद युक्त होता है.

दिष्ट्याश	कुंतला	साध्वी		
ऽ ऽ ।	ऽ । ऽ	ऽ ऽ	त र ग ग	विभा छंद
सदप	त्यमिदं	भवान्		
। । ऽ	। । ऽ	। ऽ	स स ल ग	कलिला छंद
श्रद्धावि	त्तंविधि	श्चेति		
ऽ ऽ ऽ	ऽ । ऽ	ऽ ऽ	म र ग ग	वक्त्रा छंद
त्रितयं	तत्समा	गतम्		
। । ऽ	ऽ । ऽ	। ऽ	स र ल ग	शलुकलुप्ता

दोहा॰ कश्यप ऋषि ने फिर कहा, पराक्रमी दुष्यंत ।
सर्वदमन गुणयुक्त है, शकुन्तले श्रीमंत! ।।

एक स्थान में मेल है, तीनों का गुणवान ।
बोले अभिनंदन उन्हें, ऋषि कश्यप भगवान ।।

(राजा दुष्यंत)

7.30 उदेति पूर्वं कुसुमं ततः फलं घनोदयः प्राक्तदनन्तरं पयः ।
निमित्तनैमित्तिकयोरयं क्रमस्तव प्रसादस्य पुरस्तु सम्पदः ॥

(वंशस्थ ज त ज र छंद)

उदेति	पूर्वंकु	सुमंत	तःफलम्

। ऽ ।	ऽ ऽ ।	। ऽ ।	ऽ । ऽ
घनोद	यःप्राक्त	दनन्त	रंपयः
। ऽ ।	ऽ ऽ ।	। ऽ ।	ऽ । ऽ
निमित्त	नैमित्ति	कयोर	यंक्रम
। ऽ ।	ऽ ऽ ।	। ऽ ।	ऽ । ऽ
स्तवप्र	सादस्य	पुरस्तु	सम्पदः
। ऽ ।	ऽ ऽ ।	। ऽ ।	ऽ । ऽ

दोहा॰ उगता पहले फूल है, फिर फल मिलता, तात! ।
उद्गम पहले मेघ का, फिर होती बरसात ।।

क्रम यह कारण-कार्य का, सर्वकाल है ज्ञात ।
मगर कृपा से आपकी, कारण कार्य-पश्चात् ।।

शकुन्तला नृप को मिली, सर्वदमन सुत साथ ।
बाद अदिति-कश्यप कृपा, पाएँ है पुरुनाथ ।।

(राजा दुष्यंत)

7.31 यथा गजो नेति समक्षरूपे तस्मिन्नपक्रामति संशयः स्यात् ।
पदानि दृष्ट्वा तु भवेत्प्रतीतिस्तथाविधो मे मनसो विकारः ॥
उपजाति उपेंद्रवज्रा-इंद्रवज्रा-उपेंद्रवज्रा-उपेंद्रवज्रा छंद (ऋद्धि छंद)

यथाग	जोनेति	समक्ष	रूपे	
। ऽ ।	ऽ ऽ ।	। ऽ ।	ऽ ऽ	उपेंद्रवज्रा
तस्मिन्न	पक्राम	तिसंश	यःस्यात्	
ऽ ऽ ।	ऽ ऽ ।	। ऽ ।	ऽ ऽ	इंद्रवज्रा
पदानि	दृष्ट्वातु	भवेत्प्र	तीतिः	
। ऽ ।	ऽ ऽ ।	। ऽ ।	ऽ ऽ	उपेंद्रवज्रा
तथावि	धोमेम	नसोवि	कारः	
। ऽ ।	ऽ ऽ ।	। ऽ ।	ऽ ऽ	उपेंद्रवज्रा

दोहा॰ दुर्वासा के शाप से, मुझसे हुआ प्रमाद ।

शकुन्तला को भूल कर, किया घोर अपराध ।।

अंगूठी को देख कर, आया मुझको याद ।
अब वह वियोग सोचकर, होता मुझे विषाद ।।

हाथी जब हो सामने, लगे नहीं है पास ।
पद चिन्हों को देख कर, होता है विश्वास ।।

(कश्यप ऋषि)

7.32 शापादसि प्रतिहता स्मृतिरोधरूक्षे भर्तर्यपेततमसि प्रभुता तवैव ।
छाया न मूर्छति मलोपहतप्रसादे शुद्धे तु दर्पणतले सुलभावकाशा ॥

(वसंततिलका त भ ज ज ग ग छंद)

शापाद	सिप्रति	हतास्मृ	तिरोध	रूक्षम्
ऽ ऽ ।	ऽ । ।	। ऽ ।	। ऽ ।	ऽ ऽ
भर्तर्य	पेतत	मसिप्र	भुतात	वैव
ऽ ऽ ।	ऽ । ।	। ऽ ।	। ऽ ।	ऽ ऽ *
छायान	मूर्छति	मलोप	हतप्र	सादे
ऽ ऽ ।	ऽ । ।	। ऽ ।	। ऽ ।	ऽ ऽ
शुद्धेतु	दर्पण	तलेसु	लभाव	काशा
ऽ ऽ ।	ऽ । ।	। ऽ ।	। ऽ ।	ऽ ऽ

* अंतिम 14-वीं लघु मात्रा गुरु गिनी गई है.

दोहा॰ स्मरणशक्ति-अवरोध से, किया गया तब त्याग ।
स्मृति विभ्रम दुष्यंत का, गया हुआ है भाग ।।

शकुन्तले! अब भूप पर, तुमरा है अधिकार ।
सपत्नियों से उच्च है, पति तुमरा पतवार ।।

दर्पण ढक कर धूल से, होता बिंब विलुप्त ।
धूल हटा कर मुकुर में, साफ दिखे पर्याप्त ।।

(कश्यप ऋषि)

7.33 रथेनानुद्घातस्तिमितगतिना तीर्णजलधिः
पुरा सप्तद्वीपां जयति वसुधामप्रतिरथः ।
इहायं सत्त्वानां प्रसभदमनात्सर्वदमनः
पुनर्यास्यत्याख्यां भरत इति लोकस्य भरणात् ॥

(शिखरिणी य म न स भ ल ग छंद)

रथेना	नुद्घात	स्तिमित	गतिना	तीर्णज	लधिः
। ऽ ऽ	ऽ ऽ ऽ	। । ।	। । ऽ	ऽ । ।	। ऽ
पुरास	प्तद्वीपां	जयति	वसुधा	मप्रति	रथः
। ऽ ऽ	ऽ ऽ ऽ	। । ।	। । ऽ	ऽ । ।	। ऽ
इहायं	सत्त्वानां	प्रसभ	दमना	त्सर्वद	मनः
। ऽ ऽ	ऽ ऽ ऽ	। । ।	। । ऽ	ऽ । ।	। ऽ
पुनर्या	स्यत्याख्यां	भरत	इतिलो	कस्यभ	रणात्
। ऽ ऽ	ऽ ऽ ऽ	। । ।	। । ऽ	ऽ । ।	। ऽ

दोहा॰ **कश्यप बोले भूप को, लख कर पुत्र ललाट ।**
तुमरा पुत्र महारथी, होगा नृप सम्राट ।।

जीतेगा वह भूमि को, द्वीपों वाली सात ।
रथ से सागर पार वो, करके शर बरसात ।।

(भरत)

दोहा॰ **दमन करे अरि सर्व जो, सर्वदमन कृतकाम ।**
भरण करे संसार का, "भरत" मिले शुभ नाम ।।

भरत भूप का राष्ट्र जो, "भारत" उसका नाम ।
आओ सब मिल आज हम, गाएँ उसका गान ।।

दोहा॰ **वन्दे भारत मातु को, पूर्ण भक्ति के साथ ।**
सादर शीश झुकाइके, जोड़ूँ दोनों हाथ ।। 9

जग में सबसे पूज्य जो, पावन भूमि महान ।
उसके जन सौजन्य से, जाना धन्य जहान ।।

हिमगिरि सिर पर मुकुट है, पग में सागर तीर ।
गंगा जमुना नर्मदा, मंगल अमृत नीर ।।

ब्रह्मा विष्णु महेश जी, ऋषि-मुनि जन का देश ।
वाङ्मय वेद पुराण का, रचना कियो गणेश ।।

दुर्गा राधा जानकी, जिनकी भारत मात ।
राम कृष्ण हनुमान हैं, सुपुत्र जिसके ज्ञात ।।

मिट्टी सोना है जहाँ, जल है अमृत धार ।
ऐसे भारत देश को, कीन्हा है करतार ।।

पर महिला मानी जहाँ, कन्या बहिना मात ।
अन्य पुरुष भाई जहाँ, पुत्र, पिता या तात ।।

पुण्य भूमि यह भारती, कर्मभूमि है नाम ।
मातृभूमि यह वंद्य है, स्वर्गभूमि सम धाम ।।

रक्षण करना, हे प्रभो! हमरा भारत देश ।
सबको गुण धन धान्य हों, सबको मिले निवेश ।।

वीर हमारे पूत हों, कन्या देवी रूप ।
सभी हमारे मीत हों, सबमें प्रीत अनूप ।।

जग में उज्ज्वल नाम हों, उत्तम हों सब काम ।
मुख में हमरे नाम हों, जय सीता! जय राम! ।।

(रत्नाकर)

दोहा॰ भारत माते! आपका, यह सुंदर इतिहास ।
रत्नाकर है लिख रहा, राग छन्द में खास ।।

माते! तेरा पूत मैं, मेरा यह सौभाग ।
तूने मुझको है दिया, गीत-कला अनुराग ।।

हिन्दी भाषा सुगम है, कहते संत सुजान ।
चारु मनोरम सुखद है, जिन्हें काव्य का ज्ञान ।।

सुरस सुलभ सुखकार है, जग में भाषा एक ।
हिन्दी वह शुभ नाम है, जानत हैं जन नेक ।।

हिन्दी में जो शान है, और न पायी जाय ।
हिन्दी जो है जानता, वही समझ यह पाय ।।

अलंकार से जो भरी, तुमने, हे वागीश! ।
हिन्दी भाषा दी हमें, धन्यवाद, जगदीश! ।।

(अदिति)

📖 ...अस्या दुहितृमनोरथसम्पत्तेः कण्वोऽपि तावत्छ्रुतविस्तारः क्रियताम् ।

दोहा॰ कहा अदिति ने हर्ष से, कश्यप जी जग-तात! ।
पहुँचानी होगी हमें, कण्वाश्रम में बात ।।

शकुन्तला को प्रेम से, पाए हैं दुष्यंत ।
ऋषिवर! अब सब आपकी, चिंता का हो अंत ।।

माता उसकी मेनका, यहीं हमारे पास ।
सबकी सेवा में लगी, लेकर मुख पर हास ।।

(शकुन्तला)

📖 ...मनोरथः खलु मे भणितो भगवत्या ।

दोहा॰ माते! बोली आपने, मेरे मन की बात ।
परम यह समाचार हो, कण्व पिता को ज्ञात ।।

(कश्यप ऋषि)

📖 तपःप्रभवात्प्रत्यक्षं सर्वमेव तत्रभवतः ।

दोहा॰ सब बातें प्रत्यक्ष हैं, जब हो दिव्य प्रभाव ।
कण्व महात्मा जानते, सब कुछ महानुभाव ।।

(राजा दुष्यंत)

📖 --अतः खलु मम नातिक्रुद्धो मुनिः ।

दोहा॰ कण्व तात को था सभी, पहले से ही ज्ञात ।
तभी हुए ना क्रुद्ध वे, सुन विवाह की बात ।।

(कश्यप ऋषि)

📖 वत्स त्वमपि स्वापत्यदारसहितः सख्युराखण्डलस्य रथमारुह्य ते राजधानीं प्रतिष्ठस्व ।

दोहा॰ कश्यप बोले भूप से, जाओ अब निज धाम ।
लेकर पत्नी-पुत्र को, करो प्रजा के काम ।।

जाओ लेकर भूप! तुम, दिव्य इंद्र का यान ।
विद्युत गति से जा सको, आज करो प्रस्थान ।।

(और)

7.34 तव भवतु बिडौजाः प्राज्यवृष्टिः प्रजासु
त्वमपि विततयज्ञो वज्रिणं प्रीणयस्व ।

युगशतपरिवर्तानिवमन्योन्यकृत्यै-
र्नयतमुभयलोकानुग्रहश्लाघनीयैः ॥

(मालिनी न न म य य छंद)

तवभ	वतुबि	डौजाःप्रा	ज्यवृष्टिः	प्रजासु
। । ।	। । ।	ऽ ऽ ऽ	। ऽ ऽ	। ऽ ऽ *
त्वमपि	वितत	यज्ञोव	ज्रिणंप्री	णयस्व
। । ।	। । ।	ऽ ऽ ऽ	। ऽ ऽ	। ऽ ऽ *
युगश	तपरि	वर्तानि	वमन्यो	न्यकृत्यैः
। । ।	। । ।	ऽ ऽ ऽ	। ऽ ऽ	। ऽ ऽ
र्नयत	मुभय	लोकानु	ग्रहश्ला	घनीयैः
। । ।	। । ।	ऽ ऽ ऽ	। ऽ ऽ	। ऽ ऽ

* अंतिम 15-वीं लघु मात्रा गुरु गिनी गई है.

दोहा॰ इंद्र तिहारी भूमि पर, वर्षा करे यथेष्ट ।
प्रजा सुखी समृद्ध हो, सबविध हो संतुष्ट ।।

पृथ्वी-स्वर्ग प्रसन्न हैं, देख तिहारे काम ।
शंसनीय जग में रहे, जुग-जुग तुमरा नाम ।।

(राजा दुष्यंत)

📖 भगवन् यथाशक्ति श्रेयसे यतिष्ये ।

दोहा॰   राजा बोले, हे प्रभो! दो मुझको वरदान ।
यथाशक्ति दिन-रात मैं, करूँ प्रजाकल्याण ।।

(राजा दुष्यंत)

7.35   प्रवर्ततां प्रकृतिहिताय पार्थिवः
सरस्वती श्रुतमहतां महीयताम् ।
ममापि च क्षपयतु नीललोहितः
पुनर्भवं परिगतशक्तिरात्मभूः ॥

(रुचिरा ज भ स ज ग छंद)

प्रवर्त	तांप्रकृ	तिहिता	यपार्थि	वः
। ऽ ।	ऽ । ।	। । ऽ	। ऽ ।	ऽ
सरस्व	तीश्रुत	महतां	महीय	ताम्
। ऽ ।	ऽ । ।	। । ऽ	। ऽ ।	ऽ
ममापि	चक्षप	यतुनी	ललोहि	तः
। ऽ ।	ऽ । ।	। । ऽ	। ऽ ।	ऽ
पुनर्भ	वंपरि	गतश	क्तिरात्म	भूः
। ऽ ।	ऽ । ।	। । ऽ	। ऽ ।	ऽ

दोहा॰   राजा प्रयत्नशील हो, जन हित में दिन-रात ।
सत्य स्निग्ध वाणी सदा, धार्मिक हो हर बात ।।

सबहितकारी मैं रहूँ, सर्वगुणों से युक्त ।
शिवशंकर मुझको करें, पुनर्जन्म से मुक्त ।।

इति सप्तमोऽङ्कः ।
समाप्तमिदमभिज्ञानशकुंतलं नाम नाटकम् ।

कालिदास के आठ महाकाव्य
पात्र परिचय संदर्भ सूची

अंगद : किष्किंधा के राजा बाली और रानी तारादेवी का पुत्र. श्रीराम का दूत - रघुवंश

अंगीरा : अंगीरस, सप्तर्षियों में एक - कुमारसंभव

अग्नि = अग्निदेव, अग्नि की देवता

अग्निदेव : बृहस्पति के पुत्र - कुमारसंभव

अग्निमित्र = शुंग वंशीय राजा, सम्राट पुष्यमित्र के पुत्र - मालविकाग्निमित्र

अग्निवर्ण : अयोध्या के राजा सुदर्शन के पुत्र. एक व्यसनी राजा जिनका राज्य उनकी पटरानी ने सँभाला. राजा शीघ्र के पिता - रघुवंश

अज : अयोध्या के राजा रघु के पुत्र. राजा दशरथ के पिता - रघुवंश

अतिथि : अयोध्या के महाराजा कुश और महारानी कुमुदवती के पुत्र - रघुवंश

अदिति : कश्यप की पत्नी, दक्ष की कन्या - कुमारसंभव

अदिति : दाक्षायणी. मारीच ऋषि की धर्मपत्नी - शकुन्तला

अनसूया : शकुन्तला की दूसरी सखी - शकुन्तला

अयोध्या : सूर्यवंश की सनातन काल से राजधानी - रघुवंश

अरुंधती : प्रजापति कर्दम की कन्या, वसिष्ठ मुनि की पत्नी - कुमारसंभव

अशोक : वसंत ऋतु में खिलने वाला लाल रंग के पुष्पों का एक वृक्ष - विक्रमोर्वशी

अहिल्या देवी : एक साध्वी स्त्री. गौतम मुनि की पत्नी - रघुवंश

अहीनग : राजा देवनीक के पुत्र. राजा पारियात्र के पिता - रघुवंश

आयु : राजा पुरुरवा और उर्वशी का पुत्र. चंद्रवंश के आदि प्रचालक - विक्रमोर्वशी

इंदुमती : विदर्भ की राजकुमारी. राजा भोज की भगिनी - रघुवंश

इंद्र : देवताओं के राजा - विक्रमोर्वशी

इंद्र : देवताओं के राजा. इनका शस्त्र है वज्र - कुमारसंभव

इंद्र : देवों के राजा - रघुवंश

इक्ष्वाकु : मनु वैवस्वत के महान पुत्र. अयोध्या के प्रथम सार्वभौम राजा. आदि योग के प्रवर्तक - रघुवंश

इन्द्र = देवताओं के राजा

इन्द्रसेन = राजा नल और दमयंती का पुत्र - नलोदय

इन्द्रसेना = राजा नल और दमयंती की कन्या - नलोदय

इरावती = राजा अग्निमित्र की छोटी रानी - मालविकाग्निमित्र

उन्नाभ : अयोध्या के राजा वज्रबाण के पुत्र. राजा शंखण के पिता - रघुवंश

उर्मिला : सौमित्र लक्ष्मण की पत्नी - रघुवंश

उर्वशी : देवलोक की प्रमुख अप्सरा. अन्य मुख्य परियाँ : चित्रलेखा, रंभा, मेनका, तिलोत्तमा, पुष्पगंधा, सुकेशिनी, मनोरमा, महेश्वरी, प्रमद्वरा, घ्रताची, चंद्रप्रभा, कांचनमाला, वि^u न्माला, सोमा, अंबुजाक्षी, ... आदि - विक्रमोर्वशी

ऋतुपर्ण = अयोध्या के राजा - नलोदय

ऐरावत : इंद्र का हाथी - कुमारसंभव

कंचुकी : सेवक - विक्रमोर्वशी

कण्व ऋषि : मेधातिथि के पुत्र, कश्यप ऋषि. इन्हों ने शकुन्तला को पाला था - शकुन्तला

कण्वाश्रम : हस्तिनापुर की ईशान्य दिशा में स्थित मालिनी नदी के तट पर कण्व मुनि का आश्रम स्थान - शकुन्तला

कबंध : एक रामायणीय असुर - रघुवंश

कम्बोज : कम्बोज देश के राजा - रघुवंश

करभक : राजमाता का संदेश राजा दुष्यंत को पहुँचाने वाल संदेशवाहक - शकुन्तला

कर्कोटक = एक सर्पराज, नाग - नलोदय

कलि = कलियुग की देवता, कलिमल - नलोदय

कल्पतरु : स्वर्ग की मनोरथ पूरक पाँच वस्तुओं में एक वृक्ष. अन्य चार वस्तु हैं - मंदार, पारिजात, संतान और हरिचंद्र - कुमारसंभव

कल्पवृक्ष : देवलोक का पाँच में से एक इच्छापूरक वृक्ष. अन्य चार इच्छा पूरक वृक्ष थे : हरिचंदन, मंदार, पारिजात, संतान और कल्पवृक्ष

(कल्पवृक्ष) - रघुवंश

कश्यप : प्रजापति - कुमारसंभव

कश्यप ऋषि : हस्तिनापुर के राजगुरु - शकुन्तला

कामदेव : अनंग, कन्दर्प, ब्रह्म का मानसपुत्र - कुमारसंभव

कामधेनु : एक इच्छापूरक गाय. अन्य नाम सुरभी - रघुवंश

कार्तिकेय : कुमार, षडानन, शिव-पार्वती पुत्र, तारकसूदन - कुमारसंभव

कार्तिकेय : शिव पुत्र - विक्रमोर्वशी

कुबेर : यक्ष धन-देवता - विक्रमोर्वशी

कुबेर : यक्षपति. रावण के बंधु - रघुवंश

कुबेर : रावण बंधु. वाहन पुष्पक यान - कुमारसंभव

कुमार वन : गंधमादन पर्वत पर एक उद्यान - विक्रमोर्वशी

कुमुद : एक नाग - रघुवंश

कुमुदवती : अयोध्या के राजा कुश की पत्नी. कुमुद की भगिनी - रघुवंश

कुम्भकर्ण : रावण का भाई - रघुवंश

कुम्भोदर : शिवजी का एक सेवक - रघुवंश

कुरबक : वसंत ऋतु में खिलने वाला लाल रंग के पुPपों का एक वृक्ष - विक्रमोर्वशी

कुश : श्रीराम के पुत्र - रघुवंश

कुशध्वज : राजा जनक के भाई - रघुवंश

केशी : एक दैत्य - विक्रमोर्वशी

केसर : मौलश्री. एक वृक्ष - शकुन्तला

कैकेयी : अयोध्या के राजा दशरथ की पटरानी. भरत और शत्रुघ्न की माता - रघुवंश

कौत्स : वरतंतु मुनि का जन्मेजय कालीन (महा. आदि. 53.6) शिष्य - रघुवंश

कौशल्य : राजा हिरण्यनाभ के पुत्र. राजा ब्रह्मिष्ठ के पिता - रघुवंश

कौशल्या : अयोध्या के राजा दशरथ की महारानी. श्रीराम की माता - रघुवंश

कौशिकी = महारानी धारिणी की योगिनी सखी - मालविकाग्निमित्र

क्षेमधन्वा : राजा पुंडरीक के पुत्र. राजा देवनीक के पिता - रघुवंश

खर : रावण का एक सेवक सेनापति - रघुवंश

गंगा : पावनतम नदी - रघुवंश

गंधमादन : एक पर्वत - विक्रमोर्वशी

गणदास = नृत्य कला के एक गुरु - मालविकाग्निमित्र

गालव : मारीच ऋषि का शिष्य - शकुन्तला

गुह निषाद : शृंगेवरपुर का भिल राजा - रघुवंश

गौतम = राजा अग्निमित्र के दरबार का कौशिक ब्रह्मण विदूषक - मालविकाग्निमित्र

गौतमी नदी : विश्वमित्र मुनि जिस के तट पर तपस्या कर रहे थे - शकुन्तला

गौतमी माँ : काण्व ऋषि के आश्रम की वृद्ध तापसी - शकुन्तला

चतुरिका : राजा दुष्यंत की सेविका - शकुन्तला

चारण : स्तुति गीत गाने वाले भाट लोग - विक्रमोर्वशी

चित्रकूट : एक पर्वत जहाँ श्रीराम ने वनवास गमन में प्रथम आश्रय लिया था - रघुवंश

चित्ररथ : गंधर्वों के राजा - विक्रमोर्वशी

चित्रलेखा : उर्वशी की सखी अप्सरा - विक्रमोर्वशी

चूड़ामणि : महाकवि कालिदास - शकुन्तला

च्यवन : एक महाऋषि - विक्रमोर्वशी

जटायु : एक नीतिभक्त वीर खगराज जिसको रावण ने मार डाला - रघुवंश

जनक : सीता के पिता. मिथिलेश - रघुवंश

जनकपुरी : राजा जनक की राजधानी - रघुवंश

जयंत : इंद्र देव का पुत्र - शकुन्तला

जयसेना = राजा अग्निमित्र और रानी धारिणी की दासी - मालविकाग्निमित्र

जानुक : हस्तिनापुर का एक सिपाही - शकुन्तला

जामवंत : सुग्रीव का एक कपि सेनापति - रघुवंश

तक्ष : भरत का पुत्र. तक्षशिला का राजा - रघुवंश
तपोवन : कण्व ऋषि का आश्रम क्षेत्र - शकुन्तला
ताड़का : एक दुष्ट राक्षसी - रघुवंश
तारक : तारकासुर, असुराधिपति - कुमारसंभव
दम = विदर्भ नरेश भीम का पुत्र - नलोदय
दमन = विदर्भ नरेश भीम का पुत्र - नलोदय
दमयंती = विदर्भ नरेश भीम की कन्या. महाकाव्य की नायिका - नलोदय
दशरथ : रघुपति. अवधपति. श्रीराम के पिताश्री - रघुवंश
दाँत = विदर्भ नरेश भीम का पुत्र - नलोदय
दिलीप : अयोध्या के राजा मूलक के पुत्र. राजा रघु के पिता. महारानी सुदक्षिणा के पति - रघुवंश
दुर्वासा : एक महा क्रोधी ऋषि - शकुन्तला
दुर्वासा : एक महाक्रोधी मुनि - रघुवंश
दुष्यन्त : चंद्रवंशीय राजा. हस्तिनापुर के सम्राट. इस नाटक के नायक - शकुन्तला
दूषण : रावण का एक सेवक सेनापति - रघुवंश
देवदूत : आकाशवाणी - विक्रमोर्वशी
देवानीक : अयोध्या के राजा क्षेमधन्वा के पुत्र. राजा अहिनाग के पिता - रघुवंश
धारिणी = राजा अग्निमित्र की पटरानी - मालविकाग्निमित्र
धीवर : एक मछुआ - शकुन्तला
ध्रुवसंधि : अयोध्या के राजा पुष्य के पुत्र. राजा सुदर्शन के पिता - रघुवंश
नंदिनी : देवताओं की एक एच्छापूरक गाय. कामधेनु की कन्या - रघुवंश
नंदी : शिवजी का वाहन - कुमारसंभव
नभ : अयोध्या के राजा नल के पुत्र. धनुषधारी राजा पुंडरीक के पिता - रघुवंश
नर्मदा : विंध्य और सातपुड़ा के बीच बहने वाली पवित्र नदी - रघुवंश
नल : राजा निषद के महान पुत्र. राजा नभ के पिता - रघुवंश
नल = राजा वीरसेन के पुत्र. महाकाव्य के नायक - नलोदय

नारद : देवर्षि - कुमारसंभव
नारद : देवर्षि मुनिवर - विक्रमोर्वशी
नारद : देवर्षि. महामुनि - रघुवंश
निपुणिका : महारानी की दासी - विक्रमोर्वशी
निषद : अयोध्या के राजा अतिथि के पुत्र. महाराजा नल के पिता - रघुवंश
पंचवटी : वनवास गमन में जहाँ श्रीराम की कुटिया थी - रघुवंश
परशुराम : भार्गव योद्धा - रघुवंश
पवन देव : वायु देवता. पवन का वाहन है हरिण - कुमारसंभव
पारिजात : देव लोक की इच्छापूरक पाँच वस्तुओं में पुष्पवृक्ष - कुमारसंभव
पारियात्र : अयोध्या के राजा अहीनाग के पुत्र. राजा शिल के पिता - रघुवंश
पार्वती : शिवजी की पत्नी. उमा, अंबा - रघुवंश
पार्वती : हिमालय कन्या, शिवपत्नी - कुमारसंभव
पुंडरीक : अयोध्या के राजा नभ के पुत्र. राजा क्षेमधन्वा के पिता - रघुवंश
पुत्र : अयोध्या के राजा ब्रह्मिष्ठ के पुत्र. राजा पुष्य के पिता - रघुवंश
पुरुरवा : प्रतिस्थान के विक्रमी चंद्रवंशी राजा. बुध और इला के सुपुत्र - विक्रमोर्वशी
पुष्कर = राजा नल का भाई - नलोदय
पुष्कल : अयोध्या के राजा भरत के पुत्र. पुष्कलावती के राजा - रघुवंश
पुष्पक : कुबेर का विमान जो रावण ने छीन लिया था - रघुवंश
पुष्य : अयोध्या के राजा पुत्र के पुत्र. राजा ध्रुवसंधि के पिता - रघुवंश
पुष्यमित्र = विदिशा देश के शुंग वंशीय सम्राट - मालविकाग्निमित्र
प्रतिष्ठान : प्रतिस्थान, पैठन राज्य - विक्रमोर्वशी
प्रतिहारी : राजा दुष्यंत का एक सेवक द्वारपाल - शकुन्तला
प्राग्ज्योतिष : सनातन असम की राजधानी - रघुवंश
प्रियंवदा : शकुन्तला की एक सखी - शकुन्तला
प्रियदर्शन : एक गंधर्व राजा - रघुवंश
प्रियवंद : गंधर्वराज प्रियदर्शन का पुत्र - रघुवंश

बकुलावलिका = मालविका की सखी - मालविकाग्निमित्र
बाली : सुग्रीव कपीश का भाई. किष्किंधा का राजा. तारादेवी का पति - रघुवंश
बाहुक = राजा नल का अवध देश में नाम, सारथी के वेश में - नलोदय
बृहस्पति : देवताओं के गुरु, अंगीरस पुत्र - कुमारसंभव
ब्रह्म : त्रिमूर्ति में एक. प्रजापति पिता - कुमारसंभव
ब्रह्मिष्ठ : अयोध्या के राजा कौशल्य के पुत्र. राजा पुत्र के पिता - रघुवंश
भरत : राजा दुष्यन्त और शकुन्तला के सम्राट पुत्र - शकुन्तला
भरत : श्रीराम के भाई. कैकेयी के पुत्र - रघुवंश
भरत मुनि : नाट्यशास्त्र कर्ता, लक्ष्मी-स्वयंवर नाटक के रचेता - विक्रमोर्वशी
भीम = विदर्भ देश के राजा - नलोदय
भोज : विदर्भ के राजा. इंदुमती के भाई - रघुवंश
मणिकण्ठक : कुमार आयु का मोर - विक्रमोर्वशी
मतंग : शबरी के गुरु - रघुवंश
मधुपुरी : यमुना किनारे एक गाँव - रघुवंश
महारानी : काशी नरेश की कन्या - विक्रमोर्वशी
मांडवी : अयोध्या के राजा भरत की पत्नी - रघुवंश
माणवक : काशी नरेश का एक विदूषक - विक्रमोर्वशी
मातलि : इंद्र देव का सारथी और योद्धा - शकुन्तला
माधवसेन = विदर्भ के राजा यज्ञसेन का चचेरा भाई - मालविकाग्निमित्र
माधव्य : राजा दुष्यन्त के मित्र. विदूषक - शकुन्तला
मारीच : कश्यप ऋषि - शकुन्तला
मारीच : ताड़का का पुत्र - रघुवंश
मालविका = विदर्भ देश की राजकुमारी, माधवसेन की छोटी बहन - मालविकाग्निमित्र
मालिनी : जिस नदी पर कण्व ऋषि का आश्रम स्थित था - शकुन्तला
मेघनाद : रावण का ज्येष्ठ पुत्र - रघुवंश
मेनका : एक अप्सरा - विक्रमोर्वशी

मेनका : विश्वमित्र महामुनि की पत्नी. एक अप्सरा - शकुन्तला
मेना : गिरिराज हिमालय की पत्नी - कुमारसंभव
मैनाक : राजा हिमालय और रानी मेना का पुत्र - कुमारसंभव
मौर्य सचिव = विदर्भराज यज्ञसेन का साला - मालविकाग्निमित्र
यज्ञसेन = विदर्भ के राजा - मालविकाग्निमित्र
यम = यमराज, मृत्यु की देवता - नलोदय
यमराज : मृत्यु की देवता - रघुवंश
यमराज : मृत्यु देवता. इनका वाहन है भैंसा - कुमारसंभव
यवनी : राजा दुष्यंत की एक सेविका - शकुन्तला
योगिनी माँ : तपोवन की एक तपस्विनी - शकुन्तला
रंभा : एक अप्सरा - विक्रमोर्वशी
रघु : अयोध्या के राजा दिलीप के पुत्र. राजा अज के पिता - रघुवंश
रति : कामदेव की पत्नी, दक्ष प्रजापति की पत्नी - कुमारसंभव
राजमाता = चेदी नरेश सुबाहु की पत्नी, दमयंती की मौसी - नलोदय
राम : राजा दशरथ के पुत्र. विष्णु के अवतार. सीतापति - रघुवंश
रावण : लंकापति. विभीषण और कुम्भकर्ण का बंधु. मेघनाद के पिता - रघुवंश
रुद्र : अदिति के बारह पुत्र - कुमारसंभव
रैवतक : राजा दुष्यंत का एक दरबान - शकुन्तला
लक्ष्मण : श्रीराम के भाई. सुमित्रा के पुत्र - रघुवंश
लवणासुर : एक राक्षस जिसे शत्रुघ्न ने मारा था. असुर मधु का पुत्र - रघुवंश
लौहित्य नदी : हिमालय से निकली हुई एक नदी - रघुवंश
वज्रनाभ : राजा शिल के पुत्र. राजा उन्नाभ के पिता - रघुवंश
वद्याधर : गंधर्व - कुमारसंभव
वनज्योत्स्ना : आम का पेड़, सहकार का पेड़ - शकुन्तला
वरतंतु मुनि : कौत्स मुनि के गुरु - रघुवंश
वरुण = जल देवता - नलोदय
वरुण देव : कश्यप पुत्र, जल देवता. वाहन घड़ियाल (नक्र) - कुमारसंभव

वशिष्ठ : रघुकुल के राजगुरु - रघुवंश
वसुमती : राजा दुष्यन्त की पत्नी - शकुन्तला
वसुमित्र = राजा अग्निमित्र और रानी धारिणी का पुत्र - मालविकाग्निमित्र
वसुमित्र = राजा अग्निमित्र और रानी धारिणी का पुत्र - मालविकाग्निमित्र
वसुलक्ष्मी = राजा अग्निमित्र और रानी धारिणी की कन्या - मालविकाग्निमित्र
वातायन : राजा दुष्यंत का कंचुकी - शकुन्तला
वार्ष्णेय = राजा नल और दमयंती का एक सारथी - नलोदय
वाल्मीकि : श्लोक कर्ता. रामायण रचेता. महामुनि - रघुवंश
वासुकी = नागराज - नलोदय
विजित्वर : इंद्र का रथ - कुमारसंभव
विभीषण : रावण का सदाचारी भाई - रघुवंश
विवस्वान मनु : प्रजापति कश्यप और अदिति के पुत्र. रविकुल के संस्थापक - रघुवंश
विश्वमित्र : कौशिक महामुनि - शकुन्तला
विश्वमित्र : श्रीराम के गुरु - रघुवंश
विश्ववसु : गंधर्व - कुमारसंभव
विश्वसह : अयोध्या के राजा व्युषिताश्व के पुत्र. राजा हिरण्यनाभ के पिता - रघुवंश
विष्णु : त्रिमूर्ति में एक. लक्ष्मीपति - कुमारसंभव
वीरसेन = निषध देश के राजा - नलोदय
वीरसेन = राजा अग्निमित्र का दूर का भाई - मालविकाग्निमित्र
वेत्रवती : राजा दुष्यंत की एक द्वारपालिकां प्रतिहारी - शकुन्तला
वैखानस : कण्वाश्रम के तपोवन के एक महातपस्वी - शकुन्तला
वैवस्वत : प्रजापति मनु विवस्वान के पुत्र. इक्ष्वाकु के पिता - रघुवंश
व्युषिताश्व : अयोध्या के राजा शंखण के पुत्र. राजा विश्वसह के पिता - रघुवंश
शंकर : शिवजी. कैलासपति - रघुवंश
शंखण : अयोध्या के राजा उन्नाभ के पुत्र. राजा व्युषिताश्व के पिता -

रघुवंश

शकुन्तला : विश्वमित्र महामुनि और अप्सरा मेनका की कन्या. इस नाटक की नायिका - शकुन्तला

शची : इंद्र पत्नी, पुलोमा की कन्या - कुमारसंभव

शत्रुघ्न : श्रीराम के भाई. कैकेयी के पुत्र - रघुवंश

शरयू : गंगा की उपनदी जिस पर अयोध्या बसी है - रघुवंश

शाङ्गरव : कण्व ऋषि के एक शिष्य - शकुन्तला

शारद्वत : कण्व ऋषि के एक शिष्य - शकुन्तला

शिल : अयोध्या के राजा परियात्र के पुत्र. राजा वज्रनाभ के पिता - रघुवंश

शिव : त्रिमूर्ति में एक. कैलासपति, पार्वतीपति - कुमारसंभव

शूर्पणखा : रावण की भगिनी - रघुवंश

शृंगी : एक ऋषि. राजा दशरथ के एक मार्गदर्शक - रघुवंश

श्याल : राजा दुष्यंत का साला - शकुन्तला

श्रवण कुमार : एक महान पितृ सेवक बालक - रघुवंश

श्रुतकीर्ति : शत्रुघ्न की पत्नी - रघुवंश

संपाति : एक खगराज. जटायु का बंधु. राजा दशरथ का सेवक - रघुवंश

सती : शिवजी की पूर्व जन्म में पहली पत्नी - कुमारसंभव

सप्त ऋषि : अंगीरस, अत्री, क्रतु, पुलस्त्य, पुलह, मारीचि और वसिष्ठ - कुमारसंभव

सरस्वती : ज्ञान-कला की देवी - विक्रमोर्वशी

सरस्वती : बह्मपुत्री - कुमारसंभव

सर्वदमन : राजा भरत - शकुन्तला

सीता : रामचंद्र की पत्नी. जनककुमारी. वैदेही, जानकी - रघुवंश

सुग्रीव : बाली का भाई. ऋष्यमुक का राजा - रघुवंश

सुदक्षिणा : महाराजा दिलीप की पत्नी. मगधराज की कन्या - रघुवंश

सुदर्शन : राजा ध्रुवसंधि के पुत्र. राजा अग्निवर्ण के पिता - रघुवंश

सुदामा = दशार्ण देश के राजा, दमयंती के नाना - नलोदय

सुदेव = चेदी देश में एक ब्राह्मण गुप्तचर - नलोदय

सुनंदा : विदर्भ राजकुमारी इंदुमती की एक दासी - रघुवंश
सुनंदा = चेदी नरेश सुबाहु की कन्या - नलोदय
सुबाहु : ताड़का का पुत्र - रघुवंश
सुबाहु = राजा नल और दमयंती का एक सारथी - नलोदय
सुमति = विदर्भ नरेश यज्ञसेन के मंत्री, साध्वी कौशिकी के भाई - मालविकाग्निमित्र
सुमित्रा : राजा दशरथ की पत्नी. लक्ष्मण की माता - रघुवंश
सूचक : हस्तिनापुर का एक सिपाही - शकुन्तला
सूत : राजा दुष्यंत का सारथी - शकुन्तला
सोन : गंगा की एक उपनदी - रघुवंश
सोमतीर्थ : कण्व ऋषि जिस तीर्थ स्थल गए थे - शकुन्तला
सोमरात : राजा दुष्यंत के पुरोहित - शकुन्तला
हनुमान : रामदास. कपीश - रघुवंश
हरदत्त = नृत्य कला के दूसरे गुरु - मालविकाग्निमित्र
हिमालय : गिरिवर. पार्वती के पिता. राजधानी है ओषधिप्रस्थ - कुमारसंभव
हिरण्यनाभ : अयोध्या के राजा विश्वसह के पुत्र. राजा कौशल के पिता - रघुवंश

संदर्भग्रंथ

1. महावीरचरितम्, आचार्य: श्रीरामचन्द्रमिश्र:
चौखंबा विद्याभवन, वाराणसी-1, 2016

2. उत्तररामचरितम्
आनंदस्वरूप:, मोतीलाल बनारसीदास, नई दिल्ली, 2014

3. संस्कृत साहित्य सौरभ, खंड 1, 2
संपादक : विष्णु प्रभाकर, सस्ता साहित्य मंडल प्रकाशन, दिल्ली, 2010

4. संगीत श्रीरामायण, डा. रत्नाकर नराले,
पुस्तक भारती प्रकाशन, टोरंटो, कनाडा, 2017

5. Malvikagnimitra, Pt. Shankar P.
Govt. Cetnral Book Depot, Bombay, 1869.

6. https://sanskratisangam.home.blog/2019/09/19/%E0%A4%85%E0%A4%AD%E0%A4%BF%E0%A4%9C%E0%A5%8D%E0%A4%9E%E0%A4%BE%E0%A4%A8-%E0%A4%B6%E0%A4%BE%E0%A4%95%E0%A5%81%E0%A4%82%E0%A4%A4%E0%A4%B2%E0%A4%AE-%E0%A4%B6%E0%A4%95%E0%A5%81%E0%A4%82%E0%A4%A4/

7. ऋतुसंहार, शास्त्री व्यंकटाचार्य उपाध्याय, MLBD, New Delhi, 1967

8. कुमारसम्भवम् C.R. Devadhar, MLBD, New Delhi, 1985

9. रघुवंशमहाकाव्यम्, पं श्री ब्रह्मशंकरमिश्र: साहित्यशास्त्री, चौखंबा प्रकाशन, बनारस, 1956

10. शकुन्तला नाटक, प्रयाग : हिन्दी साहित्य सम्मेलन, 2006

प्रो. रत्नाकर नराले, संक्षिप्त परिचय

नाम :   डॉ. रत्नाकर नराले

प्रो. हिन्दी, रायर्सन विश्वविद्यालय, टोरंटो कनाडा

51 वर्ष से कनाडा में हिंदी का प्रसार

शैक्षणिक :

एम. एस्-सी. पुणे विश्वविद्यालय,

पीएच.डी. (आई. आई टी. खड़गपुर),

पीएच.डी. कालीदास संस्कृत विश्वविद्यालय, नागपुर.

औद्योगिक :

प्रो. हिन्दी, रायर्सन विश्वविद्यालय, टोरंटो कनाडा

पूर्ववर्ती प्रो. हिन्दी, यार्क विश्वविद्यालय, टोरंटो कनाडा

पूर्ववर्ती प्रो. हिन्दी, टोरंटो विश्वविद्यालय, टोरंटो कनाडा

अध्यापक हिन्दी, टोरंटो स्कूलबोर्ड, टोरंटो, कनाडा
अध्यापक संस्कृत, टोरंटो स्कूलबोर्ड, टोरंटो, कनाडा

अध्यक्ष, संस्कृत हिन्दी रिसर्च इन्स्टिट्यूट, टोरंटो, कनाडा
अध्यक्ष, पुस्तक भारती, टोरंटो, कनाडा

प्रधानानार्य, हिंदु इन्स्टिट्यूट, टोरंटो, कनाडा 1995 से
प्रमुख संपादक, पुस्तक भारती रिसर्च जर्नल, त्रैमासिक, टोरंटो, कनाडा
मुख्य संपादक, साहित्य सौरभ त्रैमासिक, टोरंटो, कनाडा

मुख्य पुरस्कार:

"संगीताचार्य सम्मान" कनेडियन हिंदू मिशन, स्कारबरो (2020)

"विश्व हिंदी सम्मान" भारतीय विदेश मंत्रालय (मारीशस 2018)

"सरस्वती सम्मान" हिंदी राइटर्स गिल्ड, टोरंटो, कनाडा, 2018

"कला वारिधि सम्मान" अखिल विश्व हिंदी समिति, टोरंटो, 2018

"हिन्दू रत्न" पुरस्कार, कनाडा के 150-वी जयंती महोत्सव पर, 2017

"Artist of the Year Award" Panwar Music and Dance Produ. टोरंटो, कनाडा, 2016

"Author, Linguist and Accomplished Scholar Award" HIL, टोरंटो, कनाडा, 2010

रुची :   काव्य, प्रकाशन, संगीत, चित्रकला

भाषाएँ :

हिन्दी, संस्कृत, मराठी, बंगाली, पंजाबी, तमिल, उर्दू, अंग्रेज़ी, फ्रेंच

www.ingramcontent.com/pod-product-compliance
Lightning Source LLC
Chambersburg PA
CBHW070914120626
46546CB00001B/260
9781989416617